高校—中学科创联合基地融合育人体系建设探索

郑雪峰　马学条　王秋兰　著

中国纺织出版社有限公司

图书在版编目（CIP）数据

高校—中学科创联合基地融合育人体系建设探索 / 郑雪峰，马学条，王秋兰著. -- 北京：中国纺织出版社有限公司，2020.12

ISBN 978-7-5180-8208-7

Ⅰ.①高… Ⅱ.①郑… ②马… ③王… Ⅲ.①大学生—创造能力—能力培养—研究 Ⅳ.①G640

中国版本图书馆CIP数据核字（2020）第222530号

责任编辑：郭 婷　　责任校对：高 涵　　责任印制：储志伟

中国纺织出版社有限公司出版发行
地址：北京市朝阳区百子湾东里A407号楼　邮政编码：100124
销售电话：010—67004422　传真：010—87155801
http://www.c-textilep.com
中国纺织出版社天猫旗舰店
官方微博 http://weibo.com/2119887771
三河市宏盛印务有限公司印刷　各地新华书店经销
2020年12月第1版第1次印刷
开本：787×1092　1/16　印张：16.75
字数：300千字　定价：79.00元

凡购本书，如有缺页、倒页、脱页，由本社图书营销中心调换

前　言

近现代世界历史表明，科技创新是现代化的发动机，是一个国家进步和发展最重要的因素之一，重大原始性科技创新及其引发的技术革命和进步成为产业革命的源头。随着我国教育的不断发展，特别是近十年来，科技创新基地已成为课外创新教育的重要阵地，也是学生进行科技创新训练的重要途径。针对联合基地培养群体差异大、合作内容单一、开放机制匮乏等现状，本书从基地硬件资源建设、教学资源开发、运行制度建立、创新活动开展等方面进行探索，以形成"项目驱动科普教学、科创培养人生规划、参赛获奖检验标准"的育人体系。

本书对高校—中学科创联合基地建设与实践、科技创新活动实践等内容进行了剖析并给出了相关的实例，旨在为科技教育工作者实施学生创新能力培养工作提供参考。本书以杭州电子科技大学—杭州实验外国语学校科技创新联合基地的相关工作为实践基础，为高校和中学如何开展科创联合基地建设、大学生如何通过联合基地既服务社会又实现自我价值、中学生如何通过联合基地得到兴趣和能力的指导培养、中学教师如何通过联合基地完成课程改革、广大家长通过联合基地了解如何培养孩子参加"三位一体"招考等提供一定的启发和借鉴。

本书涵盖了科技创新基地建设意义、科创联合基地育人体系研究、科创联合基地融合育人体系组织及支撑资源建设、科创联合基地实践育人教学资源建设及应用、科创联合基地融合育人体系保障制度及系统建设、科技创新实践活动介绍等内容，并突出介绍了如何实施科技创新竞赛活动及实例。本书共七章，具体如下：

第 1 章为科技创新基地建设意义介绍，科技创新是强国战略的核心，创新文化、科学普及是科技创新的基础，科创教育是科技创新的基础。我国科创教育发展起步较晚，联合育人基地发展科技创新是一个十分有利的途径，但是目前存在较多问题，例如实训时间短、培育模式简单、人财物条件无法统一调配等。为了更好地培养科创人才，扬长避短，我们建立了高校—中学科创联合基地融合育人体系。这一体系能为中学素质拓展落地奠定坚实的基础，为高校科技社团提供科创实践的环境，为高校科研输送具有科创素养的人才。

第 2 章为科创联合基地育人体系研究介绍，目前存在着各种各样的联合培养基地，形式广泛而却不能真正发挥作用，本章认真仔细地分析其根源，研究对策，建立一套完整的行之有效的科创联合基地融合育人体系，阐述育人体系的目标和举措、体系建设方案和联合基地的育人特色以及如何组织好高校、中学、社会等各个环节，并通过建立以杭州电子科技大学—杭州实验外国语学校科技创新联合基地为实践验证，利用高校以及中学对社团的政策支持，用长期的规划、完备的体系、各部分各司其职、发挥各自最擅长的优势，保障基地良好的运行。

第 3 章为科创联合基地融合育人体系组织及支撑资源建设介绍，科创联合基地融合育人体系的建设离不开机构实体，所有的人员及活动必须依托在机构实体上，机构实体是体系落地的载体，在整体体系中承担支撑作用。体系中组织机构主要由高校实验示范中心、高校科技学生社团、中学课外兴趣小组三部分主体组成，本章介绍三个主体部分的组织关系以及如何建设支撑资源。高校实验示范中心主导规划并提供设备保障，高校科技学生社团主导教学并提供人员保障，中学课外兴趣小组主导组织并提供资金保障。三方分别提供人、财、物的保障，构建"三合一"的强有力的支撑，为体系的运行保驾护航。

第 4 章为科创联合基地实践育人教学资源建设及应用介绍，实践教学是育人体系中培养人才的重要资源内容，包含了教学安排规划、实践教学套件、实践教学资源三个部分，本章详细介绍这三部分的内容。教学安排规划根据学生从初中到大学的十年期间，如何进行理论实践课程的规划和竞赛赛程安排规划，是科创联合基地的育人指导方针。实践教学套件和实践教学资源是支撑起融合育人体系的理论实践基础。它的核心内容是：实践课程群的建设、科创智能实训平台开发、实践教学套件建设、科创方法及能力培养。

第 5 章为科创联合基地融合育人体系保障制度及管理系统建设介绍，科创联合基地融合育人体系保障制度建设分为管理机构、管理制度和管理系统三个部分。管理机构定义了科创联合基地融合育人体系的主要机构及其外延机构和各机构在活动中涉及的任务角色和互相之间的关系；管理制度包含岗位制度、财务制度、保障制度、选拔制度、奖励制度、安全制度等保障育人体系运行的一系列制度；管理系统是科创联合基地融合育人体系开展教学活动、实践活动、竞赛活动、选拔活动、奖励活动等一系列活动时的软件后台保障，也是上述一系列活动所需的资源和实训课程教案等各类资源存放的地方，为体系中所有的角色完成各自任务服务。

第 6 章为科技创新实践活动介绍，介绍在科创联合基地融合育人体系的十年规划中，在"以赛促学"的方针下，最终以竞赛比拼科技创新能力和综合能力，这是科创育人的重要检验环节，也是体系是否有效运行的体现。竞赛是对参赛队从创意到作品，从设计到制作，从立项到答辩的全过程、全方位的考核，作为学员学习成绩的重要组成部分。本章介绍若干有电子信息特色的代表性的规划内比赛如全国青少年科技创新大赛、全国大学生电子设计竞赛、大学生创新创业大赛、浙江省新苗人才计划、全国大学生 FPAG 创新大赛等，以供中学和大学学员参考。

第 7 章为科创联合基地融合育人体系成果介绍，通过介绍多个科技活动的实施过程，总结该类活动取得的经验收获，展现科技创新活动缤纷多彩的魅力，激发读者科技创新兴趣,为相关学科的大学生、高中生或对此领域感兴趣的青年朋友开启创新之门。

本书第 3 章和第 7 章由郑雪峰编写,第 4 章和第 6 章由马学条编写,第 1 章、第 2 章和第 5 章由王秋兰编写。在本书编写过程中,得到了杭州电子科技大学—杭州实验外国语学校科技创新联合基地张晓琪、王永慧、赵晓梅等指导老师的支持,在素材整理方面得到了孵化器实验室 2018 级马翔龙、李宇轩、惠湛、蒋驰昊等同学的帮助,在此一并表示感谢。编写过程中还引用了许多学者的观点和成果,由于难以查明文献来源而未标注,在此一并致以敬意。

限于编者水平,书中难免有欠妥、疏漏和错误之处,恳请读者指正。

郑雪峰、马学条、王秋兰
2020 年 9 月

目 录

第1章 科技创新基地建设意义 ·· 1
  1.1 科技创新的内涵及重大意义 ··· 1
  1.2 我国科创联合基地发展现状 ··· 10
  1.3 科创联合基地价值及意义 ··· 18

第2章 科创联合基地育人体系研究 ·· 40
  2.1 杭电—杭实外联合基地育人体系建设方案 ···························· 40
  2.2 科创联合基地融合育人体系组织机构运行 ···························· 44
  2.3 科创联合基地融合育人体系的培养模式 ······························· 45
  2.4 杭电—杭实外联合基地育人特色 ·· 50

第3章 科创联合基地融合育人体系组织及支撑资源建设 ················· 52
  3.1 科创联合基地融合育人体系组织机构概况 ···························· 52
  3.2 高校实验示范中心支撑资源建设 ·· 53
  3.3 高校科技学生社团提供人员支撑 ·· 59
  3.4 中学课外兴趣小组课程体系建设提供资金及组织支撑 ········ 60

第4章 科创联合基地实践育人教学资源建设及应用 ························ 63
  4.1 科创实践育人教学规划 ··· 63
  4.2 科创实践课程建设 ··· 69
  4.3 科创智能实训平台开发 ··· 74
  4.4 实践教学套件建设 ··· 97
  4.5 科创方法及能力培养 ·· 112

第5章 科创联合基地融合育人体系保障制度及管理系统建设 ········ 132
  5.1 科创联合基地融合育人体系保障制度建设概况 ··················· 132
  5.2 管理机构 ··· 133
  5.3 管理制度 ··· 137
  5.4 管理系统 ··· 145

第6章 科技创新实践活动介绍 ··· 169
  6.1 中学学员参加的竞赛 ·· 169
  6.2 大学学员参加的竞赛 ·· 171

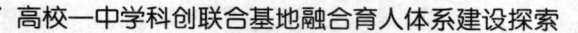

第7章 科创联合基地融合育人体系成果 ································ 188
7.1 大学学员科技创新比赛成果 ······································ 188
7.2 中学学员科技创新比赛成果 ······································ 216
7.3 申请专利、软著、发表文章 ······································ 241

第1章 科技创新基地建设意义

1.1 科技创新的内涵及重大意义

1.1.1 科技创新是强国战略的核心指导思想

科技创新离不开观念创新和制度创新。一项新技术的诞生、发展、应用以及最后转化为生产力,离不开观念的引导和制度的保障,观念创新是建设创新型国家的基础,制度创新是建设创新型国家的保障,科技创新在观念创新和制度创新的基础上才能将创新发明转化为生产力,创造出新产品,占领市场取得经济效益。

随着知识经济时代的到来和经济全球化的加速,国际竞争更加激烈,为了在竞争中赢得主动,依靠科技创新提升国家的综合国力和核心竞争力,建立国家创新体系,走创新型国家发展之路,成为许多国家政府的共同选择。纵观当今世界创新型国家,他们的共同特征是:科技自主创新成为促进国家发展的主导战略,创新综合指数明显高于其他国家,科技进步贡献率大约都在70%以上,对外技术的依存度都在30%以下(我国的对外技术依存度达50%以上)。因此,科技自主创新方能体现出国家的创新能力,只有不断提升自主创新能力,才能使经济建设和社会发展不断迈上新的台阶,真正实现可持续发展。

2019年1月8日,北京人民大会堂,在如潮掌声之中,在万众瞩目之下,习近平总书记向国家最高科学技术奖获奖者颁发奖章、证书,并同他们亲切握手。这紧紧的一握背后,是习近平总书记浓厚的科技情怀,伟大的强国梦想。在新世纪之初,我国的原始创新能力相对薄弱,从1998年至2003年代表着原始创新能力的国家技术发明奖一等奖连续6年空缺,期间国家自然科学奖一等奖也只颁发了两项,这反映出我国在揭示科学和技术原理、方法上缺乏具有突破性的成就,更说明原始创新不是一蹴而就的事。量子通信(如图1-1所示)、北斗导航、超级计算机、"嫦娥"奔月、"天宫"遨游、"蛟龙"入海(如图1-2所示)、FAST天眼(如图1-3所示)、5G通信、C919商用飞机、长征五号大型运载火箭、东风-41弹道导弹、超高速导弹、歼-20第五代隐身战机、反隐身雷达、国产航母、055型驱逐舰、电磁炮激光炮上机上舰等层出不穷,经过近20年来的刻苦钻研、砥砺前行,我国科技创新成果丰硕,一项项重大科技成就背后,与党和政府对科技创新的高度重视密不可分。2003年,在编制《国家中长期科学和技术发展规划纲要(2006—2020年)》(以下简称《规划纲要》)时,与会者一致认为,绝不能让《规划纲要》成为"纸上画画、墙上挂挂"的摆设，而是要发挥举旗定向的作用，引领新世纪前 20 年中国的科技发展。如今这份《规划纲要》基本兑现了，收官之年，硕果累累。

图1-1　量子通信示意图

图1-2　蛟龙入海示意图

图1-3　天眼FAST示意图

第1章 科技创新基地建设意义

党的十八大以来，习近平总书记多次就科技创新发表振奋人心、催人奋进的重要讲话——"我国科技发展的方向就是创新、创新、再创新""科技创新、制度创新要协同发挥作用，两个轮子一起转""创新驱动实质上是人才驱动"……一系列重要讲话，激发了更多科技工作者的创新创造热情，为新时代科技事业发展指明方向。"加快增强自主创新能力和实力""把创新发展主动权牢牢掌握在自己手中"……总书记的重要指示，既是对当前科技创新工作的殷切期盼，也是科技界工作者的强烈共识。而《规划纲要》，这份凝聚了众多科技工作者智慧心血、激发了无数一线科研人员创新活力潜力的文件，也发挥了至关重要的作用。在下一个国家中长期科技发展规划紧锣密鼓谋划的当下，回望来路，意义重大。

在本世纪初制定《规划纲要》时，在自主创新、创新体系建设等重大观念上，还存在明显分歧，争论之激烈，超出想象。业内权威专家表示，如果没有十三年前《规划纲要》对一系列重要问题形成正确共识，我国的自主创新之路，可能更为艰难、坎坷。2003年6月，在规划出台前，要不要自主创新？"以市场换技术"还是"自主创新"的激辩成为争论的焦点问题，完全依靠引进技术和境外直接投资对提升我国科技竞争力的作用非常微弱，技术引进属于成套设备引进，并未开展引进技术的消化吸收再创新，深陷"引进—落后—再引进—再落后"的泥潭难以自拔，特别是我国的能源、电力、采矿、钢铁、纺织、化工等制造企业，在经历了几轮技术引进后，自身没有形成技术开发能力，导致我国经济建设和高技术产业所需的许多关键装备受制于人，如数控机床、光纤制造设备、集成电路等。市场换技术，最终换来的是"路径依赖"。显然，引进技术并不等于引进了技术创新能力。实际上，跨国公司不仅不卖核心技术，有时还会打压中国企业掌握核心技术。以程控交换机为例，我国刚开始从法国、比利时引进时，每线是480美元。当中方自主研发成功后，外企便把价格迅速下调，最后降到每线1美元，想借此将中方创新扼杀在摇篮里。从480美元到1美元，核心技术带来了超额垄断利润。没有这种创新能力，中国现代化的路径和成本将大不一样。我们的邻居印度就是一个现实版的最好的例证，阅兵式上各国武器装备琳琅满目，号称万国武器展，而国产化光辉战机是印度自行研制的第一种高性能战斗机，印度空军提出其作战能力必须优于美国的F-20战斗机，从1983年项目正式上马，作为米格-21和Ajeet的后继型，虽然飞机发动机、雷达等关键部件都从国外引进，但受国力及航空科技水平的限制，研制工作进展缓慢。直至2001年1月4日首架验证机升空，至今未列装服役。还有维克兰特号航空母舰，印度第一艘国产航母，1999年，印度议会批准自造计划，2006年11月建造工作正式启动，由法国设计蓝图，搭载俄罗斯米格-29K舰载机，部分设计由意大利帮助完成。建造计划完成时间一推再推，2018年7月19日，印度政府新闻信息局发表声明称，印度海军于2020年能进行航行试验，这离列装服役还差很远，最快也得到2025年。而与印度有着鲜明对比的是我国在歼-20和国产航母的研制上则是通过我国自己的研发力量，不光实现了关键部件的国产化，还在国防科技创新上下功夫，研发了许多新材料、新技术，比如歼-20（如图1-4所示）的鸭翼式布局会影响隐身性能，杨伟院士和光启研发团队深度合作，创新性使用了复材整体结构，采用了超材料

-3-

来吸收或折射雷达电磁波，利用材料方面的提升来缩小战机的 RCS 值，据悉歼-20 的隐身性能比美国的空中霸王 F-22 隐身性能还强。歼-20 的鸭翼采用超材料和复材整体结构来规避传统鸭翼隐形性能差的"绝招"就是科技创新的典范。另外我国的国产 003 航母（如图 1-5 所示）那更是众多科技创新的融合，在没有国外技术支持的情况下，独立研制了各种适合我国国情的新技术，比如核动力技术、电磁弹射技术、阻拦索技术、全电推进技术、有源相控阵雷达技术等，缩小和世界先进水平的代差，这将让中国航母技术发展跨越一大步，这也让中国人为之振奋！

图1-4　歼-20隐形战斗机

图1-5　国产003航母效果图

《规划纲要》最大的特点就是自主创新这条主线始终贯穿全文。《规划纲要》的核心是要解决对科技工作的认识，以及科技和经济的关系问题，集中体现在规划的指导方针上——"自主创新、重点跨越、支撑发展、引领未来"。强调"必须把提高自主创新能力作为国家战略，贯彻到现代化建设的各个方面，贯彻到各个产业、行业和地区，大幅度提高国家竞争力"。自主创新的内涵是什么？《规划纲要》明确指出："自主创新，就是从增强国家创新能力出发，加强原始创新、集成创新和引进消化吸收再创新。"其中，原始创新是指科学发现和技术发明，是最根本的创新，不仅能带来科学技术的重大突破，而且能带动新兴产业的崛起和经济结构的变革，是决定国际产业分工地位的基础条件之一。

1.1.2 创新文化、科学普及是科技创新的基础

创新文化和科学普及是科技创新奠定最广泛、最坚实的社会人文基础；创新文化是科学普及的重要内容和高层次目标，可以提供丰富的科学文化资源；科学普及是传播创新文化的重要渠道，并为创新文化的形成和发展奠定基础；科学普及为科技创新提供良好的环境和市场保障。

创新文化与科学普及可以带动整个民族对知识和人才的尊重，培养人们崇尚科学、求真务实的价值观念和创新意识，为科技创新奠定最广泛、最坚实的社会人文基础。

科技创新不仅是科技界的事情，更是全社会的事情。创新文化建设和科学普及都要求科技界、政府和全社会的广泛参与，是需要长期、持续、稳定发展的基础性事业。

当今之世，科技创新能力成为国家实力最关键的要素之一。在经济全球化时代，一个国家具有较强的科技创新能力，就能在世界产业分工链条中处于高端位置，就能创造激活国家经济的新产业，就能拥有重要的自主知识产权而引领社会的发展。总之，科技创新能力是当今社会活力的标志，是国家发展的关键节点，提高科技创新能力是一活百活的胜负手。

在全国科技创新大会、中国科学院第十八次院士大会和中国工程院第十三次院士大会、中国科学技术协会第九次全国代表大会上，习近平总书记向全国发出了建设世界科技强国的动员令，明确了未来我国科技事业的发展路径并进行了总体布局，国人振奋。"科技创新、科学普及是实现科技创新的两翼，要把科学普及放在与科技创新同等重要的位置"，这是习近平总书记科技创新思想的总体体现，也是总结新中国成立以来我国科技事业发展的历史经验所得出的科学结论。

在迈向世界科技强国的征途中，所有的科技工作者都应把科学普及放在与科技创新同等重要的位置，既要做好科学研究和科学创新工作，更要主动自觉地去努力传播科学知识，提升社会科学素养，厚植创新土壤。科技人员的职责除了要搞创新，还要进行科普，要夯实创新文化的土壤，提高全民科学素质，形成有利于科技创新的社会氛围。

大家都认可科技创新是提高国家综合竞争力的关键，但也许对于"把科学普及放在与科技创新同等重要的位置"还未必能理解透彻。从历史和现实来看，科普不仅为创新提供良好氛围和文化基础，而且为创新提供广阔的市场和源源不断的动力，这已经为国内外的

历史事实所证明。

科普为创新提供良好的环境。历史上，17世纪晚期的科学革命和19世纪初的工业革命之间的这个时期，是欧洲知识流动和技术扩散的关键阶段，无论是企业家、科学研究和技术发明家之间的交流和传播，还是新技术新产品向社会基层的扩散和流动，都为欧洲的科技革命和产业革命，以及伴随的科技创新，提供了坚实的基础和良好的环境。也就是说，西方现代科技的兴起有着良好的科学文化基础。但是，科学技术在中国远没有形成文化，没有很好融入中国的传统文化层面，尤其是没有融入草根文化。在农业社会和传统的工业社会，具有悠久历史的传统文化还能够维持社会稳定和实现快速发展。在全球化、信息化、资本化的新的历史条件下，国家和社会的竞争日益体现为科技和人才的竞争，发展中国家更是面临结构转变、社会转型、经济转轨，面临着创新驱动、内涵发展等一系列新形势、新要求。无论是体制上、文化上、社会经济发展模式上都要求创新，新的历史背景下的创新是一场全面的创新，科技创新是这场创新活动的核心。因此，为创新提供良好的环境和文化基础，就是创新本身的重要内容之一，也是保障创新持续实现的重要条件。

科普为创新提供市场保障。创新以后新技术、新产品的出现，需要在市场上实现其价值。在这种情况下，需要广大的消费主体，具有消费这种新技术新产品的能力，才能使创新行为得以持续，创新价值得以实现。新技术需要具有一定科学素养的劳动力才能使用，新产品也需要消费群体具有一定的科学素养才能消费。而科普正是为创新提供技术市场和消费市场的重要手段，从这一点上说，科学技术普及是科技创新的前提和基础。

科普在我国经济社会发展的不同阶段发挥了重要的作用。从新民主主义革命到社会主义革命和建设的不同历史时期，国家充分利用科普手段，唤醒、动员和鼓舞广大群众，激发群众中所蕴藏的无穷智慧和力量，克服重重困难，取得了一个又一个的胜利。科普是智慧之源，是力量之源，是创新之源。在当今提倡"大众创业万众创新"的历史背景下，科普更具有不可或缺的基础性作用。

要形成良好的创新文化就应分析其存在的主要问题：以创新为主导的价值观尚未成为普遍风尚，功利化的科技观占据了主导地位；"官本位"等传统文化中的消极因素影响科技工作者的行为模式；科研管理制度存在严重缺陷；创造力的思维品格尚未形成。针对这些问题，创新文化建设的战略重点应是：构建和倡导创新文化的价值体系；培育有利于激发创新活力的制度文化；确立创新机构的组织规范和文化风格。

同样科学普及也存在以下主要问题：科普管理体制和运行机制不健全；科普能力薄弱；学校科技教育存在缺陷。针对这些问题，科学普及的战略重点应为：服务国家发展目标，开展相关领域科普工作；改革体制机制，开创科普新局面；加强基础建设，大幅度提高科普能力；推进科技教育改革，夯实国家科学素质基础。

基地的建设正是为了大力推进科学普及，更是在科普的基础上进行创新文化方面对创新环境的一种建设。

1.1.3 科技创新的基础之基础是教育

科技创新的基础之基础是教育,科技创新是一种文化的创新,而文化创新的主体是人,社会前进、人类更替就离不开文化知识的传承,进而创造新的文化知识。而文化知识的非遗传性要求我们必须重视教育的传导性作用。所以,要提升创新能力,就应当从教育开始,从人才培养开始,从娃娃抓起,不仅要学习各种语数英科史政的知识,更要积极开展科学普及,培养青少年对科学的兴趣,将这种兴趣培养成一种良好的习惯,一种爱好,甚至是一种氛围和环境,人人都热爱科学崇尚科学,将创新能力作为素质教育融入青少年的教育体系中去。因此教育事业的发展,关系到创新的可持续发展。

教育要做的就是规划,对每一位青少年的科技创新人生的规划,并将规划融入课内教学,具体落实到每一个教员身上,创新人生规划就像是家长对孩子的一种远景规划,就像学校对一位学生的一种总体规划,就像是一门课程的一个授课计划一样,这是国家培养创新人才的指导方针,是教育过程中的指导手册,一种教育模式培养一代学子,一种教育机构决定一种培养模式。

目前的中小学教师,绝大多数都是直接从大学毕业的学生,专业类别分工非常清楚,最了解的就是自己专业中的那些知识,自身没有在创新文化的环境中熏陶,也没有接受完整系统的科学普及,对科技创新或许并不知道全貌,当老师或许是为了谋个职业。他们自己在上中学的时候老师教给他们的就是这些,所以他们现在作为一名老师教给学生的也就是这些,单纯地为教而教,加上学校每学期都要对教师的教学质量进行评估,迫使老师也不得不只注重学生的书本知识,重视的是分数。这种从学校到学校的老师选择模式,使老师不了解社会,当然也就不了解社会之所求,让创新者先天不足,所以,学校不仅要为学校培养接班人,但更重要的是要为社会培养接班人。单纯地为教而教的方式,抹杀了学生的创新性;单纯的从学校到学校的师资力量,可以培养出许多好的数学老师、好的物理老师等,却始终培养不出来一个真正传承科学创新的老师。因此,为了让孩子的创新能力得到培养,让老师能成为一个科学创新的传承者,让科学创新可持续地发展,就必须把好教育这一关,一来可以让创新后继有人;二来可以让创新有章可循。

科技创新是一个在创新文化中不断继承、不断丰富和不断拓展的,也正如马克思和恩格斯所说的那样:"历史的每一阶段都遇到一定的物质结果,一定的生产力总和,人对自然以及个人之间历史地形成的关系,都遇到前一代传给后一代的大量生产力、资金和环境,尽管一方面这些生产力、资金和环境为新的一代所改变,但另一方面,它们也预先规定新的一代本身的生活条件,使它得到一定的发展和具有特殊的性质。由此可见,这种观点表明:人创造环境,同样,环境也创造人。每个个人和每一代所遇到的现成的东西:生产力、资金和社会交往形式的总和。"创新是在人们一定的生活方式和生活方式上的创新,创新除了其本身内在的发展之外,还需要其社会条件、文化条件、教育基础以及创新者的生存环境等方面支持,不能仅为创新而创新,甚至创而不新。长期以来,我国科学创新能力不足的主要原因事我们的教育,从小学开始直到中学再到大学,在教育体系中缺少对科学普及的落实,缺少对创新文化的建设,认为语数英科等经典的知识才是重点,人才的选拔遵循分数第一的理念，因对科技创新这种并非传统教学所能体现的能力无法评定而放弃作为选拔的依据，致使科技创新离开了人才选拔的指挥棒，所以，把科技创新放在口中，而无法落到实处。只有系统地改革教育体系，将科学普及纳入正规的课内教学，将创新文化氛围落实在校园，让每一位青少年看得见、摸得着、感受到，将科技创新能力的培养和评定纳入中考和高考中，只有这样，全社会才会围着科技创新转，才能把创新之路从静态变成动态，从被动转化为主动，自我更替、推陈出新、良性循环，使科技创新遵循社会需求，走可持续发展之路，才能把科技工作做好。

1.1.4 科技创新能力的培养靠内因和外因相结合

科技创新能力的形成是一个过程，需要一定的环境。科技创新能力的培养靠内因和外因相结合，外有环境建设，内有思维修炼，经过相对长的一段时间积淀，才能将创新能力展现出来，发挥巨大的潜力。

先说说内因：对于个人而言科技创新能力的培养就是创新思维、创造力的培养，是思维的一种智力品质，是在客观需要的驱动和伦理规范的要求下，在已有经验和感性认识、理性认识以及新获取的信息的基础上，统摄各种智力因素与非智力因素，利用大脑的有意识的悟性思维能力，在解决问题的过程中，通过思维的敏捷转换和灵活选择，突破和重新建构已有的知识、经验和新获取的信息，以具有超前性和预测能力的新的认知模式把握事物发展的内在本质及规律，并进一步提出具有独特见解的具有主动性和独特性的复杂的思维过程。

通过分析归类，创新思维可以由以下五个方面共同有机结组合而成，如图1-6所示：

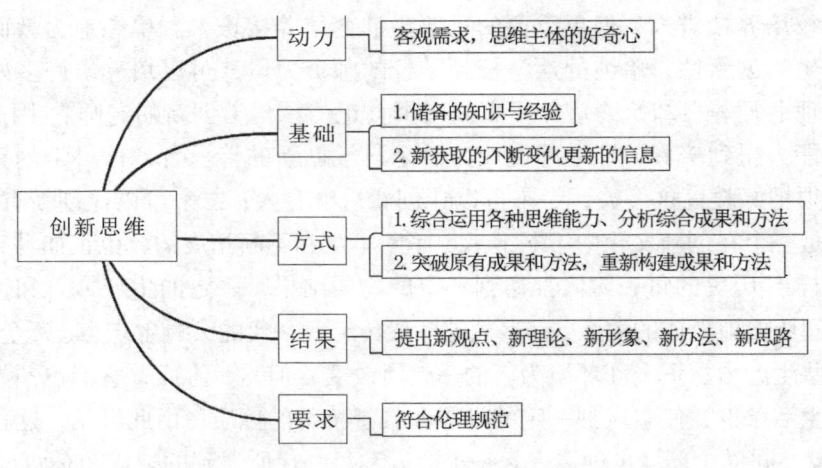

图1-6 创新思维的组成

创新思维的动力：客观需求，思维主体的好奇心；

创新思维的基础：已经储备的知识和经验，新获取的不断变化更新的信息；

创新思维的方式：综合运用各种思维能力、分析综合成果和方法；突破原有成果和方法，重新构建成果和方法；

创新思维的结果：提出新观点、新理论、新形象、新办法、新思路；
创新思维的要求：必须符合伦理规范。
创新意识是一种创造力的体现，如图1-7所示主要表现为以下四种能力：

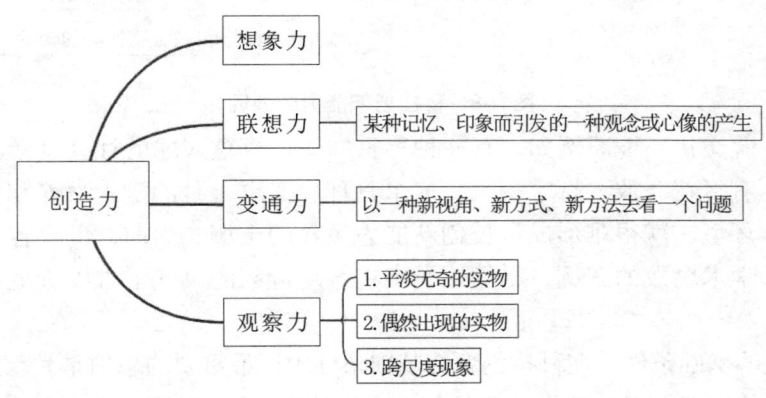

图1-7 创造力的组成

创造力的第一个能力素质是想象力。伟大的科学家爱因斯坦给想象力极高的评价，他说：想象力比知识更重要。哲学家康德说人是用令人惊异的能力——想象力来创造文化的生物。著名的数学家笛卡尔说：我思故我在。所以说目前已知只有人类才拥有创造性思维。

创造力的第二个能力素质是联想力。联想行为是某种记忆、印象而引发的一种观念或心像的产生，包括类似、延伸、逆反、因果联想等。

创造力的第三个能力素质是变通力。变通力即以一种新视角、新方式、新方法去看一个问题。变通力对科学研究至关重要，有好的研究条件和长期的学术积累也可能无益于科学猜想或假说的孕生，反而与重大科学成果失之交臂。我们要培养自己足够的变通力，千万不要让知识和视野束缚了自己。活知识有利于新方式的理解和解决问题，死知识只能束缚学习者的思维，孔子说"学而不思则罔"就是这个道理。我们知道经验常常可以帮助人，但同时又给人一种惯性思维。惯性思维使生物大脑机械束缚于原有经验。我们要培养摆脱惯性思维束缚的能力。

创造力的第四个能力素质是观察力。观察对科学研究和科技创新是非常重要的。不论是对平淡无奇的实物的观察，还是对偶然出现的实物的观察或者是对跨尺度现象的观察力，都是创造力必不可少的。

综上所述，创造能力不决定于知识量，而决定于知识的理解深度和组合交融。多种能力的交错融合，在灵活掌握知识的基础上，敢于去质疑，敢于去猜想，敢于去联想，用自己的眼睛去发现前人所没看到的东西，去想前人没想过的事，只要有质疑就可以去研究，就有机会推倒权威定律，去创造新事物、开创新时代。

科技创新能力的外因形成如图1-8所示有赖于以下三个因素：

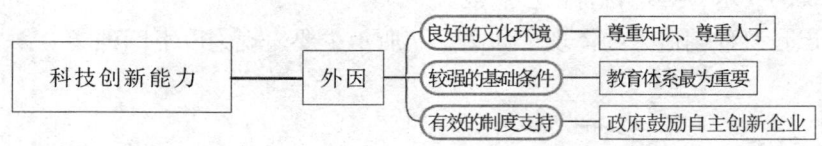

图1-8 科技创新能力的外因

一种良好的文化环境。例如，有一种尊重知识、尊重人才的社会氛围，有热爱科学的社会风气，有百花齐放、百家争鸣、追求真理、实事求是的学术教养和规范等。没有一个良好的软环境，就很难形成科技创新能力生长的土壤。当前，世界各国都出现了一些科技诈骗、学术腐败的案例，尽管这类事在急功近利的风气下难以避免，但必须加以有效地扼制。

一个较强的基础条件。在科技创新的基础条件中，最重要的恐怕是教育体系。中国的传统教育体系偏重于知识传授，厚重有余，活力不足，在某种意义上不利于创造能力的形成。中国的教育在课程设置、教授方式、考评方式等方面均有诸多待兴待革之处。

一种有效的制度支持。国家对自主科技创新的制度支持应是全面而有效的。例如，有有效的项目评估和资金支持体系，有有利于自主创新的政府采购制度，有明智的产业政策，有合理的知识产权制度，有有利于科技创业的社会融资系统等。

如果人们自觉而明智地去塑造有利于科技创新的环境，就能激发科技创新的社会潜能，就能缩减从科技创新到产业运用的时间进程。

1.2 我国科创联合基地发展现状

1.2.1 科创联合基地面临的挑战

中学阶段是非常重要的培养时期，但是学员的课外可支配的学习时间太少，这是科创联合基地面临的最大挑战。

课外可支配的学习时间与招考方式直接相关，国内呈现的现象是：小学较多，初中较少，高中几乎没有。究其原因，小升初采用学区摇号，不是靠几门课程的考试分数来决定，所以有时间培养课外兴趣；中考则采用考分高低选择中学，排名靠前的优质中学是争夺的焦点，竞争比较激烈，课外兴趣培养时间自然就少，初一初二略有时间安排，初三则需要投入紧张的中考；高考形式则是分散到各个高中年级来考试，最后仍然以总分的高低排名来被各大学校录取，基本上从高一开始就进入了高考备战直到高三，所以花在课外兴趣上的时间几乎没有。而初中和高中是培养建立科创能力重要的时期，学员的课外可支配的学习时间不足是科创联合基地面临的最大挑战。

小学阶段，部分小学生在三年级前就已经学会了某些编程软件的使用，所以课内的信息课完全可以再深入些，比如课外的兴趣班开始学习 scratch 编程，甚至有些学生周末的课外培训班开始学习 C++ 的编程，这些都说明孩子的智力与能力都远超课内信息课的教学内容。幸运的是小学生从国家小升初政策的改革中慢慢地解放出来，并非只看重语数英这几门主课的成绩，同时也关注课外科学普及的素质培养，而且不少家长也具备了开放心理，在培训班提前培养孩子的编程能力，虽然编程不等于创新，但是这有益于孩子今后思维的训练。

但是中学的实际情况比较糟糕，中考和高考的压力非常巨大，考试分数仍然是评定学习好坏的重要标准，中考竞争则更加残酷，以考分作为高中入学的最重要的评价指标，重高、优高、普高、职高的分层录取使得家长对本地区排名靠前的重点高中趋之若鹜，有些学校的报送制度中列出的若干加分项或许有家长和同学会重视一下，去获取分数。大部分学生除了周一至周五学校日常教育外，周末课余时间各种培训班也是以巩固课内课程知识、扩展解题为主，科学普及的内容因为不占分数，家长不会花时间花经费在这方面投入，所以科学普及很难开展也没有开展的基础。高考则更加堪忧，由于高中所学知识无论从数量还是难度上都比初中要求高，课外补习时间更为紧张，语数英物化生地历技思政，科科要补课刷试卷，每每过半夜才能睡，时间根本不够用，除了有特长的学生或想报考"三位一体"的学生才可能会挤出那么一点时间来学习科普知识、培养科技创新能力、参加科创比赛。没有时间就无法沉淀，创新力不可能天生而来，这是一个难题。

另外，在中学阶段的科学普及，应该和信息技术一样进行科学普及教育，在创新文化建设上也需要各个学科进行全方位建设，建立一个人员完备、设备齐全、管理优化的完整体系，这样才能完成科学普及、科创文化建设及和创新能力培养的任务。而人员、设备和管理体系的不完备是科创联合基地面临的第二挑战。

中学在进行科学普及教育和创新文化建设时，可以根据自身的实力建设多个大类科目比如信息科学、农林科学、医学科学、生命科学、地球科学等科技创新联合基地，让有兴趣的同学在各类基地中感受学科的氛围，培养科创的素质，从小培养创新的思维，各门大类科目的兴趣小组都要建立，每个方向都要能学得广、研得深，这对中学而言不堪重负也无力负担。比如教员不够也不专业，当兴趣小组在开展科普教育时，教员的师资力量就是一个大问题，又比如实训设备也是问题；再比如管理方式与管理传统课程的学习过程也大不相同，所以时间不够、教员不够、管理方式不同。如何完成科普，如何建设科创文化，如何培养科创思维必须提出、做好各科目的科普，这不光靠课内时间的理论和实践，还应依靠大量的课余和周末时间，以及实践的环境氛围，这种就是创新的文化，这需要场地、人员的支持。给学生讲授的老师、指导学生实践的老师，让学生的爱好和兴趣要有时间和空间萌发、生长。若没有这些，兴趣爱好得不到呵护，得不到发展的条件，后面又如何谈创新能力的培养呢。因此要建立一个完备的人员、设备、管理模式的体系，才能完成科学普及、科创文化建设及和创新能力培养的任务。

高校—中学科创联合基地融合育人体系建设探索

1.2.2 科创联合基地存在问题的分析

1.2.2.1 联合培养基地不能发挥作用的原因分析

当今时代,创新型人才培养已成为我国人才强国战略的基础性工程。"创新是一个民族的灵魂,是一个国家兴旺发达的不竭动力。创新的关键在人才,人才的成长在教育。"创新型人才的培养成为国家教育的重点,已经是国家领导人、学校教师、家长、学生等整个教育体系的共识。然而意识上的认知并没有在现时中得以落实,目前社会上存在着许多联合培养基地,形式广泛而却不能真正发挥作用,这到底是为什么呢?我们要认真仔细地分析其根源,才能建立一套完整的行之有效的科创联合基地融合育人体系,组织好中学、高校、社会各个环节,用长期的规划、完备的体系,各司其职、发挥各自最擅长的优势,共同搭建这个育人体系,才能真正地培养创新人才,为国家输送栋梁。

(1)对需要培养的对象进行差异分析

要完成为国培养创新性人才的重任,需要从小打好基础,尤其是在中学阶段,是树立正确人生观的重要时期,也是对科学产生浓厚兴趣的阶段,而教育者为了完成教书育人的重大任务,必须先对需要培养教育的对象进行研究,下面我们对中学阶段和大学阶段这两个不同阶段的培养对象进行深入的分析比较,从中找出目前许多联合培养基地不能真正发挥作用的根源:

中学的培养对象是中学生,年龄区间在 13~18 岁,正处于人生的少年期,而高校的培养对象是大学生,年龄区间在 19~22 岁,人生从少年期转入了青年期,培养的群体差异较大,我们从以下五个方面进行对比:

①教学目标不同。中学重视基础教育,以中考和高考作为最终目的,学知识考高分是必由之路。而大学是本着育才兴国,以人为本的理念,面向社会,根据知识经济时代的新发展、新要求为国家培养优质的综合型、创新型、国际型人才。所以,在大学,除了学习还有更丰富的内容,如社团活动、公益活动、学术研讨或者个人创作设计等各种活动。

②学习方式的转变。中学时的学习主要以教科书和老师讲授为主,而大学是在中学基础上的再深造。主要转变有:从被动学习到主动学习,达到自觉学习是成熟的标志,也是大学生应有的素质。从泛泛而学到探究式学习,大学分专业学习,具有一定的深度,要求学习者探究式学习并且独立思考。以从随大流学习到个性化学习,寻找并探索适合自己的生命运行和思维规律,取得好效果。

③社会角色的转变。中学时代,心理和思想有待发展。而大学生的职业方向基本确定,社会地位也有了较大提高,社会对大学生的期望和要求标准要比中学生高得多,面临的挑战也更多。

④思维方式的转变。与中学相比,大学的生活节奏快,维度大,面对环境条件的变化,大学生的思维方式要做到由"非成人化"向"成人化"转变,增强独立思考的能力。在思考处理问题时,要辩证全面远见务实。对人生重大问题的选择要全面综合考虑,而不要盲目冲动目光短浅,要加强道德和法制观念,做事要考虑后果。

⑤生活方式的转变。中学生的生活主要依靠父母的帮助完成，而大学，衣食住行等个人生活都由自己处理安排，自主、自立、自律是大学生活的特色。大学生需要适应这种生活方式的变化，自主而合理地处理好个人的学习和生活问题，注意培养独立生活的能力，为以后步入社会做好准备。

总之，中学生压力很大，面临中考高考，强制性学习，任务重，时间紧，自由性弱；大学生面临社会，自主学习，学科繁多，论文答辩，自由性强，可继续深造埋头苦读也可踏入社会就业赚钱。

明白了这些差异后，我们针对中学的科学普及教育方式、方法、规划、安排上就要有所不同，因地制宜地去设计。

（2）对培训教员要求分析

中学的课外兴趣小组的培训教员多以中学各科教师来担任，对科技兴趣小组的培训一般由信息课老师来担任，信息课老师的时间和精力既要满足几个班甚至一个年级学生的信息课教学，还要开展全校的科技兴趣小组，这类兴趣小组报名人数最多也是最热门的，一般开放自选时都是被秒杀的，好多同学因师资有限而没有选上科技兴趣班，对科学普及和创新文化建设是非常可惜的。而且信息课老师还要兼职科技类竞赛的辅导老师，每年的全国赛、省赛、市赛、区赛甚至校赛层出不穷，疲于应付。而要踏踏实实地培养具有科技创新潜力的好苗子，哪能风风火火地在不断应付中铸就。科技创新需要打好科普的基础，没有一个扎扎实实的具有一定广度的科普基础铺垫，如何产生创意，没有科普基础的创新，那就是空中楼阁，只是空想罢了。因此作为信息课老师，真正要能培养好学生的创新能力，就必须腾出时间来，不断地深入学习各个专业的各门课程，搭建一个完备的知识体系，跟着这个方面的专家学者、企业技术工程师不断学习最新科技前沿，使自己达到一个在行业里不落伍的人，这样才能说不耽误对学生的培养。总的来看，不是信息课老师不愿认真付出，不愿努力培养，是因为本职工作繁重，没有足够时间去跟上计算机、电子、通信、自动化、人工智能、物联网等这些日新月异、变化飞快的学科的技术前沿。因而光是兴趣小组、光是信息课老师这样的配备对青少年科技创新能力的培养是难以为继的。

（3）对培训内容的分析

中学的科技兴趣小组的培训的内容主要为与课内要求的计算机编程有关联，比如以前学考考VB，兴趣小组就学习VB；现在学考考Python，兴趣小组就学习Python。兴趣小组的宗旨是在加深课内知识的同时给予扩展，所以培训时总是围绕着考试这个指挥棒，这样学校、家长都比较容易理解和接受，并且在学考范围内的内容不是特别多且深度也不是特别深，兴趣小组在此基础上巩固课内所学知识，再由指导教师加以深入探讨，加以扩展，学生感觉比没有参加兴趣小组的同学会懂得更多。然而，这样就够了吗？这样就可以培养创新能力了吗？光是国家考试规定的科目就够了吗？答案当然是不够的！创新能力是靠日积月累、不断培养而来的，我们花那么多宝贵的时间积累什么？是要积累海量的科普知识，没有这些海量的科普知识做基础，创新能力又如何能培养出来呢。大树要叶茂就必须得根深,根深而顺其自然则叶茂,这是同样的道理,教师要去做好为小树苗成长为大树前松土培土工作的人,让学生们在长成参天大树前,打好坚实的基础。

一个学科的某个专业所涉及的课程、模块或技术非常繁多,课外培训内容要理论与实践并重、具有科学普及价值、为科技创新的腾飞做好铺垫。而科技兴趣小组里所学的科技知识是对整个专业而言,只是其中的一小部分,即便是我们设计的融合育人体系中,面对中学现有的如此匮乏的课外培训内容,做 N 倍的膨胀也只是这个专业庞大知识体系中的冰山一角,没有完备的知识体系,如何能够做到创新呢?"新"由心生,思想自由了才能产生新的想法,要想飞翔就必须有一对能飞翔的翅膀,要想飞得高远就必须要有一对强有力的翅膀,基础知识了解到一定量时,量变就能产生质变,希望同学们通过对书中讲述的理论和实践的学习,慢慢积累完成项目的能力,同时培养自我的科技创新能力。久而久之,在科创的氛围中去习惯科创的思维,自觉地用创新的理念考虑问题,这样就能更好地完善科创的文化建设。所以科创联合基地的建设不能离开完备的知识体系的规划,否则不能适应创新能力的培养,创新人才的培养。

(4)对设备保障、资金保障等方面的分析

中学的实验主要针对的是课内内容,大部分的学校对信息课的实验都只是配备了计算机机房,这些设备对计算机类的课程能满足需求,但对于计算机以外的学科专业就完全不能适用,比如电子专业、通信专业、自动化专业等都无法单用一个计算机就能完成动手实践实验的。以电子专业为例,要学习电子类专业的课程需要配备的设备最基础的有四大件:示波器、信号源、万用表、稳压电源,其他还有较为高档一些的比如频谱仪、逻辑分析仪、功率计等,这些设备由于中学没有设置这么专业的课程,也没有这么多同学使用,也没有这么多资金采购,没有必要也没有需要配置,而这些实验设备还需要实验场地和实验老师配备管理使用维护,这些资金和人员方面的要求都会让中学原本紧张的资金和教师捉襟见肘,而有些设备是学习掌握专业的知识、培养学生的自学能力、独立思考能力、创新能力所必不可少的,配合联合科创基地所开展的课程,一些简单和必要的设备还是要保障的。比如"口袋仪器"(Digilent Digital Discovery Ⅱ),类似这样的便携式功能全的设备就要发挥联合基地的优势,充分共享这些仪器设备和实验场地,用最少的资金办最大的事,真正地解决中学在培养学生科学创新能力时的所用所需。只有实际解决了这些困难,才能将联合科创基地落地。

综合以上分析,目前高校与中学进行联合基地建设不能落地的原因归纳为:

①培养的对象中学生与大学生的差异大,用中学的培养模式不适合创新能力的培养。创新能力的培养需要独立思考,鼓励用不同的思考方式解决问题,不能用统一的框定的模板培养思路,但也不能简单地套用高校的教育模式对中学生进行创新能力培养,所以很难照抄照搬,每个专业需要有一套基础是相对完善的教学内容,不以考试得分为目的的教学模式,以综合考评,是否能解决问题的考量标准来引导学生建立科技创新的能力。

②培训教员的要求与中学教师的要求相差较大,中学教师很难完全承担。中学教师要求根据考试大纲认真备课,在课堂上将知识教给学生,最后在考试中获得较高的分数,从

而评价老师的教学水平的优劣，而科技创新的培养要求教员在专业知识上既要有深度，又要有广度，既要在专业方向上有长期的较为深入的研究探索，又要在专业方向上对整个专业的体系框架、基础学科、交叉学科、技术前沿发展，都要有较为广泛的了解，这样才能在教导学生的过程中既能放得开手脚又能把握住方向，在培养创新能力的过程中游刃有余。但是中学教师的工作压力大，在深度和广度上都没有足够的时间进行研究，所以很难有中学教师作为辅导老师对课外兴趣小组的同学开展科学普及和科技创新的培养。

③创新培养的科普内容与中学课程范围内的内容在难度上和总量上都相差较大。中学的教学内容以经典学科的基础知识为主，课外兴趣小组的学习内容以信息课的拓展为主，主要集中在计算机方面的相关课程，并且课程的难度深度也不够，广度上不能与其他学科形成交叉融合，很难启动联想的思维来拓展思路，也没有去做任务，以完成项目的方式，用课程所学知识去解决实际问题，所以兴趣小组尚不能做到科技创新能力的培养。

④科技创新能力的培养要落实在专业上，学习专业所需的设备条件和实践、以项目为驱动的培养方式所需要的人力、资金投入是中学所难以承受的。每个专业的基础学习和深入探讨研究都离不开设备和实验室条件，科学的研究是建立在不断地动手测试和调试纠正再测试的往复循环过程上的，期间还要不断地消耗耗材，所以要获得新的科研成果就必须付出成本，培养学生的科技创新能力也一样，需要大量的投入，以电子作品为例：提出问题、设计方案、绘制板图、外协制板、采购器件、焊接调试、测试分析、系统总调，如没有达到设计参数要求则再提出新的问题、更换或改进设计方案，进入下一次流程，期间的每个步骤都可能会产生消耗，经过无数次的失败才能制作出成功的作品，才有可能逐渐培养出科技创新能力，这是个漫长的过程，也是一个资金消耗的过程。而且这个过程中还需要有教员的教育、指导、管理，这也是一个庞大的人力成本。

针对目前高校与中学进行联合基地建设时因培养的群体差异较大、人员配备难以为继、培养方案简陋、硬件保障体系薄弱、财力支出匮乏、合作内容简单浅表、开放机制死板，未能充分考虑高校、高校社团学生、高校社团指导教师、中学、中学生、中学教师的多方诉求。由于这些深层次的原因使得联合基地的建设单纯做一纸合约、一牌挂墙是无法完成青少年科技创新人才的培养的，所以中学、高校、教师、学生、家长对联合基地的热情并不高，也产生一些表面现象，具体表现为以下四点：

①高校国家级示范中心需要寻找合作的中学，以提高示范性和辐射面，但是高校的创新知识很难直接向中学普及。

②中学较难寻找到真正为培养中学生科技创新能力具有持久引导、行之有效的高校。

③大多的高校和中学的联合基地形式色彩较浓、对科技的兴趣培养以短期行为为主。

④高校科技社团的老师和同学以短暂的演示作品为主，难以将自身的创新体会以及创新能力的培养过程传授给中学生，从而只能单纯地通过与时俱进的技术作品，引发中学生的一时感叹，并不能激发同学们的兴趣，更加无法实现由兴趣向求知进而创新的过程。

综上所述，联合基地建设费时费力、高校师生得不到锻炼、中学生得不到对科学创新的兴趣和能力上的培养，长此以往联合基地将会进入名存实亡的尴尬境地。

1.2.2.2 学员的科创实践时间太少，是造成基地无法落地的原因

我国目前的九年制义务教育加上高中的教育，课内除了语数英科外音体美外还有一门信息课，科学普及的任务几乎全压在了信息课上，但是信息课难以承担科学普及的重任，更加无法承担建立创新文化的氛围的大任。

信息课的内容不仅比较有局限而且课时安排得非常少，根据《中小学信息技术课程指导纲要（试行）》的内容指出中小学信息技术课程的主要任务是：培养学生对信息技术的兴趣和意识，让学生了解和掌握信息技术基本知识和技能，了解信息技术的发展及其应用对人类日常生活和科学技术的深刻影响。通过信息技术课程使学生具有获取信息、传输信息、处理信息和应用信息的能力，教育学生正确认识和理解与信息技术相关的文化、伦理和社会等问题，负责任地使用信息技术；培养学生良好的信息素养，把信息技术作为支持终身学习和合作学习的手段，为适应信息社会的学习、工作和生活打下必要的基础。我们可以根据具体的各学段的教学目标来分析。

小学阶段教学目标为：了解信息技术的应用环境及信息的一些表现形式；建立对计算机的感性认识，了解信息技术在日常生活中的应用，培养学生学习、使用计算机的兴趣和意识；在使用信息技术时学会与他人合作，学会使用与年龄发展相符的多媒体资源进行学习；能够在他人的帮助下使用通讯远距离获取信息、与他人沟通，开展直接和独立的学习，发展个人的爱好和兴趣；知道应负责任地使用信息技术系统及软件，养成良好的计算机使用习惯和责任意识。小学阶段课程以使小学生初步掌握计算机基础知识、基本操作、指法练习、图形变换、文字处理为目的，课程从三年级到六年级，学会使用一些简单的软件如画笔、PowerPoint、Word、QQ、E-mail、Flash 等，使学生能穿越四通八达的互联网，了解五彩斑斓的信息世界，描绘丰富多彩的计算机图画，制作生动形象的卡通影片，玩转妙趣横生的益智游戏。

初中阶段教学目标为：增强学生的信息意识，了解信息技术的发展变化及其对工作和社会的影响；初步了解计算机基本工作原理，学会使用与学习和实际生活直接相关的工具和软件；学会应用多媒体工具、相关设备和技术资源来支持其他课程的学习，能够与他人协作或独立解决与课程相关的问题，完成各种任务；在他人帮助下学会评价和识别电子信息来源的真实性、准确性和相关性；树立正确的知识产权意识，能够遵照法律和道德行为负责任地使用信息技术。初中阶段课程以学生掌握图文综合处理、数据表信息处理、文件管理、多媒体信息处理、网页制作和网络使用为目的，强调从使用向运用的发展。

高中阶段教学目标为：使学生具有较强的信息意识，较深入地了解信息技术的发展变化及其对工作、社会的影响；了解计算机基本工作原理及网络的基本知识。能够熟练地使用网上信息资源，学会获取、传输、处理、应用信息的基本方法；掌握运用信息技术学习其他课程的方法；培养学生选择和使用信息技术工具进行自主学习、探讨的能力，以及在

实际生活中应用的能力；了解程序设计的基本思想，培养逻辑思维能力；通过与他人协作，熟练运用信息技术编辑、综合、制作和传播信息及创造性地制作多媒体作品；能够判断电子信息资源的真实性、准确性和相关性；树立正确的科学态度，自觉地按照法律和道德行为使用信息技术，进行与信息有关的活动。高中阶段信息技术课程包括必修与选修两个部分，共六个模块，信息技术科目的每个模块2学分。在必修部分中"信息技术基础"模块，是2学分。它与九年义务教育阶段相衔接，是信息素养培养的基础，是学习后续选修模块的前提。选修部分包括：《算法与程序设计》《多媒体技术应用》《网络技术应用》《数据管理技术》《人工智能初步》等五个模块。

纵观这三个阶段的教学目的，我们罗列了义务教育阶段信息技术教育的内容及目标要求的衔接表，如表1-1所示，通过数据表可以来比较一下不同阶段对学生在兴趣特长、应用技能、信息素养、技术创新四个方面的培养要求的不同点。从表格反映出课程的教学目的考虑学生心智发展水平和不同年龄阶段的知识经验和情感需求，体现出各阶段的侧重点，强调的是利用信息技术对其他方面进行学习和探讨的能力，知识的传授所占比例远超创新能力的培养，能具体落实的是应用技能，实践的主体是利用计算机学习和掌握使用一些实用的软件，最多加上一些简单的编程，而在培养学生的创新精神方面没有落实，也无法落实。

表1-1 义务教育阶段信息技术教育的内容及目标要求的衔接表

阶段	兴趣与特长	应用技能	信息素养	技术创新
小学阶段	激发兴趣，保持学习动力	解决常用软件、工具的应用技能	体验信息活动；形成信息意识	勇于置疑的问题意识；敢于尝试的创新精神
初中阶段	巩固兴趣，发现特长	拓展+提升 初具一技之长	自主选择综合应用	创新能力；改进方案；动手创新
高中阶段	专业学习和发展兴趣	自选门类的专业发展	信息知识智慧	某一技术门类发设计、制作、创造

根据《中小学信息技术课程指导纲要（试行）》在课时的分配上，中小学信息技术课程教学内容主要以计算机和网络技术为主，小学阶段信息技术课程，一般不少于68学时；初中阶段信息技术课程，一般不少于68学时；高中阶段信息技术课程，一般为70～140学时。上机课时不应少于总学时的70%。我认为这些课时的安排非常少，要想学好计算机和网络技术，不光靠课内的时间的讲授和上机，还应依靠大量的课余和周末时间，让学生的爱好和兴趣要有时间和空间萌发、生长。若没有这些，兴趣爱好得不到呵护，得不到发展的条件，后面又如何谈创新能力的培养呢。

根据《中小学信息技术课程指导纲要（试行）》在评价方面明确，教学评价必须本着对发展学生个性和创造精神有利的原则进行。教学评价要重视教学效果的及时反馈，评价的方式要灵活多样，要鼓励学生创新，主要采取考查学生实际操作或评价学生作品的方式。

中学要将信息技术课程列入毕业考试科目。考试实行等级制。有条件的地方可以由教育部门组织信息技术的等级考试的试点工作。在条件成熟时，也可考虑作为普通高校招生考试的科目。指导纲要的目的确实想把评价与选拔人才联系起来，尤其是最后的一句，在适当条件下，将信息技术课程作为高考考分的一个部分，这将有利于科学普及的辐射面，有利于建立创新文化氛围，有利于科技创新的长足发展。现在有些地区先行高考改革，比如浙江和上海的"三位一体"招生政策正是这种模式的尝试。但这只是试点，还不能推而广之，所以就不能全面地激发所有的学生、家长、老师和学校的热情去全身心投入，左顾右盼，想探出一只脚试试水深，又怕时间有限投入了科创培养，丢了高考的分数，顾此失彼，岂能培养出优秀的创新素质人才。

1.3　科创联合基地价值及意义

1.3.1　科创联合基地为培养科创思维提供了物理空间

强国战略的实现的核心指导思想是科技创新，而科技创新的基础是创新文化和科技普及，创新文化的建设和科学普及的基础是教育，联合基地建设正是为了能提供空间让学生的科创思维在那里慢慢萌芽、生长、壮大，为养成科学创新打好坚实的基础。以电子信息类为例，建立基地主要为了创建诸多培养科技创新的因素，比如指导教师队伍的建设。学生兴趣培养模式不是单纯知识教授，而是方方面面的熏陶，如无人机、物联网、人工智能、单片机等，这么多的内容，几个指导老师岂能全面掌握，不光理论还要实践，不光课本上的内容，还要与社会、企业结合，走在行业的前沿，跟上科技的飞速发展，这不是中学教师所能负担之重，需要建设联合基地，需要在基地有一批担此重任的人才，才能将科技普及落到实处，这是基地所要解决的问题。再比如设备的建设，所有的实践活动都离不开实验设备和实验场地，中学不可能将这么多场地和设备都准备齐全，也不可能请专业人员维护这些设备，所以需要高校联合中学建立基地将高校的设备在空余时间分享给同学，既提高了设备和场地利用率，又培养了同学的科创能力。

为了能给每一位学生创造一个能够自由发挥创新能力的环境，提供一切创新所需要的场地、设备、指导教师、硬件资源、管理资源、最新的知识信息、制度保障等，这就构成了科创基地的原型。

1.3.2　科创联合基地为培养科创思维提供了长期规划

科创联合基地不光要有一个物理上的环境，满足各种硬件条件，更重要的还要有一个连贯的科创人生规划，不能初中、高中、高校各自为政，没有时间的积淀，无法培养杰出人才。

科创联合基地借鉴了我国著名科学家钱学森老先生的大成智慧教育方案（如图1-9所示），结合电子信息类学科的特点，对科创基地的学员在科技创新方面的培养建立了十年规划，为每一位学生规划了一个科创人生，让每一位学生有计划、有目标、有规划，脚踏实地地一步一步走向一个具有科学创新素质的人才。

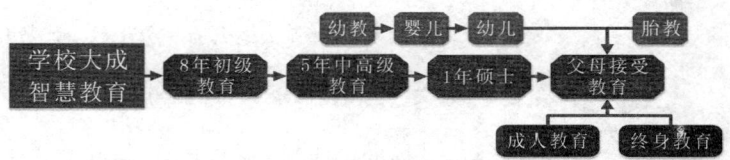

图1-9 钱学森对教育的设计

钱学森之问：为什么我们的学校总是培养不出杰出人才。我国由劳动密集型国家向着科技密集型国家大步向前，创造性人才培养的问题是重中之重。钱学森的大成智慧教育方案体现了他超人的智慧所在，钱老认为：大成智慧教育应该是熟悉科学技术的体系，熟悉马克思主义哲学；理、工、文、艺结合，有智慧；熟悉信息网络，善于用计算机处理知识，这就是创新型人才培养的基础，只有掌握了这些，才能成为创新之人才，国家之栋梁。

钱学森对教育的设计和公民义务教育可行性研究后，总结出一个规划4～12岁初级教育，13～17岁中高级教育，18岁社会实践、写论文，论文应达到硕士毕业水平，具体的规划如表1-2所示。

表1-2 钱学森对教育的具体规划表

阶段	年份	年龄	学期	教育类型	学习内容	假期
8年初级教育	第1年	4～5岁	一年级上	基础教育	数学（一维线性为主）(加、减、负数、代数、线段） 语文（看图识字，拼音达到400字） 外语（与语文同步）；书画（描红、描画） 音乐（唱歌、一种乐器）；体育（舞蹈、体育、武术） 计算机（虚拟游戏、打字、做题） 故事性短文（贯彻礼貌教育，中英对照）	冬令营（冰雪）
			一年级下		数学（二维平面为主)（乘、除、分数、代数、几何、解析几何） 语文（看图识字，方块字）达到1000字；外语（与语文同步) 书画（难字描红、略复杂描画）；音乐（识谱、弹奏简单歌曲) 体育（舞蹈、体育、武术）；计算机（虚拟游戏、打字、做题) 故事性短文（自爱、爱家、爱国、爱人民教育，中英对照）	夏令营（游泳）

续表

阶段	年份	年龄	学期	教育类型	学习内容	假期
8年初级教育	第2年	5~6岁	二年级上	基础教育	数学（三维立体为主）（乘方、开方、分子数、代数几何） 语文（抽象文字，恢复形象）达到2000字，作文 外语（与语文同步）；书画（临摹书法、绘画）；音乐（弹唱结合） 体育（舞蹈、体育、武术）；计算机（运用数据库、图像库） 故事性短文（公民道德教育，中英对照）	冬令营（冰雪）
			二年级下		数学（四维时空为主）（运动、物理力学） 语文（抽象文字，恢复形）达到3000字，作文 外语（与语文同步）；书画（临摹书法、绘画） 音乐（组织小乐队）；体育（舞蹈、体育、武术） 计算机（方向、定位、运动） 故事性短文（公民法律教育，中英对照）	夏令营（游泳）
	第3年	6~7岁	三年级上	基础教育	数学（四维中增加1个属性）（解方程，结合物理） 语文（抽象文字，恢复形象）达到3200字，作文 外语（与语文同步）；书画（临摹书法、绘画） 音乐（组织小乐队）；体育（舞蹈、体育、武术） 计算机（运用数据库、图像库） 故事性短文（公民社会教育，中英对照）	冬令营（冰雪）
			三年级下		数学（四维中增加1个属性）（解方程，结合物理） 语文（抽象文字，恢复形象）达到3500字，作文 外语（与语文同步）；书画（临摹书法、绘画） 音乐（组织小乐队）；体育（舞蹈、体育、武术） 计算机（方向、定位、运动） 故事性长、短文（公民政治教育，中英对照）	夏令营（游泳）

第1章 科技创新基地建设意义

续表

阶段	年份	年龄	学期	教育类型	学习内容	假期
8年初级教育	第4年	7~8岁	四年级上	基础教育	数学（四维中增加2个属性）（解方程，结合物理、化学） 双语（抽象文字，恢复形象）；作文（家庭规范） 书画（临摹书法、绘画）；音乐（组织小乐队） 体育（舞蹈、体育、武术）；计算机（读地图） 历史（古文、河图太极）；地理（自然环境）	冬令营（骑车）
			四年级下		数学（四维中增加2个属性）（解方程，结合物理、化学） 双语（抽象文字，恢复形象）；作文（家庭规范） 书画（临摹书法、绘画）；音乐（组织小乐队） 体育（舞蹈、体育、武术）；计算机（遥感图像） 历史（洛书五行）；地理（人工环境）	夏令营（骑马）
	第5年	8~9岁	五年级上	基础教育	数学（四维中增加3个属性）（解方程，结合物理、化学） 双语（文学赏析，中国）；作文（城镇规范） 书画（书法、绘画：素描）；音乐（组织小国乐队） 体育（舞蹈、体育、武术）；计算机（Google/Earth，中国） 历史（孔子），地理（资源）	冬令营（爬山）
			五年级下		数学（四维中增加3个属性）（解方程，结合物理、化学） 双语（文学赏析，中国）；作文（省市规范） 书画（书法、绘画：素描）；音乐（组织小国乐队） 体育（舞蹈、体育、武术）；计算机（Google/Earth，中国） 历史（老子），地理（灾害）	夏令营（远足）

续表

阶段	年份	年龄	学期	教育类型	学习内容	假期
8年初级教育	第6年	9～10岁	六年级上	基础教育	数学（四维中增加N个属性）（解方程，结合物理、化学） 双语（文学赏析，中国）；作文（国家规范） 书画（书法、绘画：国画）；乐（国乐） 体育（舞蹈、体育、武术）；计算机（Google/Earth，中国） 历史（中国历史）；地理（环境）；生物（植物）	冬令营（参观）
			六年级下		数学（四维中增加N个属性）（解方程，结合物理、化学） 双语（文学赏析，中国）；作文（国家规范） 书画（书法、绘画：国画）；音乐（国乐） 体育（舞蹈、体育、武术）；计算机（Google/Earth，中国） 历史（中国历史）；地理（生态）；生物（动物）	夏令营（参观）
	第7年	10～11岁	七年级上	基础教育	数学（四维中增加N个属性）（解方程，结合物理、化学） 双语（文学赏析，世界）；作文（世界规范） 书画（书法、绘画：西洋画）；音乐（组织小交响乐队） 体育（舞蹈、体育、武术）；计算机（Google/Earth，世界） 历史（世界历史）；地理（城市）；生物（微生物）	冬令营（参观）
			七年级下		数学（四维中增加N个属性）（解方程，结合物理、化学） 双语（文学赏析，世界）；作文（世界规范） 书画（书法、绘画：西洋画）；音乐（组织小交响乐队） 体育（舞蹈、体育、武术）；计算机（Google/Earth，世界） 历史（世界历史）；地理（人口）；生物（人体）	夏令营（参观）

续表

阶段	年份	年龄	学期	教育类型	学习内容	假期
8年初级教育	第8年	11~12岁	八年级上	基础教育	数学（四维中增加N个属性）（解方程，结合物理、化学）	冬令营（参观）
					双语（文学赏析，世界）；作文（世界规范）	
					书画（书法、绘画：西洋画）；音乐（组织小交响乐队）	
					体育（舞蹈、体育、武术）；计算机（Google/Earth,世界）	
					历史（世界历史）；地理（基础建设）；生物（微生物）	
			六年级下		数学（四维中增加N个属性）（解方程，结合物理、化学）	夏令营（参观）
					双语（文学赏析，世界），作文（世界规范）	
					书画（书法、绘画：西洋画）；音乐（组织小交响乐队）	
					体育（舞蹈、体育、武术）；计算机（Google/Earth,世界）	
					历史（世界历史）；地理（产业）；生物（人体）	
5年中高级教育	第1年	12~13岁	九年级上	公共课程	一义序（形式逻辑）；数学（对数）；修身（道德）	冬令营
				专业课	现代科学技术体系；自然科学（物理）；社会科学（经济）	
					地理科学（自然地理与经济地理）	
					计算机（Google/Earth,世界，遥感，编程）	
				社会实践	学农	
			九年级下	公共课程	一义序（形式逻辑）；数学（代数、矩阵）	夏令营
				专业课	现代科学技术体系；自然科学（物理）；社会科学（经济）	
					地理科学（自然地理与经济地理）	
					计算机（Google/Earth,世界，遥感，编程）	
				社会实践	学农	

续表

阶段	年份	年龄	学期	教育类型	学习内容	假期
5年中高级教育	第2年	13~14岁	十年级上	公共课程	逻辑学（形式逻辑）；数学（三角）；修身（道德）	冬令营
				专业课	系统科学理论、方法；自然科学（化学）；社会科学（政治）；地理科学（地理系统工程）；计算机（地理信息科学：天地人机信息一体化网络系统，编程）	
				社会实践	学工	
			十年级下	公共课程	逻辑学（形式逻辑）；数学（几何：平面、立体）	夏令营
				专业课	系统科学理论、方法；自然科学（化学）；社会科学（政治）；地理科学（地理系统工程）；计算机（地理信息科学：天地人机信息一体化网络系统，编程）	
				社会实践	学工	
	第3年	14~15岁	十一年级上	公共课程	中国古文化（辩证）；数学（解析几何）；齐家（敬老爱幼）	冬令营
				专业课	自然科学（生物）；社会科学（法律）；军事科学（现代信息战争）；建筑科学（城市规划）；计算机（全球定位系统，编程设计）	
				社会实践	学军	
			十一年级下	公共课程	中国古文化（辩证）；数学（解析几何）	夏令营
				专业课	自然科学（生物）；社会科学（法律）；军事科学（现代信息战争）；建筑科学（城市规划）；计算机（全球定位系统，编程设计）	
				社会实践	学军	

第1章 科技创新基地建设意义

续表

阶段	年份	年龄	学期	教育类型	学习内容	假期
5年中高级教育	第4年	15~16岁	十二年级上	公共课程	二极序（辩证逻辑）；数学（微积分）；齐家（道德、法律）	冬令营
				专业课	自然科学（大气、海洋、地质）；社会科学（管理）	
					思维科学（抽象思维、形象思维、顿悟思维）	
					行为科学；计算机（全球通信系统，编程设计）	
				社会实践	志愿者	
			十二年级下	公共课程	二极序（辩证逻辑）；数学（微积分）	夏令营
				专业课	自然科学（大气、海洋、地质）；社会科学（管理）	
					思维科学（抽象思维、形象思维、顿悟思维）	
					行为科学；计算机（全球通信系统，编程设计）	
				社会实践	志愿者	
	第5年	16~17岁	十三年级上	公共课程	马克思主义哲学；数学（数理统计）；治国（道德、法律）	冬令营
				专业课	现代数学（复杂性科学数学）；人体科学（医学）	
					科学与艺术（美学）	
					计算机（天地人机信息一体化网络系统，软件设计）	
				社会实践	志愿者	
			十三年级下	公共课程	马克思主义哲学，数学（数理统计）	夏令营
				专业课	现代数学（复杂性科学数学）；人体科学（医学）	
					科学与艺术（美学）	
					计算机（天地人机信息一体化网络系统，软件设计）	
				社会实践	志愿者	

-25-

续表

阶段	年份	年龄	学期	教育类型	学习内容	假期
1年硕士级教育	第1年	17~18岁	十四年级上、下	公共课程	现代科学技术体系；平天下（道德、法律）	冬、夏令营
				专业课程达到硕士毕业论文水平	论文选题、开题、准备	
					数学科学（理论数学、计算机软件）	
					系统科学（系统论、系统学、系统工程）	
					自然科学（物理、化学、生物、大气、海洋、地质）	
					地理科学（地理信息科学、地理系统工程）	
					建筑科学（城市建设、城市规划）	
					军事科学（现代化信息战争）	
					思维科学（创造性思维）	
					行为科学（道德、法律）	
					人体科学（医学）	
					科学与艺术（美术、音乐）	

当然，目前钱老的规划可能对同学的要求比较高，对能力较弱的同学实现起来有些困难，但是这也说明我们还有太多的潜力没有发掘，我们可以针对当前的情况，对科创基地的同学进行规划：建立了从初中阶段开始培养兴趣打好基础、到高中阶段涉及大量实践能力的培养并参加科创比赛的锻炼，在实践和比赛中培养兴趣和科创能力、再到大学阶段进一步提高全面的综合设计实践能力的提高，对科创思维能力的综合运用，在从萌发创意基础上加上设计方案制做出作品，再加上实际应用形成样品，最后加上稳定的性能而诞生产品的过程中不断升华。利用基地为不同程度的同学制定一个行之有效的规划，让中学与高校接轨，为科技创新培养提供长期规划，为科创能力的培养保驾护航。

1.3.3 科创基地建设的意义

创新型人才培养国家战略形势严峻且刻不容缓，如何落地，如何解开困局，笔者认为培养创新型人才要从中学抓起，在目前的教育体制下，高考改革和课程改革都是为此服务的。创新的培养既要有理论基础，也要有实践基础，这是创新的一双翅膀，缺少了任何一个都不能在创新的道路上走稳走远。国家鼓励创新，尤其鼓励青少年的创新思维的培养，但这不是中国的每一个家庭都能提供的，在中国这个传统教育思想下，这几乎不可能，而且这样的方式不适应中国的发展。中国有自己的解决方案，俗语云："十年树木、百年树人"，也许这里就有解决之道。规划是最好的方法，也是解决创新培养的一剂良药。对每一位学生来讲，建立一个从中学到高校的整整七年甚至十年的科技创新人生道路的整体规划，并通过硬件、软件方面的建设，对人财物及制度方面的切实保障，形成一个深度融合育人体系是落地的关键，而具体内容涵盖在科创联合基地这一载体的建设就是落地的核心。融合育人体系的策略为通过高校本科知识体系的前推，中学着重培养中学生对科技创新的兴趣和理论实践两方面的能力而非应试能力，通过参加全国青少年科技创新比赛等赛事，让更多具备基本科技创新能力的同学能通过"三位一体"的招生制度进入高校，高校通过科技社团的形式选拔人才，进一步系统深入地学习掌握专业知识和动手技能，通过全国大学生电子设计竞赛、全国大学生智能车竞赛等以比赛促进发展、促进提高，为国家培养出具有扎实功底的科技创新能力的初级科研人员。期间大学生社团还将反哺联合科技创新基地，辅导并指导中学生参加各种科创活动，以切身的经历和感受激发和竖立中学生为国奋斗的坚定信念。

本书以杭州电子科技大学国家级电工电子实验教学示范中心（简称示范中心）、杭州电子科技大学大学生科技创新孵化器（简称孵化器）、杭州市实验外国语学校（简称杭实外）三方为例，就建设科创联合基地融合育人体系开展的相关工作为实践基础，涵盖了科创联合基地育人体系的组成和运行、基地实体硬件资源建设、实践教学资源建设、基地保障制度建设等内容，并介绍了在科创基地新型的培养模式下，两所学校同学的丰硕成果，从侧面反映了基地建设可令参与各方受益良多，人才在每个不同的时期都呈现百花齐放的风采。通过本书旨在为高校和中学如何开展科创联合基地建设、大学生如何通过基地既服务社会又实现自我价值、中学生如何通过基地得到兴趣和能力的指导培养等提供一定的启发和借鉴。

自 2017 年至今通过联合科创基地的建设，杭州电子科技大学国家级电工电子实验教学示范中心共计派出 30 多人次的指导老师去杭实外进行科技创新实践课程指导；杭州电子科技大学大学生科技创新孵化器共计派出近 100 人次孵化器成员去杭实外辅导同学进行科技创新实践活动；科创基地培训 5 组同学共计 10 名中学生参加了 2018 年和 2019 年二届全国青少年科创科创大赛，其中 3 组 6 名同学获奖。2018 年获得了杭州市三等奖一项、2019 年获得了浙江省二等奖和三等奖各一项；申请了三项发明专利，一项已公开。通过基地的科创环境的熏陶以及科创条件的保障，同学们科创的积极性得到极大提升，对科创的认识更为清晰，对科创比赛的渴望更为迫切，有利于科创能力的培养。

1.3.4 科创联合基地的功能及作用

1.3.4.1 高校选才的来源

（1）高校需要具有科研素养的学生

科研素养是指从事科研工作的科研人员应具备的素质。主要由科研意识、科研方法、科研精神构成。科研意识是指积极从事科学研究的心向，潜心捕捉和发现科研课题的探求欲。科研方法是指包括选题、搜集资料、社会调查、实验研究、统计处理、总结研究成果、撰写研究报告等具体方法和经验。科研精神是指勇于探索、刻苦钻研、团结合作、不断创新等精神动力。强烈的科研意识、科学的科研方法和崇高的科研精神，三者在构成科研能力中，相互依存、相互促进。

培养科研素养不是一蹴而就的，都是需要长时间的学习知识＋阅读＋思考＋实操＋总结＋升华的过程，最后周而复始地循环，不断地吸取养分的同时，慢慢地培养了科研素养。李开复离开卡耐基梅隆大学时，他的教授海博曼说："你从学校带走最有价值的不是一份论文，而是你分析和独立思考的能力、研究和发现真理的经验，还有科学家的胸怀。当你某一天不再研究这个领域的时候，你依然能在任何一个新的领域做到最好。"这就是科研素养的巨大作用。它就像是一个宝藏，无论你做何事都能从中获取宝贵的经验和学习新事物的能力。

科创联合基地要为中学生打造最具学术价值的科研活动，从而培养和磨砺出令人骄傲的科研素养。要培养学生出色的学术能力，需要严格规范的科研项目实训，通过实训不仅能让学生学会独立的学习和研究，还能令他具备批判性的思维、缜密的逻辑表达、优秀的信息检索和对所学知识的归纳能力。

科创联合基地要以科普教学、科研实训、论文撰写、创新竞赛等为主要形式，先学习基础科普知识后开发创新思维，通过社会调查，将获得的创意通过自己的手变成满足市场需求的产品，最终培养了科研素养的同时得到了自信，得到了别人的认可，得到了成功。无形之中帮助中学生在这个巨大变革的时代中，提升竞争力，掌握终身受用的学习能力，更加从容地应对未来挑战。基地鼓励有创新潜质和学科特长的青少年进行系统的科学普及和研究，通过项目的完成情况发掘青年英才，为高校输送优秀的具有科研素质的创新人才。

（2）高校学科竞赛类、科技创新类特长自主招生

为了能为国家选拔一批有学科特长或创新潜质的青少年，国家在高考制度改革中不断创新，不断试点，探索一个人才选拔体系，既能做到公平公正择优录取，又能做到不错失具有科研创新能力的潜藏得人才。国家允许浙江省和上海市试点"三位一体""自主招生"。

以浙江省为例：《2019 浙江省普通高校招生工作实施意见》第九点第 29 条：普通类提前录取。有政审、面试、体检等特殊要求的军事、公安、定向招生、三位一体综合评价招生、定向培养士官试点，及经过批准的国际关系学院、外交学院、北京电子科技学院、香港中文大学、香港城市大学等院校、航海类等专业，实行提前录取。提前录取高校（专业）可参考浙江省普通类分段线，在第三段线上提出最低文化成绩要求。

学科竞赛类、科技创新类重视科普和科创，以浙江省为例，浙江工业大学、杭州电子科技大学、浙江工商大学等多所高校纷纷指定了符合自身特色的"三位一体"的招生政策，从中可以看出高校对科研素质的共同要求，自主招生考试经过公平公正公开的"三公"措施，招录有志青年，考试涉及科普和专业知识，面试对科研素养、创新能力、项目实训等尤为重视，最终得到自招分数排名，再按照一定比例根据高考加上招考分数得出总分，根据总分排名前后录取特色人才。可以从高校的招生简章中相应条款得到体现：

浙江工业大学2019年"三位一体"综合评价招生章程

第一章　总则

第二条　本章程适用于2019年浙江工业大学"三位一体"综合评价招生工作。

第三章　组织机构

第九条　学校成立"三位一体"综合评价招生工作领导小组，负责"三位一体"综合评价招生工作，研究、制订学校招生政策，并对重大事宜做出决策。

第十条　学校招生办公室是组织和实施招生及其相关工作的常设机构，具体负责"三位一体"综合评价招生的日常工作。

第十一条　学校纪检监察办公室对学校"三位一体"综合评价招生工作实施全程监督。

第四章　招生计划、报名条件及报名办法

第十二条　招生计划

学校"三位一体"综合评价招生面向浙江省招生，总计划数为420名。具体招生专业类设置、所含专业、计划数及报考相关专业所需的选考科目范围如表1-3所示。

表1-3　浙江工业大学2019年"三位一体"招生计划表

招生专业设置	所含专业	计划数	选考科目范围
健行学院实验班类	学生进校后按规定可在全校范围内选专业	15	选考科目不限
化工与生物类	化学工程与工艺、能源化学工程、应用化学、材料科学与工程、高分子材料与工程、生物工程、生物技术、环境工程、环境科学、食品科学与工程、食品质量与安全、海洋技术（海洋资源工程与环境保护）、安全工程	80	物理、化学、生物
药学类（"2011计划"创新实验区）	制药工程（"2011计划"创新实验班）、生物制药、制药工程、药物制剂、药学、中药学	30	物理、化学、生物
机械与工业工程类	机械工程、过程装备与控制工程、车辆工程、能源与环境系统工程、工业工程、物流工程	60	物理
经贸、法学与管理类	国际经济与贸易、金融学、工商管理、财务管理、信息管理与信息系统、工程管理、公共事业管理、行政管理、法学、知识产权	55	物理、思想政治、历史
电气通信与计算机类	电气工程及其自动化、自动化、电子信息工程、通信工程、电子科学与技术、计算机科学与技术、软件工程、网络工程、数字媒体技术、物联网工程、数据科学与大数据技术	65	物理、技术

续表

招生专业设置	所含专业	计划数	选考科目范围
建筑类	建筑学、城乡规划	10	物理、地理
工业设计	工业设计	5	物理、化学、历史
土木类	土木工程、给排水科学与工程	30	物理
新闻传播与中国语言文学类	广播电视学、广告学、汉语言文学	20	历史、地理、思想政治
外国语言文学类	英语、日语	20	选考科目不限
理学与光电信息类	数学与应用数学、应用物理学、光电信息科学与工程、信息与计算科学、应用心理学	30	物理、化学

经专家组测评确有突出特殊才能和卓越表现[报名条件（二）类]的考生，可在全校所有招生专业类中选择填报志愿。录取名额不占上列计划。

第十三条 报名条件

（一）具有浙江省2019年普通高等学校招生统一考试报名资格，综合素质评价均为B等（含）以上，新高考改革前的往届生综合素质评价均为P等（含）以上，符合以下条件之一的考生均可申请报考：

1. 学业水平考试6门（含）以上科目为A等，其余为C等（含）以上。

2. 学业水平考试5门（含）以上科目为A等，其余为C等（含）以上，且符合以下专项条件之一者：

（1）学科竞赛类：高中阶段在国际科学与工程大奖赛或国际环境科研项目奥林匹克竞赛中获奖；或在全国中学生学科奥林匹克竞赛（包括全国高中数学联赛、全国中学生物理竞赛、中国化学奥林匹克竞赛、全国青少年信息学奥林匹克联赛、全国中学生生物学联赛）中获得省级赛区竞赛三等奖（含）以上；或在浙江省高中数学竞赛、浙江省高中学生化学竞赛、浙江省高中生物学竞赛、浙江省中学生物理竞赛中获得A组省二等奖（含）以上。

（2）科技创新类：高中阶段以第一作者在全国青少年科技创新大赛（含全国青少年生物和环境科学实践活动）或全国中小学电脑制作活动中获得省级三等奖（含）以上；或在全国"明天小小科学家"活动中获得三等奖（含）以上。

（二）具有浙江省2019年普通高等学校招生统一考试报名资格，综合素质评价均为B等（含）以上，新高考改革前的往届生综合素质评价均为P等（含）以上，在学科研究、科技创新、艺术体育和社会实践等方面具有突出特殊才能和卓越表现的学生，可以申请报考（学生自荐、所在中学推荐或专家推荐均可）。自荐或专家推荐的考生须经所在中学审核，考生名单由各中学按规定在校内进行公示。

第十四条　报名方式

①《浙江工业大学"三位一体"综合评价招生申请表》要求在线填写、提交并打印。纸质申请表填写的内容必须经中学教务处审核认定，并加盖中学公章，考生本人签名后将盖章签名的申请表扫描（拍照）上传。

②高中阶段获得的符合报名条件中所列举的获奖证书或证明材料，并扫描（拍照）上传。

③个人陈述，须由本人亲笔手写，内容包括高中阶段成长经历及表现（获省级（含）以上学科竞赛奖励情况）、参与科学研究、科技创新、文学创作、文艺活动情况，参与社会实践、社团活动、志愿服务情况，报考理由、对报考专业认识及对个人规划与设想等，字数控制在1000字左右，并扫描（拍照）上传。

④符合具有突出特殊才能和卓越表现[报名条件（二）类]的考生需提供《浙江工业大学"三位一体"综合评价招生突出特殊才能考生中学审核表》，有中学推荐或者专家推荐的考生需同时附《浙江工业大学"三位一体"综合评价招生突出特殊才能考生推荐表》(表格可至我校"'三位一体'综合评价招生报名系统"下载），并扫描（拍照）上传。

第五章　选拔程序

第十六条　书面评审

1.学校"三位一体"综合评价招生工作专家委员会对考生申请材料进行书面评审。根据考生的学业水平考试成绩、竞赛获奖、中学阶段综合表现以及个人陈述情况等材料进行评审，按照招生计划数5倍的比例来确定我校"三位一体"综合评价招生通过书面评审的考生名单；学业水平考试10门科目为A等的考生直接通过书面评审。

2.申请具有突出特殊才能和卓越表现[报名条件（二）类]测评的考生，学校根据特殊才能情况组织相对应的专家组进行评审。

3.书面评审结果将在学校本科招生网上公布，考生也可通过学校招生报名系统查询。

第十七条　综合素质测试

1.通过书面评审符合报名条件的考生须参加学校组织的综合素质测试，综合素质测试采用面试方式进行，以考察学生的专业素养、专业能力、综合素质和个性特长为主。

2.通过书面评审符合具有突出特殊才能和卓越表现[报名条件（二）类]测评资格要求的考生，其综合素质测试采用特殊才能测评方式进行。学校根据其特殊才能情况，组织相对应的专家组，进行特殊才能测评。

3.综合素质测试包括具有突出特殊才能和卓越表现[报名条件（二）类]测评，测试结束后，按照招生计划数的5倍确定入围考生名单。考生可通过学校招生报名系统查询综合素质测试成绩，包括具有突出特殊才能和卓越表现[报名条件（二）类测评]。

第六章　录取办法

第二十条　入围考生必须参加2019年高考普通类报名和考试。考生录取安排在普通类提前录取。志愿填报纳入我省普通高校普通类提前录取院校统一填报，考生须在院校志愿栏的第一志愿栏填写我校志愿，否则无效。未被我校录取的，进入后续志愿的投档程序。填报的专业志愿须在招生章程公布的招生专业范围内，考生的选考科目须符合我校各专业类选考科目要求,且文化成绩需达到一段线的 90%(含)以上,具有突出特殊才能和卓越表现[报名条件(二)类]的考生不受此限。

第二十一条 对进档考生,按综合成绩从高分到低分进行排序。综合成绩按"学业水平考试成绩(折算成满分 100 分)×20%+ 综合素质测试成绩(折算成满分 100 分)×30%+

高考总分(折算成满分 100 分)×50%"计算形成。若考生综合成绩相同时,则按单项顺序及分数高低排序,单项顺序排列依次为:综合素质测试成绩、高考总分、学业水平考试成绩。其中,学业水平考试成绩换算如表 1-4 所示,高中阶段具备相关选修课程学分或相关选修课程成绩优良的,在同等条件下优先录取。新高考改革前的往届生技术科目学业水平考试等第按考生的信息技术、通用技术科目中等第高的计入。

表1-4 学业水平考试成绩按折算表

学业水平考试成绩	10A	9A	8A	7A	6A	5A
成绩折算(分)	100	95	90	85	80	75
学业水平考试成绩		9A1B	8A1B	7A1B	6A1B	5A1B
成绩折算(分)		97	92	87	82	77
学业水平考试成绩			8A2B	7A2B	6A2B	5A2B
成绩折算(分)			94	89	84	79
学业水平考试成绩				7A3B	6A3B	5A3B
成绩折算(分)				91	86	81
学业水平考试成绩					6A4B	5A4B
成绩折算(分)					88	83
学业水平考试成绩						5A5B
成绩折算(分)						85

第二十四条 对经专家组测评确认具有突出特殊才能和卓越表现的考生,学校"三位一体"综合评价招生工作领导小组和专家组一起研究确定综合成绩合成比例,可提高综合素质测试(特殊才能测评)在其中的权重。高考成绩公布后,学校"三位一体"综合评价招生工作领导小组和专家组一起研究确定具有突出特殊才能考生拟录取名单并公示,无异议后录取(图 1-10~图 1-13)。

来源：浙江工业大学招生办　日期：2019-12-18 阅览：946

序号	科类	专业名称	计划数	录取数	综合分	最低分 高考成绩	面试成绩	学考成绩
1	三位一体	健行学院实验班类	15	15	88.067	622	85.083	88
2	三位一体	工业设计	5	5	86.020	609	83.400	94
3	三位一体	建筑类	10	10	85.968	608	82.783	88
4	三位一体	药学类("2011计划"创新试验区)	30	30	84.667	603	80.000	88
5	三位一体	经贸、法学与管理类	55	55	84.068	592	80.417	85
6	三位一体	电气通信与计算机类	65	65	83.767	603	77.783	84
7	三位一体	新闻传播与中国语言文学类	20	20	83.108	597	79.367	81
8	三位一体	理学与光电信息类	30	30	81.635	573	76.233	81
9	三位一体	外国语言文学类	20	20	81.083	581	75.783	83
10	三位一体	机械与工业工程类	60	23	80.535	585	74.983	85
11	三位一体	化工与生物类	80	32	80.310	576	73.617	81
12	三位一体	土木类	30	5	79.918	602	75.283	85
		小计	420	310	79.918	573	73.617	81

图1-10　2019年浙江工业大学普通类提前招生录取情况（浙江省）图

来源：浙江工业大学招生办　日期：2019-12-18 阅览：1653

序号	专业	计划数	录取数	最高分	平均分	最低分
1	健行学院实验班类	45	45	653	646.8	645
2	工业设计	30	33	640	634.2	632
3	建筑类	76	79	640	632.5	630
4	药学类("2011计划"创新实验区)	160	160	640	629.6	627
5	经贸、法学与管理类	374	379	644	630	626
6	新闻传播与中国语言文学类	105	105	642	631.1	627
7	电气通信与计算机类	460	466	646	629	625
8	理学与光电信息类	121	121	643	626.6	623
9	外国语言文学类	123	123	638	625	623
10	土木类	83	98	641	622	619
11	机械与工业工程类	200	225	638	620.2	617
12	化工与生物类	456	481	642	619.8	614
	小计	2233	2315	653	625.3	614
13	软件工程（中外合作）	100	100	629	614.7	611
14	土木工程（中外合作）	67	67	610	602.3	598
	小计	167	167	629	609.7	598

图1-11　2019年浙江工业大学普通类招生录取情况（浙江省）图

来源：浙江工业大学招生办　日期：2018-12-11 阅览：9987

序号	科类	专业名称	计划数	录取数	综合分	最低分 高考成绩	面试成绩	学考成绩
1	三位一体	健行学院实验班类	10	10	87.89	614	86.7	94
2	三位一体	建筑类	10	10	85.48	602	83.92	88
3	三位一体	工业设计	5	5	85.34	610	81.7	88
4	三位一体	经贸、法学与管理类	60	60	84.21	592	77.53	80
5	三位一体	药学类("2011计划"创新试验区)	30	30	84.14	597	78.78	88
6	三位一体	电气通信与计算机类	70	70	83.77	590	79.45	88
7	三位一体	新闻传播与中国语言文学类	20	20	83.25	592	77.87	83
8	三位一体	理学与光电信息类	30	30	82.76	585	76.87	84
9	三位一体	外国语言文学类	20	20	82	584	76.23	84
10	三位一体	土木类	30	30	79.78	579	72.15	85
11	三位一体	化工与生物类	80	80	79.53	562	70.83	83
12	三位一体	机械与工业工程类	55	46	79.28	574	70.32	83

图1-12　2018年浙江工业大学普通类提前招生录取情况（浙江省）图

来源：浙江工业大学招生办 日期：2018-12-11 阅览：31869

序号	专业	计划数	录取数	最高分	平均分	最低分
1	健行学院实验班类	50	50	646	639.4	638
2	工业设计	30	31	638	628.2	625
3	建筑类	76	77	637	627.9	625
4	药学类（"2011计划"创新实验区）	160	161	639	625.3	622
5	经贸、法学与管理类	380	381	652	625.1	621
6	新闻传播与中国语言文学类	110	111	637	624	620
7	电气通信与计算机类	460	461	639	623.4	619
8	理学与光电信息类	120	121	635	620.2	618
9	外国语言文学类	115	116	638	620.7	617
10	土木类	105	105	629	617.5	615
11	机械与工业工程类	225	225	637	617.1	613
12	化工与生物类	480	481	636	614.8	610
	小计	2311	2320	652	621.4	610
13	软件工程（中外合作）	100	100	639	610.9	607
14	土木工程（中外合作）	67	67	617	599.3	596
	小计	167	167	639	604.7	596

图1-13　2018年浙江工业大学普通类招生录取情况（浙江省）图

通过某专业的"三位一体"招生人数占总招生人数比例（如表1-5所示）以及录取的高考分数差距可以说明中学的教育培养已经从单纯抓高考分数慢慢开始转向重视培养科学创新能力和学生的科学素养。

表1-5　浙江工业大学"三位一体"招生专业及人数表

序号	科类	专业名称	计划数	录取数	最低分 综合分	高考成绩	面试成绩	学考成绩
1	三位一体	健行学院实验班类	15	15	88.067	622	85.0	88
2	三位一体	工业设计	5	5	86.020	609	83.4	94
3	三位一体	建筑类	10	10	85.968	608	82.7	88
4	三位一体	药学类（"2011计划"创新试验区）	30	30	84.667	603	80.0	88
5	三位一体	经贸、法学与管理类	55	55	84.068	592	80.4	85
6	三位一体	电气通信与计算机类	65	65	83.767	603	77.7	84
7	三位一体	新闻传播与中国语言文学类	20	20	83.108	597	79.3	81
8	三位一体	理学与光电信息类	30	30	81.635	573	76.2	81
9	三位一体	外国语言文学类	20	20	81.083	581	75.7	83
10	三位一体	机械与工业工程类	60	23	80.535	585	74.9	85
11	三位一体	化工与生物类	80	32	80.310	576	73.6	81
12	三位一体	土木类	30	5	79.918	602	75.2	85

浙江工业大学电气通信与计算机类招生为例，2019年"三位一体"录取高考分数差625-603=22分；"三位一体"计划数65，总计划数460，占比14.1%；2018年，"三位一体"

录取高考分数差 623.4-590=33.4 分;"三位一体"计划数 70,总计划数 460,占比 15.2%。再以杭州电子科技大学为例,截取一些重要信息如下。

杭州电子科技大学2019年"三位一体"综合评价招生章程
第四章 计划与报名

第十二条 学校"三位一体"综合评价招生面向浙江省招生,总计划数 450 名。具体招生专业、计划如表 1-6 所示。

表1-6 杭州电子科技大学"三位一体"招生专业及人数表

专业(类)名称	选考科目数	2019年选考科目	类中所含专业	招生计划
计算机类	2	物理、技术	计算机科学与技术、软件工程	35
电子信息类	1	物理、技术	电子信息工程、电子科学技术、集成电路设计与集成系统、电子信息科学与技术	35
网络空间安全类	2	物理、技术	信息安全、网络工程	10
会计学类	0	不限	会计学、审计学、财务管理	35
数字媒体技术	2	物理、技术		10
信息与通信工程类	1	物理	通信工程、信息对抗技术	35
自动化	2	物理、技术		15
电气工程及其自动化	2	物理、技术		10
机械与海洋工程类	1	物理	机械设计制造及其自动化、车辆工程	25
数学类	1	物理	数学与应用数学(与金融学复合)、信息与计算科学、数学与应用数学	30
材料科学与工程	2	物理、化学		25
环境科学与工程类	3	物理、化学、生物	环境工程	25
测控技术与仪器	3	物理、化学、生物		10
医学信息工程	3	物理、化学、生物		10
生物医学工程	3	物理、化学、生物		10
光电技术与物理类	1	物理	光电信息科学与工程	15
经济类	0	不限	金融学、国际经济贸易、经济学、统计学	30
管理科学与工程类	2	物理、技术	信息管理与信息系统、工业工程、电子商务、物流管理、保密管理	25
工商管理类	0	不限	工商管理、市场营销、人力资源管理	25
外国语言文学类	0	不限	英语(与国际经济贸易复合)、英语	15
法学	0	不限		10
传播学(新媒体方向)	2	思想政治、历史		10

第十三条 报名条件

(一)已经参加 2019 年浙江省普通高校招生考试报名,品德优良,身心健康,综合素质较高,具有创新能力和培养潜质,有一定特长的高中毕业生;

（二）学业水平测试各科目成绩均为 D 等及以上；

（三）高中综合素质评价须达到 B 等及以上（新高考改革前的考生达到 P 等及以上）。同时符合以上条件且满足以下条件之一者均可申请报考：

1. 普通类：学业水平测试成绩折算计分成绩在 110 分（含）以上。（我校将 A 等计 15 分，B 等计 10 分，C 等计 5 分，D 等不计分，共 10 科，不含体育与健康、音乐、美术）。

2. 学业水平测试成绩折算计分成绩 85 分（含）以上，且符合以下专项条件之一者：(1)(2) 与科创类无关，此处省略。(3) 科技创新类：高中阶段以第一作者在全国青少年科技创新大赛（含全国青少年生物和环境科学实践活动）或在全国中小学电脑制作活动中获三等奖（含）以上；或在全国"明天小小科学家"活动中获三等奖（含）以上。

第五章 综合素质测试

第十五条 笔试与面试组织

1. 如通过初审的普通类考生人数超过招生计划数的 3 倍，学校将组织笔试，根据笔试成绩，按招生计划数 1∶3 的比例确定进入综合素质测试面试考核环节的考生名单（同分带入）。如通过初审人数未到招生计划数的 3 倍，则不安排笔试，所有考生直接进入面试环节。

2. 中学阶段在德育类、学科、科技创新、艺术、体育等方面取得突出成绩，并符合德育类、学科特长类、科技创新类、艺术特长类、体育特长类获奖项目的考生，可在网上报名时提出申请免笔试，通过审核的同学无须参加笔试，但必须参加学校组织的特长测试后进入面试。

第六章 录取

第十七条 学校按照考生的综合成绩，由高分到低分录取。综合成绩 = 学业水平测试成绩 ×15%+ 综合素质测试成绩 ×35%+ 高考成绩 ×50%（三项成绩统一折算为百分制）。

其中：学业水平测试成绩满分为 150 分，A 等计 15 分，B 等计 10 分，C 等计 5 分，D 等不计分（共 10 科，不含体育与健康、音乐、美术）。学业水平测试成绩以考生在当年"三位一体"录取前所得成绩为准。

2018 年录取的部分分数的截图如图 1–14 所示。

以下是浙江省2018年的录取信息，供参考

科类	批次	专业	招生数	最高分	最低分	平均分
综合改革	本科一批	材料类	26	614	608	609.38
综合改革	本科一批	电气与自动化类	98	625	614	616.43
综合改革	本科一批	电子信息类	170	635	616	619.56
综合改革	本科一批	法学类	22	618	611	612.41
综合改革	本科一批	工商管理类	40	627	613	615
综合改革	本科一批	工业设计	21	618	611	613.67
综合改革	本科一批	管理科学与工程类	40	628	613	613.8
综合改革	本科一批	环境科学与工程类	26	617	608	610.81
综合改革	本科一批	会计学类	105	634	619	622.19

综合改革	三位一体	材料类	25	613	572	594.56
综合改革	三位一体	电气与自动化类	25	619	579	598.08
综合改革	三位一体	电子信息类	35	622	585	608.26
综合改革	三位一体	法学类	10	610	573	593.6
综合改革	三位一体	工商管理类	25	613	579	596.96
综合改革	三位一体	工业工程（工业技术管理方向）	15	602	572	588.2
综合改革	三位一体	管理科学与工程类	15	610	560	597.47
综合改革	三位一体	光电技术与物理类	15	614	576	602.87
综合改革	三位一体	环境科学与工程类	25	619	564	591.76
综合改革	三位一体	会计学类	35	630	577	606.91

图1-14　2018年杭州电子科技大学招生录取情况（浙江省）图（续）

2019年录取的部分分数的截图如图1-15所示。

以下是浙江省2019年的录取信息，供参考

科类	批次	专业	招生数	最高分	最低分	平均分
不分文理	本科一批	计算机科学与技术(中外合作办学)	40	637	613	617.32
不分文理	本科一批	自动化	85	633	620	623.57
不分文理	地方专项	自动化	3	630	623	626
不分文理	本科一批	自动化(中外合作办学)	40	633	620	624.2
不分文理	三位一体	材料科学与工程	25	630	582	608.44
不分文理	三位一体	测控技术与仪器	10	622	562	601.1
不分文理	三位一体	传播学（新媒体方向）	10	624	595	613.9
不分文理	本科一批	电气工程及其自动化	80	629	620	622.01
不分文理	地方专项	电气工程及其自动化	3	622	620	621
不分文理	三位一体	电气工程及其自动化	10	635	607	619.5
不分文理	本科一批	电子信息类	170	650	621	625.87
不分文理	地方专项	电子信息类	3	629	625	627
不分文理	三位一体	电子信息类	35	639	603	619.71
不分文理	本科一批	法学	27	629	618	619.22
不分文理	三位一体	法学	10	611	567	598.8
不分文理	本科一批	工商管理类	55	626	618	619.69
不分文理	三位一体	工商管理类	25	623	576	601.12
不分文理	本科一批	工业设计	23	628	619	620.86
不分文理	地方专项	工业设计	1	620	620	620
不分文理	本科一批	管理科学与工程类	55	624	616	618.61
不分文理	三位一体	管理科学与工程类	25	619	581	605.6

图1-15　2019年杭州电子科技大学招生录取情况（浙江省）图

以杭州电子科技大学电子信息类专业招生为例，2019年"三位一体"录取高考分数差621–603=18分；"三位一体"计划数35，总计划数170，占比20.6%；2018年，"三位一体"录取高考分数差616–585=31分；"三位一体"计划数35，总计划数170，占比20.6%。

（3）高校科技社团培养模式的接轨

高校科技社团在高校培养学生创新能力方面发挥着越来越重要的作用，其地位也相应地受到了学校和学院更多的重视。"为竞赛而设，为科研而聚"，这是科技社团诞生和发展的力量源泉，高校科技社团是科技创新爱好者的俱乐部，为培养学生创造性思维和创新能力提供人文环境和技术支持。专业社团接纳了对专业社团活动感兴趣的学生，同时为学生兴趣爱好的实现提供了很好的平台。他们因为志向相近而走到一起，互相启发互相帮助，组队PK，参加各类科研项目、各种科创比赛，成为合作伙伴。专业型社团的活动方式是第一课堂教学活动的延伸，两者之间存在区别但是并不脱节。他的活动形式多种多样，内容丰富多彩，并且具有很强的针对性，以我院工科专业型科技社团为例，他们开展了一系列的活动，主要包括：横向科研研发合作、电子设计大赛、飞思卡尔智能车竞赛、数学建模大赛高水平竞赛以及省新苗、全国大学生创新创业大赛、全国大学生互联网+大赛、全国大学生创青春大赛科技创新比赛等。这些活动都是基于学科专业知识的一种探究性学习活动，大学生积极参与其中，并认真实践，提高了理论联系实际的能力。学生运用以前书本上学到的知识解决了现实问题，从中获取的成就感会激发学生的专业学习兴趣，掌握从事科研创新的基本方法和技能，促进科研创新能力的发展。此外不同专业的科技社团互相交流，对同样一个问题有不同的看法，不同的解决思路，这种学科的交叉，也能激发学生的创新意识和创新思维。

1.3.4.2 中学素质拓展训练的要求

在中学阶段建设科创联合基地，提供环境、执行规划、培养创新能力、落地载体。基地是中学和高校之间承上启下的桥梁，科创联合基地建设采用深度融合的育人模式，对一个学生的学习黄金期的科研人生规划，利于国家、利于高校、利于中学、利于学生，多赢局面会让整个社会共同来掀起科创兴国的巨浪。中学对学生科研素质拓展训练主要有以下三方面的要求：

（1）开展课外活动，培养创新思维

科创联合基地可以在中学生开展课外活动中起到以下作用：

①从创新性和实用性角度，指导学生确定研究课题。
②指导学生研习参考资料、科学文献。
③指导学生设计并完成相关的社会调研、科学实验。
④和学生一起完善研究思路、列出研究大纲。
⑤指导学生进行学术报告、论文等科创成果的撰写。

（2）课程改革的推进

从2008年开始，浙江省高考改革就已经启动：英语听力、信息技术、通用技术等科目就已向考生提供一年两次考试机会；最近教育部发布了信息技术、通用技术于2020年进行课程改革，科创联合基地可以在课程的设置、资源的配置、教员的配备、实验场地和仪器设备的提供上给予课程改革强有力的支持，从而大力推进课程改革的步伐。

（3）以赛检学，以赛促学

科创联合基地可以培养学生参加创新竞赛，如"明天小小科学家"、全国青少年科技创新大赛等，基地通过先培养兴趣后参加比赛的模式，在实战中提高中学生创新能力。用公平的竞赛检验学习的效果，用竞赛促进能力的培养。

"明天小小科学家"是一项面向高中生开展的科技创新后备人才选拔和培养活动。活动旨在发现具有科研潜质的优秀学生，鼓励他们选择学习科学技术专业、未来投身科学研究事业。活动接受品学兼优且拥有个人科学研究成果的高中生自由申报，通过对学生创新意识和科研能力等综合素质的考察，遴选出130名学生给予不同等级的表彰和奖学金资助，并授予其中三名学生"明天小小科学家"称号。

全国青少年科技创新大赛是由中国科协、教育部、科技部、生态环境部、体育总局、知识产权局、自然科学基金会、共青团中央、全国妇联共同主办的一项全国性的青少年科技竞赛活动。大赛具有广泛的活动基础，从基层学校到全国大赛，每年约有1000万名青少年参加不同层次的活动，经过选拔，500多名青少年科技爱好者、200名科技辅导员相聚一起进行竞赛、展示和交流活动。全国青少年科技创新大赛不仅是国内青少年科技爱好者的一项重要赛事，而且已与国际上许多青少年科技竞赛活动建立了联系，每年都从大赛中选拔出优秀的科学研究项目参加国际科学与工程大奖赛（ISEF）、欧盟青少年科学家竞赛等国际青少年科技竞赛活动。

第2章 科创联合基地育人体系研究

目前社会上存在着许多联合培养基地，形式广泛而却不能真正发挥作用，究其原因多种多样。我们要认真仔细地分析其根源，才能建立一套完整的行之有效的科创联合基地融合育人体系，组织好高校、中学、社会各个环节，利用高校以及中学对社团的政策支持，用长期的规划、完备的体系、各司其职、发挥各自最擅长的优势，才能真正地培养创新人才，为国家输送栋梁。本章以杭州电子科技大学—杭州实验外国语学校科技创新联合基地建设为例，阐述育人体系目标和举措、体系建设方案和联合基地的育人特色。

2.1 杭电—杭实外联合基地育人体系建设方案

前面我们阐述了目前高校与中学进行联合基地建设时，由于未能认识到科学普及工作、科创文化的建设、社会各界对创新人才从思想重视到行动重视的转变、青少年科创能力的培养的长期性和艰巨性，所以面对实际出现的问题而没有一套完整的策略和方案来解决。

在人类社会中，要做成一件事的条件概括起来有人力、财力、物力三方面。这三个条件中，人是主体、是最活跃的因素。在科技创新活动中，人的因素是第一位的，人才第一体现得尤为突出。当然，人的因素并不仅仅指个人的才智，也包括人的社会组织水平等。另一方面，有人而无财、物，便是英雄无用武之地，也是做不成事。因此，所谓科技创新的环境创造，就是让人、财、物能有效地结合，实现一种"人能尽其才，财能尽其用，物能畅其流"的和谐状态。

科创联合基地融合育人体系按照是否具有实体和刚性来分，可分为物质的和人文的两部分，将环境分为硬环境和软环境两大类，硬环境是由物质环境和刚性的管理体制及人员组成；软环境是由人文环境、弹性的学习规划和评价体系组成。其中物质环境的要素是校园房舍、仪器设备、经费奖惩等组成，人文环境主要由科学创新精神、各项规章制度、长期的学习规划、治学氛围等组成。硬环境与软环境的相互渗透和融合程度，决定了人性物境和物性人境，人性物境主要由人才和体制组成；物性人境主要由学习规划和评价体系组成；它们渗透融和得越多，人性物境和物性人境的范围就越大，成果也越显著。

为了解决这些实际出现的问题，特此提出了建立科创联合基地融合育人体系，联合基地能有效地解决提供教员、场地、设备、资金的一系列问题，融合育人能在培养内容和培养方式上将中学和高校的模式有机地结合起来，形成一种更加适应中学生的培养模式。那么科创联合基地融合育人体系是如何解决上面的四个根本问题的呢？为此我们要做好以下工作：

①做一份融合培养模式的方案，确立操作基调。如建立从初中到高中到大学的长期科创培养规划、由大学生社团的会员承担大部分的科创联合基地融合育人体系的教员、培养的课程内容要有理论重实践有基础重探索、教育模式以项目为驱动团队合作共同完成、管理模式为线上线下同步管理、考核方式以竞赛为检验的标准。这些方面决定了融合育人体系的培养模式，决定了体系的特点，也决定了体系是否能解决目前联合基地不能完成培养创新能力任务的原因，让科创联合基地真正落地，为培养创新人才发挥真正作用。

②做一份机构组织图，将中学课外兴趣小组、大学生科技社团、高校实验示范中心三者及其外联单位有效组织起来，资源共享，在培养学生创新能力的过程中落实场地设备等物资需求。比如设备和场地的使用，在不影响高校教学科研以及学生课外开发的基础上，免费开放给中学同学使用。

③做一份人员组织图，将中学生、课外兴趣小组辅导教师、大学生社团成员、社团指导老师、高校实验中心管理教师、中学班主任、学员家长等各人员有效的组织起来，各司其职，在培养学生创新能力的过程中落实每个岗位的责任和义务，让联合基地正常运作起来，让融合育人体系发挥作用。比如对于整个体系而言，中学生的辅导教员由大学生社团成员、课外兴趣小组辅导教师、社团指导老师三部分组成，尤其大学生社团成员承担了教员的大部分培育指导任务，这是一个非常有效的解决方案，既解决了教员人员不足的问题，也满足了教员专业知识深度和广度兼具的要求，同时培养了社团成员受益于社会反馈于社会的奉献精神，也给中学生一种有别于老师的同龄人的情感，课堂是兴趣自然、无拘无束，有利于开展创新能力的培养。这些有百利而无一害的做法要深入挖掘，才能开发全社会的力量为国家培养下一代创新人才。

④做一份培养规划按部就班实施，脚踏实地培养，那创新就会功到自然成。培养规划从初中开始到高中到大学，前后历时十年，横跨一个年代，如果我们好好利用这人生中宝贵的十年时间，能为青少年培植好科创的土地、播下科创的种子。这个规划会跨越学生需要经历的初级中学、高级中学、大学三个阶段，是整个在校学习生涯的一大半时间，如果没有规划、各自为阵、东培养一把西培养一下，到了大学阶段再来感叹我们的孩子缺乏创新能力啊！这样的感叹于事无补，还不如好好地沉下心来好好策划一个长期的培养规划，这样对孩子才是一种负责的做法。十年科创规划从初中的课外兴趣小组开始，以课程内容为基础的科学普及开始，进入高中后在课外兴趣小组的基础上进行选拔进入科创联合基地的实验班，学习专业的浅显理论知识及与其紧密相连的实验环节，理论联系实际、深化动手能力，经过一个学期的培养通过考核进入专业班，对整个专业体系进行综合提高，对多门课程的知识进行综合应用，能独立完成一些简单的小项目，初步进入分组合作训练，初步具有发现、观察需求能力，解决问题时会积极开动脑筋，具有一定创意，经过一个学期的培养通过分组项目考核进入竞赛班，按照竞赛的日程进行创新能力的培养，学习创意项目的立项、资料的查找、查新的综述、作品的制作、论文的撰写、专利的申请、答辩的训练等，从准备选题到区赛、市赛、省赛、国赛，以项目为驱动、以实训为手段、以提升为

目的、以获奖为追求，经过半年的准备和半年的比赛，最终希望通过自己的努力获得奖项，实现了自我价值，也是成功的体现。获得通往高校"三位一体"自主招生的门票，通过面试综合考核，经过高考被高校录取，成为大学生后，进入科技学生社团，进行双创孵化、创新技术、自主创业或参加各类学科竞赛如全国大学生电子设计竞赛、全国大学生智能汽车竞赛、全国大学生FPGA创新设计竞赛等和各类科技创新竞赛如浙江省大学生科技创新活动计划（新苗人才计划）项目申报、中国"互联网+"大学生创新创业大赛、"挑战杯"全国大学生课外学术科技作品竞赛、"挑战杯"中国大学生创业计划大赛等，获奖保研或开创高新科技企业，继续不断深入研究，完成科创人生的梦想。

⑤做一份完备的培养内容，涵盖专业的基础、交叉学科的基础和某些方向上的最新研究内容，内容以小部分简单的理论加上大部分动手实训为主，让学生在培养的过程中看得见、摸得着、做得成。以电子专业为例，涉及专业的基础如MSC51和STM32单片机、树莓派等；交叉学科的基础如C语言、Python语言、APP开发、WEB开发等；某些方向上的最新研究内容如图像识别技术、可编程逻辑器件FPGA电路设计、物联网技术、人工智能技术等。配套理论和实训，学习掌握一批模块，如摄像头模块、无线通信模块、飞行传感器模块、基本输入输出模块等。巧妇难为无米之炊，没有这些基础知识和探索的空间，如何能培养同学们的无限创意，让他们追着这些内容去掌握使用、深入研究、触类旁通、融会贯通，为创新能力的培养培植肥沃的土地。

⑥做一份教学管理软件修改方案，将现有的教学管理软件修改一下以适应跨学校、跨年龄、跨内容的管理需求。如学员在初中阶段所在学校不同于高中阶段所在学校时、当学员的年龄不是同一个年级时，如何对他的学习记录、课程评价提供管理；当对某位学员发生的课程同时有理论课程、实践课程、竞赛课程时如何能在同一个系统内实现管理等。

⑦做一份全面的管理制度，以保障科创联合基地融合育人体系的正常运行、发挥作用。这份制度包含：

A.岗位制度规范了融合育人体系中的各个角色各司其职、协同配合、共同完成体系的运行。

B.奖励制度选出付出努力认真办事的人员如最佳学员、最佳教员、优秀指导老师、优秀社团指导老师等进行精神和物质方面的奖励。

C.财务制度保障体系运行经费的收支规范，如学校专项拨款、比赛获奖奖金、家长投入、参赛项目费用报销、器件和耗材费用报销、专利申请费用报销、往返车辆费用、奖励费用等。

D.保障制度保障系统运行所需的各种资源的采购和配备并明确来源，如教室场地和实验室的安排、测量仪器和设备的安排、项目所需器件采购、运行所需资金的筹措等。

E.选拔制度为体系运行选拔优秀教员，为培养创新人才选拔优秀学员。建立一套选拔机制，用最好的教员培养出最好的学员，让优秀成为培养体系的常态。

F.安全制度保障体系运行时所有行为的主体生命和财产的安全。如在进行动手实验的过程中要遵守的设备使用安全规定、焊接设备必须在教员的监护下完成操作的规定、四旋翼作品在调试中的防护措施规定等。

G. 高校和中学的政策支持助力基地培养学员的科创能力。这些政策支持来自以下制度，以杭州电子科技大学和杭实外为例，举例如下：党办 49 号 [关于印发学生社团管理条例（试行）的通知]；杭电团联〔2018〕86 号杭州电子科技大学学生社团活动管理办法；杭电团联〔2018〕87 号杭州电子科技大学团学活动室管理办法；杭州电子科技大学学生社团星级评定细则（修订版）；杭州实验外国语学校学生社团管理规章制度。

通过以上七点方面准备，有了一整套解决方案，并且将人、财、物这些条件有机地结合起来，有效地运行起来，才能够将科创联合基地融合育人体系建设成为一个名副其实的科技普及的载体、科新文化的容器、科技创新的摇篮。

科创联合基地融合育人体系总体框架如图 2-1 所示，是由培养模式、机构组织、教学安排规划、教学资源、管理体系、保障制度等部分组成，我们在后面的各个章节中分别阐述育人体系的各个部分的详细内容。

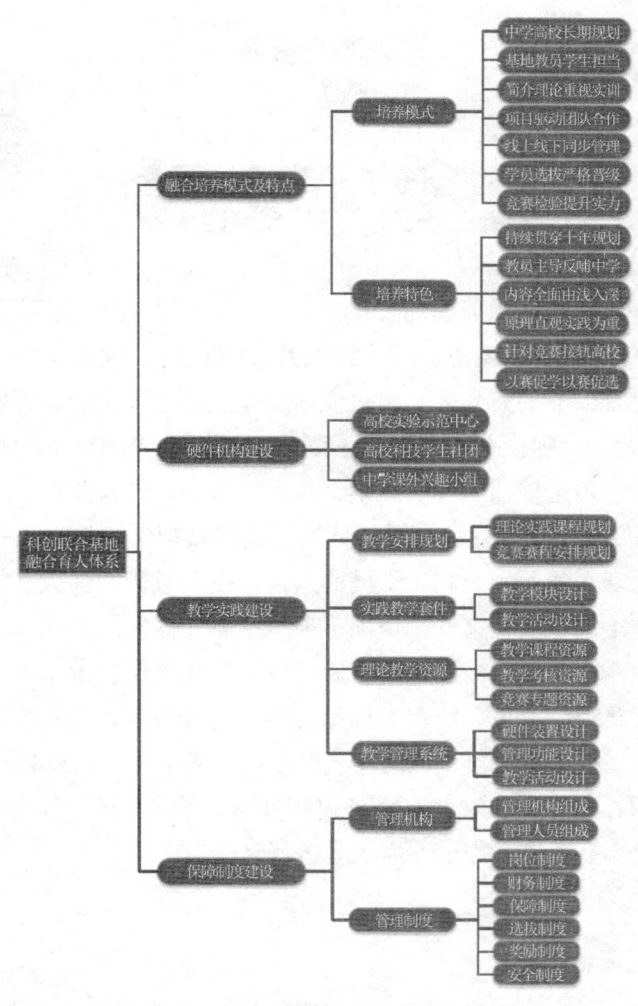

图2-1　科创联合基地融合育人体系总体框架图

2.2 科创联合基地融合育人体系组织机构运行

体系的主要实体部分如图 2-2 所示，由中学的课外兴趣小组、高校学生社团、高校实验中心三部分组成，外围有其他高校或研究所、校企合作单位、中学其他机构如财务部和教务部、采购单位、外协单位、政府部门等。核心人员有：中学生、辅导教师、社团团员、指导教师、实验中心管理教师。辅助人员有：班主任、学校财务人员、学生家长、高校和研究所专家学者、校企合作单位的技术工程师、在读硕攻博或名企就职的学长、政府部门的竞赛组织人员、采购店家和外协单位联系人等。

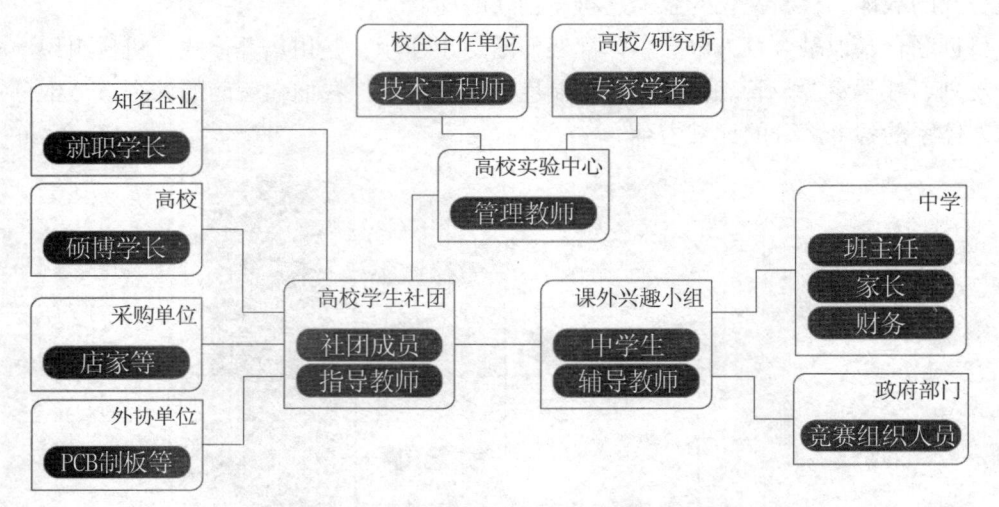

图2-2 科创联合基地融合育人体系组织机构图

体系的运行主要有以下事务：教学实践规划安排、其他工作的日程安排、突发事件的处理（学员因病请假、课程冲突等事宜的联系等）、社团与兴趣小组的沟通联系、社团和实验中心的沟通联系、理论授课内容的编制、教学模块的设计与制作、实践教学活动的设计、管理硬件装置的开发（远程预约）、教员授课或带领学生分组实训、线上学习结果的登记、学员考核理论和实践题的编制、学员的选拔晋级、教员的选拔、实验室及设备的共享安排、实验设备的培训、实验室安全培训、项目所需元器件的采购、项目所需电路板的外协、邀请相关专业专家学者做前沿报告、邀请校企合作单位技术工程师介绍行业技术动向、联系政府部门竞赛组织人员、组织参加竞赛展示、专项经费的收取和支出、兴趣小组与家长的沟通联系、兴趣小组与班主任的沟通联系、优秀学员和先进教员的评选等。

将这些单位部门、各个人员、诸多事务组织并有效管理起来，大家按计划逐步实施，保障科创联合基地融合育人体系安全、高效地运行。

2.3 科创联合基地融合育人体系的培养模式

融合育人体系的培养模式从七个方面来阐明，如图 2-3 所示。

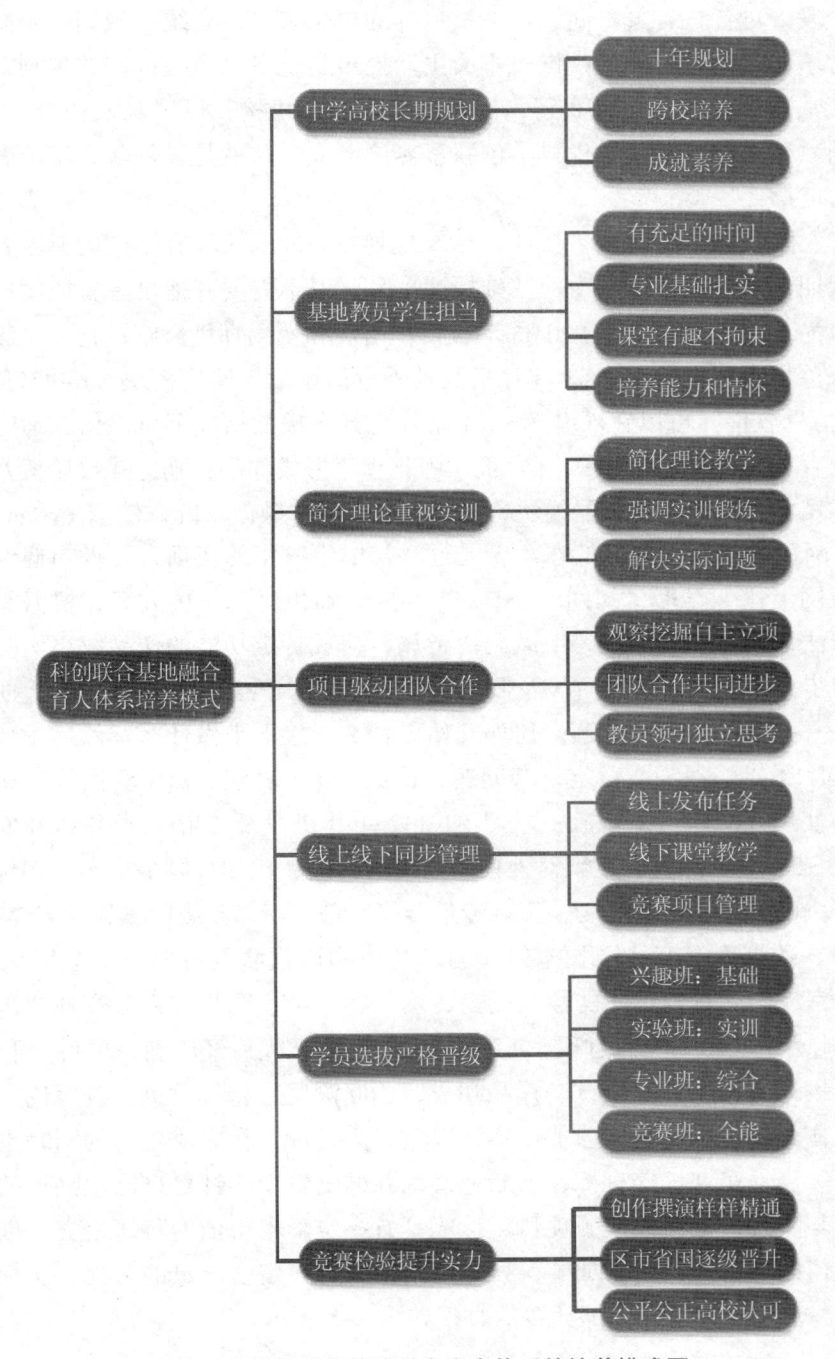

科创联合基地融合育人体系培养模式
- 中学高校长期规划
  - 十年规划
  - 跨校培养
  - 成就素养
- 基地教员学生担当
  - 有充足的时间
  - 专业基础扎实
  - 课堂有趣不拘束
  - 培养能力和情怀
- 简介理论重视实训
  - 简化理论教学
  - 强调实训锻炼
  - 解决实际问题
- 项目驱动团队合作
  - 观察挖掘自主立项
  - 团队合作共同进步
  - 教员领引独立思考
- 线上线下同步管理
  - 线上发布任务
  - 线下课堂教学
  - 竞赛项目管理
- 学员选拔严格晋级
  - 兴趣班：基础
  - 实验班：实训
  - 专业班：综合
  - 竞赛班：全能
- 竞赛检验提升实力
  - 创作撰演样样精通
  - 区市省国逐级晋升
  - 公平公正高校认可

图2-3 科创联合基地融合育人体系的培养模式图

新的育人体系培养模式的时间跨度非常长，经历从初中到高中再到大学的十年时间，这种沉浸式的培养方式符合创新能力培养的科学规律，有人妄图在短时间内突击培养出有创新能力的人才大多都是徒劳的。而这种长时间的培养模式，由于跨越了多个学校和多个学龄阶段，对各自有着不同学习考核目标的单位来讲，要统一规划、协同配合、共同不懈努力培养是很难做到的，谁也不会主动提出超越自己掌控范围的规划，即使提出规划也是无法指挥其他单位来实行，因此需要有一个机构，可以跨校联合、统一规划，通过长期的教导引领，成就学生科学创新素养的形成，这就是科创联合基地融合育人体系存在的真正意义。

新的育人体系培养规划如图 2-4 所示，规划在不同的阶段有不同的要求，在初一年级阶段及假期，学习课程体系中的基础授课部分，以不需要其他设备就能动手实践的计算机课程为主，比如 C 语言、Python 语言初步语法和使用环境介绍；初二年级阶段及假期，学习简单易于开发的 MSC51 单片机及其外围简单输入输出模块、Keil5 开发环境以及 proteus 仿真软件，可以在没有 MSC51 单片机开发板的情况下可以仿真运行代码，观察效果，最后下载代码到 MSC51 开发板，固化程序形成作品；初三年级阶段及假期，学习树莓派开发平台及常用传感器模块，初步了解 Linux 操作系统，使用 Python 语言编写代码，了解函数库以及开源库的概念。通过对初中生三年的实训，要求当遇到简单的问题时，能在网上比如百度、知网、CSDN 等，搜索到相应的解决方案，根据文章资料看懂别人的想法，调试代码通过，下载到树莓派，完成特定功能的作品解决实际问题，形成项目的初步概念；高一年级阶段及假期，学习深化 C 语言设计算法概念，明白程序不光用来解决一些简单的事务处理，比如开始做什么、接下来做什么、然后做什么、最后做什么，程序还能处理一些特定复杂问题，比如 PMW 算法、PID 算法等，初步设计算法的概念为使用开源库打下基础；学习 STM32 单片机以及 C 语言单片机开发环境，将各种算法在 STM32 上运行，达到对外控制输出的目的，比如控制平衡车、四旋翼等；学习外围各模块比如无线通信模块、飞行传感器模块等；高二年级阶段，学习 Web、APP、微信小程序、数据库等互联网技术以及与单片机构成物联网技术，学会用 STM32 通过 MQTT 协议完成与后台数据库的数据交换，构成物联网；同步进入竞赛环节，初次参加比赛，学习比赛所经历的所有过程，创意到作品到产品，先后经历确立项目、可行性论证、查找资料、设计方案、开发调试、作品初成、不断测试、持续改进、撰写论文、最终将创意琢磨成作品、申请专利、参加竞赛，以项目为目标，在完成项目的同时也在根据培养规划一步一步地实现培养目标，不断地磨练并鼓励青少年针对自己感兴趣的问题进行科学的探究与实践，最终完成了项目、形成具有一定学术价值的科研论文、创造出具有一定市场价值的创新产品、参加了科技竞赛获得具有一定含金量的名次，实现了人生成功的第一步。从创意萌发到参加竞赛的过程如图 2-5 所示。

图2-4 科创联合基地融合育人体系培养规划图

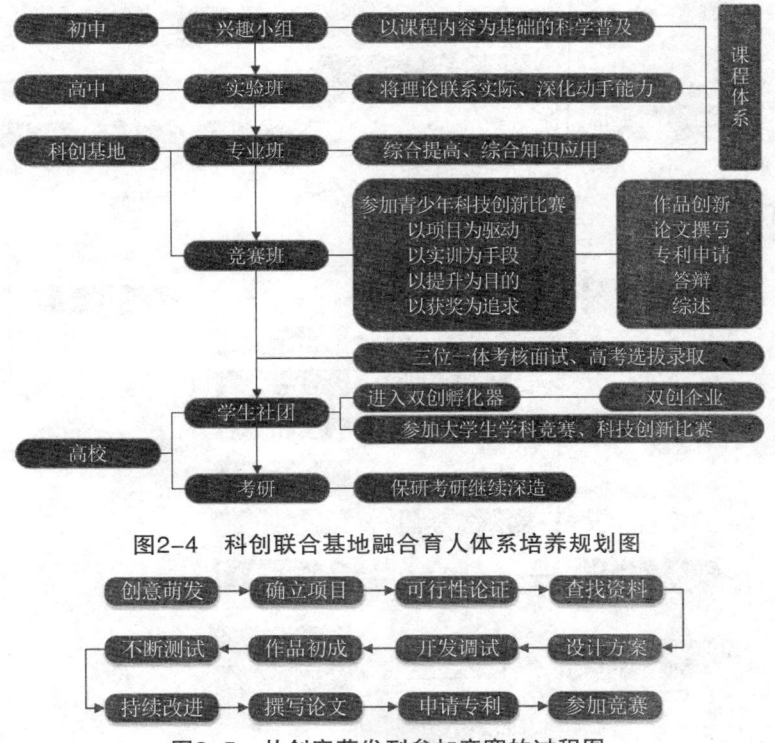

图2-5 从创意萌发到参加竞赛的过程图

高三年级阶段及假期，学习 FPGA 初步和 VerilogHDL 硬件描述开发语言初步，初步涉及图像识别技术以及图像学算法腐蚀膨胀等，用硬件描述方式完成电路的设计；学习外围各传感器模块比如摄像头模块；同步可以再次参加竞赛，在第一次竞赛获取的经验基础上，争取获得更好的成绩。接下来，通过"三位一体"对接高校录取，进入大一年级阶段的学习，到了大学进入学生科技社团，此时条件、环境都已具备，可以飞速成长，科创的能力突飞猛进，可以参加双创孵化，创办科创类公司；也可以参加各类科创类比赛或学科类比赛，在比赛中提升自己的科创能力，期间申请发明专利、发表科技论文、在获得奖项的同时积累保研的资格，为进一步深造打好基础。这就是科创联合基地融合育人体系的十年规划，通过规划让学生脱胎换骨，一步一步踏入科技创新的殿堂。

2.3.1 基地教员学生担当

科创联合基地融合育人体系的教员主要是大学生社团的成员，他们有充足的时间、有扎实的专业基础和优秀的动手能力，大学生给中学生授课时用同龄人的语言、新潮的词汇、课堂有趣而不拘束，大大增加同学学习的兴趣，而且这种活动能培养大学生的社会沟通能力，培养感谢社会、回馈社会的情怀。

2.3.2 简介理论重视实训

我们以电子学专业为范例，整理绘制了科创科普课程内容如图2-6所示。

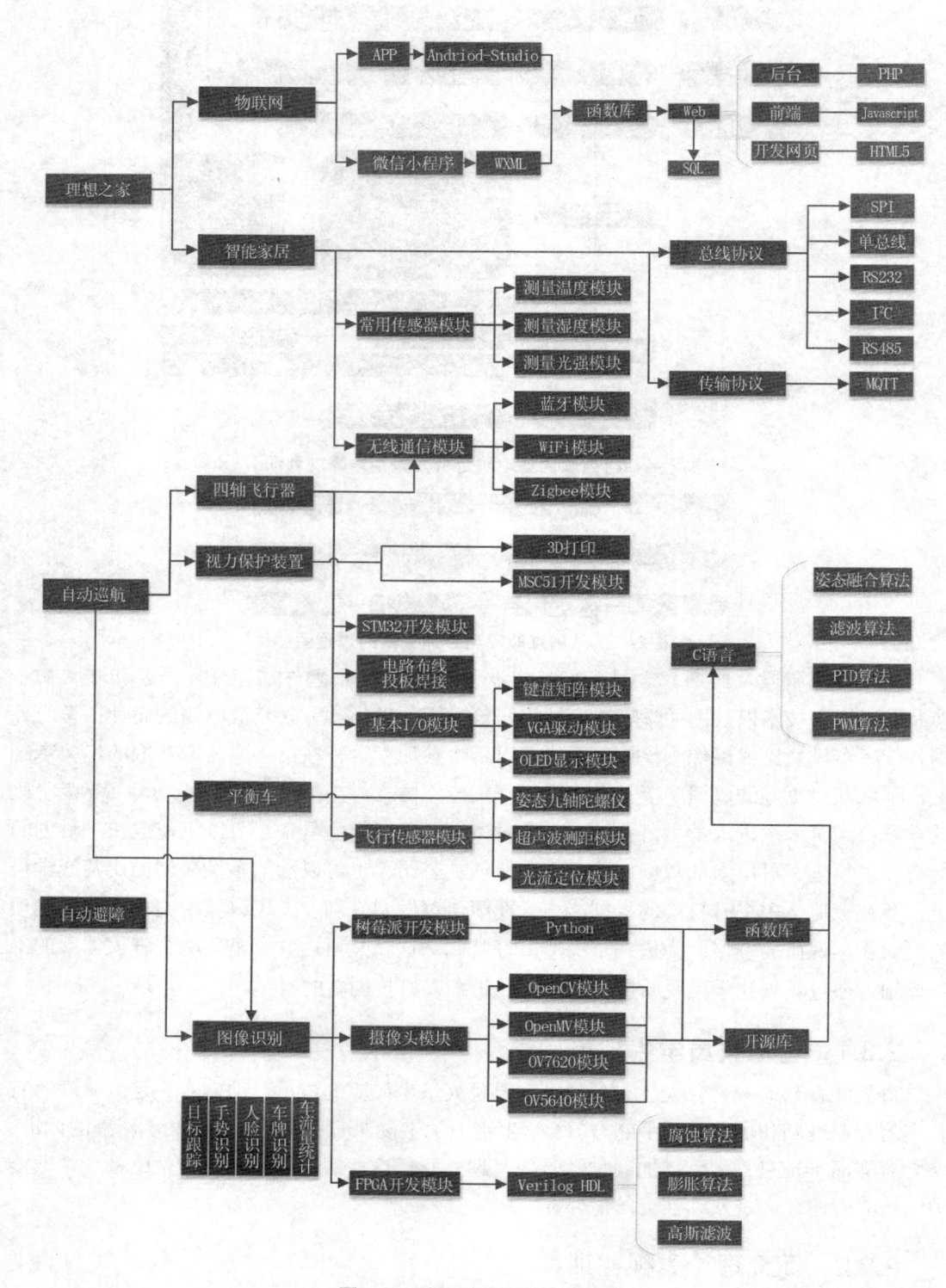

图2-6 科创科普课程内容图

图 2-6 中涉及的语言类开发平台有 C 语言、Python 语言、开发数据库 SQL 语言、开发 APP 的 Android-Studio、开发 Web 的 HTML5 网页开发语言、Javascript 前端开发语言、PHP 后台开发语言等；硬件开发平台有 MCS51 单片机、STM32 单片机、树莓派、FPGA 可编程逻辑器件等；这些课程配合一些功能模块比如摄像头模块、无线通信模块、飞行传感器模块等；配套需要学习一些算法如 PWM 算法、PID 算法、高斯滤波算法、姿态融合算法等内容比较全面。但这些课程知识的授课对象是中学生，就必须进行改变，理论部分要简单通俗地介绍，对动手实训要重点强调，看得到、摸得着、学得会是我们保持同学们兴趣的最好手段，所以这是科创联合基地融合育人体系的一个重要原则，把握这个原则，让同学们从实际功能中学会反思，从出现问题学会思考，它的原理是什么，带着问题去咨询教员、去查阅资料，更能牢牢掌握原理。

2.3.3 项目驱动团队合作

项目驱动采用工程项目载体实施项目驱动式教学的思路。从课内到课外，以任务促进专业技能的培养，解决理论教学抽象难懂、理论与实践脱节等诸多问题，真正做到"以学生为主体，以项目为中心促进教和学"，实现教师课堂教学、学生课外实践和以及竞赛培训等工作的一体化融合，使得学生不仅掌握专业技能而且为参加各类竞赛获得了宝贵的经验。真正做到"以学生为主体，以项目为中心促进教和学"，提高教学质量，促进学生竞赛获奖。在完成项目的过程中，教员的作用是引导、协助发现问题，指点解决问题的关键点，教导如何通过对多种方法的比较择优而用。学会多种方法的融合，产生一种新的效果更佳的方法。

团队合作则可以合众人之力、发挥各自的优势、分工合作共同去完成一个大型的项目。团队合作需要有前期的规划、不断地沟通讨论、群策群力、集思广益，充分发挥"三个臭皮匠顶个诸葛亮"的精神，努力发扬艰苦奋斗的品格，互相鼓励、互相鞭策、永不放弃。也要发挥"三人行必有我师焉"的谦虚的品格，向队员学习、取长补短，力争任务完成得尽善尽美。

2.3.4 线上线下同步管理

线上发布任务、线下课堂教学、竞赛项目管理等可在同一个软件中同步管理，方便教员、辅导老师、指导老师对学员的各方面学习情况的了解和掌握，为晋级考核提供基础数据。

2.3.5 学员选拔严格晋级

学员根据水平的高低分为兴趣班（基础）、实验班（实训）、专业班（综合）、竞赛班（全能），对学员的选拔在每个水平阶段完成学习后进行考核，通过理论和实践两方面的考核淘汰一部分不达标的同学保留在原水平段继续学习，水平达标的同学晋升到高一级的班级学习，这种淘汰机制是选拔人才的重要手段，会有利于促进整体水平的提升。

2.3.6 竞赛检验提升实力

参加国家部委组织的各类科技创新比赛,"养兵千日,用兵一时",平时艰苦的训练,竞赛场上的一较高低,全面检验培养成绩。创意、制作、撰文、演讲样样精通、区市省国逐级晋升、公平公正、权威认可。

根据以上七点的模式描述,科创培养"人生规划＋项目驱动科普教学＋参赛获奖检验标准",这就是科创联合基地融合育人体系的"三合一"创新培养模式。

2.4 杭电—杭实外联合基地育人特色

科创联合基地要发挥应有的作用,必具有以下八个特色:

特色一:科创联合基地的培育持续周期贯穿中学和大学,整个周期长达十年,每位同学实实在在地学习掌握科学知识和动手实践能力,这种学习过程有较长的持续性,并非单纯参观这么简单。科创活动统一规划由浅入深层层递进,根据课程知识体系的难易,结合学生自然的生长发育统一规划,这是目前没有哪个学校能凭借一个学校一家之力就能让学员在校期间能实现的。

特色二:科创联合基地以大学科研社团的学生为教员主体、指导教师为辅助,大学生带中学生,顺利衔接,用自身体会经历指导学弟学妹们。既解决了教员不足的问题,又培养了大学段同学的自身能力。

特色三:科创联合基地构建"线上线下混合、课内课外融合、理论实践结合"实践育人模式,为创新能力培养创建新的学习手段。通过在网络教学平台上开设课程,在虚拟仿真实验教学平台上开放共享实验教学项目等,满足学生随时获取课程教学资源的需要,实现了线上线下混合式教学;延伸了实践教学的时间和空间,实现了课内实验与课外实践环节的融合;基地是深化课程改革的主战场,做到课外辅助课内,并且深化课内。

特色四:科创联合基地以赛促学,以赛促选,将兴趣和动手能力培养同步提升,通过组织学生积极参与各级创新比赛,设计各类创新项目,令学生将掌握的理论知识更好地应用到创新实践中,同时用竞赛来检验学习效果、提高自信,用比赛获奖作为成果导向激励教员和学员发奋图强。

特色五:科创联合基地针对性强,基地以培养科技创新能力为目的,中学开展的科技课外活动为高校输送优秀人才,大学开展科技创新比赛为了保研或从事科学研究,为国家输送高素质的科研人员。

特色六:科创联合基地采用"实验、实训、实践"方位实践教学体系,高度重视实践,为创新能力培养创建新的学习方式。采用"实验慕课"和"翻转实验室"的方式,把课内实验变革为自主实践,解决传统科技创新实践教学中"教学内容、教学方法、课程组织及时间安排"上存在的问题;引导学生进行研究性探索,逐步培养学生的自主实践能力。以科技创新实践改革为切入点,优化实践内容、强化实践环节;让学生提前进入理论与工程实际相结合的训练阶段,鼓励和帮助学生尽早进入实验室完成创新性实验设计,积极参加各种科技创新比赛，培养学生的科技创新能力。

特色七：科创联合基地构建"线上线下混合、课内课外融合、理论实践结合"的"三合"科技创新实践育人新模式，以适应信息化实践教学的需要。

特色八：科创联合基地精心设计多学科交叉融合的实践项目，建立动态项目库，为创新能力培养创建新的学习内容。结合科学研究和行业需求，采用持续动态更新的模式完成实践项目库的更新和建设，项目库包括科研项目、工程实际项目、科技创新项目等。实践项目首先用于科技创新实践教学，学生将项目功能进行优化、完善、扩展后可用于各类创新创业训练计划和学科竞赛活动，经逐届传承、扩展后可进行产学研项目开发，将产学研项目分解提炼后重新加入实践项目库中，构建可动态更新的项目库建设体系。

第3章 科创联合基地融合育人体系组织及支撑资源建设

3.1 科创联合基地融合育人体系组织机构概况

科创联合基地融合育人体系的建设离不开机构实体，所有的人员及活动必须依托在机构实体上，机构实体是体系落地的载体，在整体体系中承担支撑作用。本章介绍体系中组织机构如图3-1所示，其中高校实验示范中心、高校科技学生社团、中学课外兴趣小组三部分主体如图3-2所示。高校实验示范中心主导规划并提供设备保障，高校科技学生社团主导教导并提供人员保障，中学课外兴趣小组主导组织并提供资金保障。三方分别提供人、财、物的保障，构建"三合一"的强有力的支撑，为体系的运行保驾护航。

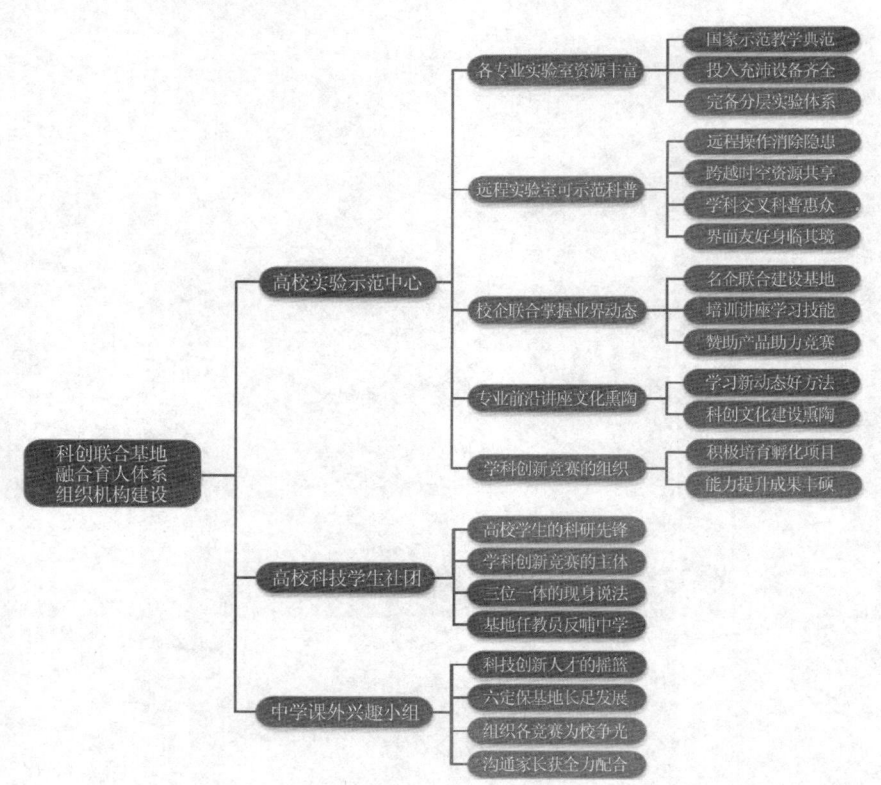

图3-1 科创联合基地组织机构图

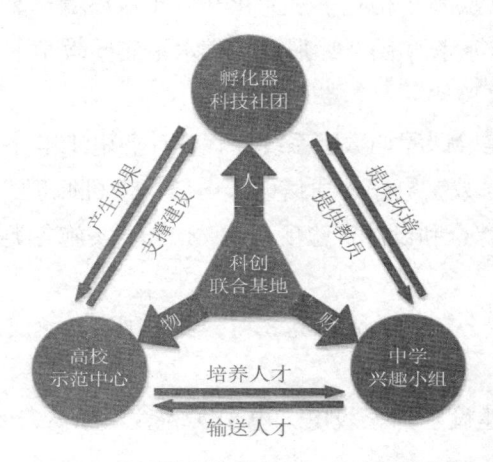

图3-2　科创联合基地组织机构主体关系图

3.2　高校实验示范中心支撑资源建设

高校实验示范中心借助多年的教学和组织比赛的经验、根据专业知识特点、结合中学生动手实践能力的特点，规划设计一套适应于中学到大学的长达十年的课程支撑体系，并提供与课程支撑相关的设备保障，利用现有场地和设备，在保证完成学校要求的实验实践教学任务的前提下，提高设备利用率。实施共享开放讨论教室、提供配套便携式移动测量设备、开放远程示范课程等举措来满足科创联合基地融合育人体系的运行。

下面以杭州电子科技大学电工电子国家级实验教学示范中心为例，介绍其教学团队、教学理念、实验室设置、仪器设备、组织各类创新学科竞赛等概况，利用多年的实验课程体系规划、教学改革的经验、完备的实验设备、良好的管理制度、广泛的校企联合、完善的组织各项创新学科类竞赛的经验等，来支撑创新联合基地的需求。

杭州电子科技大学电工电子实验中心 2006 年被批准为首批国家实验教学示范中心，投入各类经费总值达 1875 万元；总面积达 $2387m^2$，面向全校 11 个学院 39 个专业承担 17 门课程的实验教学工作，平均每年受益学生 6212 人，实验人时数 52.3 万，学生受益面广。

以"实验教学紧密跟踪新技术发展和学生自主实验，把实践创新能力培养融入包括基础实验教学的各个环节"为实验教学理念，建立了随新技术发展的动态实验教学体系，创建了一种"课内实验、课外实践、工程训练、学科竞赛一体化"的开放式自主实践教学模式。采用"自编教材、自制仪器与实验内容改革一体化建设"的方法，建设了现代实验教材和实验仪器体系，使实验内容、实验教材和实验仪器同步配套，保证了实验教学紧密跟踪新技术发展。

杭州电子科技大学电工电子国家级实验教学示范中心构建了由国家级、省级和校级精品课程组成的实验课程群和以网络信息平台为基础的现代实验室开放管理体系；通过与国内外著名企业建设联合实验室，构建了多元化开放实践环境，保证实验教学与国际主流技术接轨；建设了国家级实验教学团队，形成了高水平实验教学平台，实验教学质量明显提高，获得国家教学成果二等奖。

中心专职教师开设实验课程如数字系统课程设计、电工电路、电子工程实习、课外实践环节、模拟电子电路、数字电路、通信电子电路、微机原理、信号与系统等14门，实验项目达178个，创新、综合和设计实验项目占78.1%。实施各类立项创新实验项目73项，参与学生14644人。

国家教学成果奖：获各级教学成果奖8项，其中国家教学成果二等奖2项、浙江省教学成果一等奖2项。

国家级教学团队：建设了国家级电工电子实验教学团队，团队教授15%，博士学位45%。

国家级精品课程：建设了精品课程群，其中国家级精品课程1门，省级4门，校级精品课程4门。

国家级特色专业：以中心为基础建设了2个国家级特色专业——电子信息工程，电子科学与技术；一个国防特色专业和一个浙江省高校优势专业。

实验室建设：共计建设实验室13个，其中基础实验室5个，新技术实验室4个，综合创新实验室4个，外加远程实验中心1个，形成了一个"基础—新技术—综合创新—远程"实验室体系。

学生成果：经过中心实验课培养的学生，在学科竞赛中有1029名获得国家、省和校级成果336项。其中102位同学获得全国特等奖，全国一、二、三等奖共34项；270名同学获得省级奖90项；19名学生发表论文12篇，获得国家专利6项。

教材与仪器：新编系列实验教材、讲义20部，其中包括国家"十一五"规划教材3部，"十二五"规划教材1部；"十三五"规划教材1部；自制实验仪器9种。

教学研究课题：承担各类教学研究项目68个，其中国家级14个，省级14个；发表教学研究论文33篇。

科研：建设期承担科研项目46项，经费1151万元，其中国家级项目14项；发表学术论文71篇，SCI/EI收录51篇。

示范辐射：服务其他小学、中学、高校学生2200人次，举办各类培训班570人次；接待国内外来访380多人次，中心教师56人次参加各种交流会议或培训；承办国内交流会158人次，国际交流会议210人次；承担全国电子设计等各类学科竞赛27次，参与17840人次。

3.2.1 实验室实践资源建设

中心有着各类专业实验室17个，依据培养目标建立了三级能力培养体系；依据三级能力培养体系，构建了多层次、模块式课程体系，组建了三个实验教师团队，设置了三大类实验室，由此形成了一个实验教学体系，如图 3-3 所示。

模块式能力培养：按能力培养目标划分，构建了一个相互依托、协调的三级能力培养体系。依据三级能力培养模块，对实验课程进行优化，设置了相应的实验课程及课外实践模块，并结合多层次实验内容，构建了一个多层次、模块式实验课程体系。

中心的每个实验室设备齐全，可以面向多门大类课程。以数字电路实验室为例，现有实验室面积约 400 平方米，设实验室专职管理人员 3 人，实验室设备总值 300 余万元。主要设备有：数字 /EDA 技术综合实验箱 100 台，数字逻辑实验箱 150 台，FPGA 实验开发板 90 套，100MHz 数字示波器 90 台，计算机 90 台。该实验室面向电子信息工程、电子科学与技术、电子信息科学与技术、光电信息工程、集成电路设计与集成系统、通信工程、信息对抗技术、信息安全等专业开设数字电路与逻辑设计实验及脉冲与数字电路等独立实验课程，学时数为 32；面向自动化、计算机及机械学院等相关专业开设数字电路课内实验，学时数为 16。

可开设的实验项目为：

◆ TTL 门电路参数测试；
◆ 数据选择器及其应用；
◆ 全加器及其应用；
◆ 组合逻辑电路设计及仿真；
◆ 触发器、记数器设计及仿真；
◆ 移位寄存器及其应用；
◆ A/D，D/A 转换；
◆ 可编程逻辑器件的应用；
◆ DDS 信号发生器的设计；
◆ 多功能电子琴的设计；
◆ 直流电机控制系统的设计；
◆ 自动贩卖机电路的设计；
◆ 洗衣机控制电路的设计；
◆ 电梯模型控制电路的设计；
◆ 出租车计费系统设计；
◆ 8 位十进制频率计的设计；
◆ 舞台灯光变换及音乐播放器的设计；
◆ 步进电机控制电路的设计。

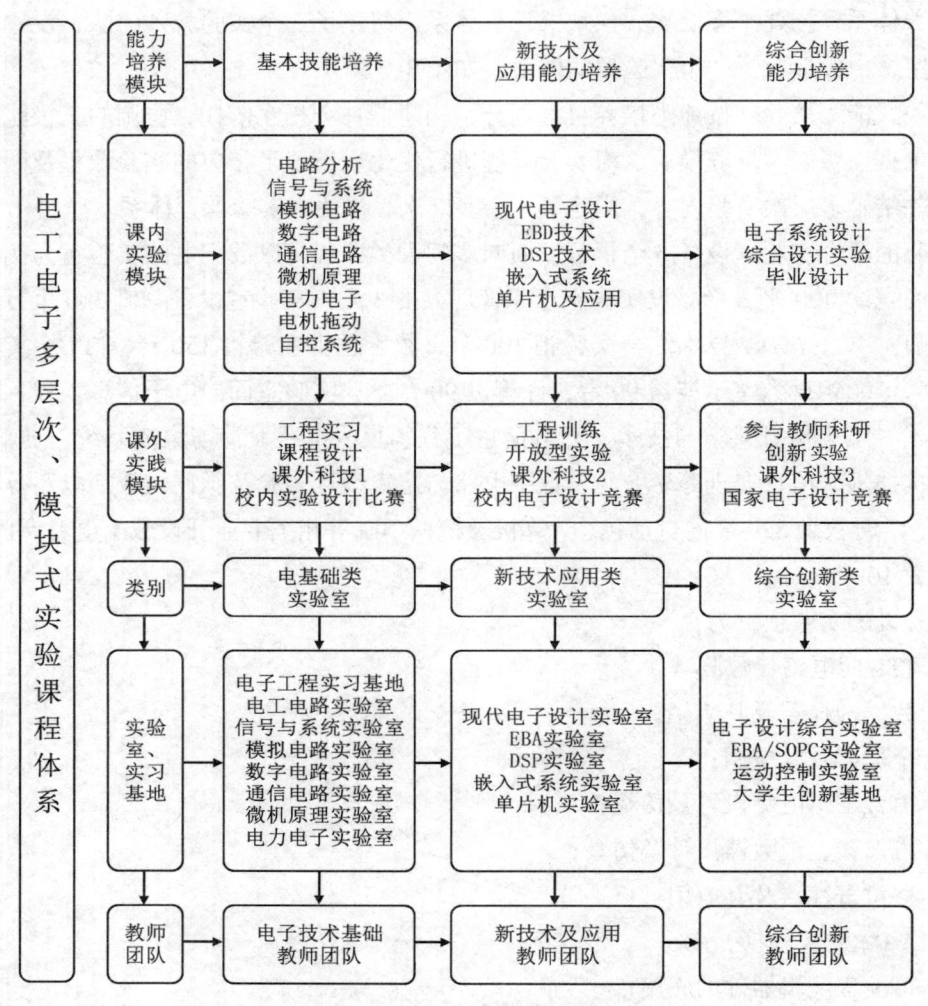

图3-3 电工电子实验课程体系

3.2.2 校企协同资源建设

知名企业与学校和示范中心联合建设实验室、实训基地、课程实践基地等，企业资深技术工程师免费来校或学生去企业参加讲座培训，企业不仅为学生免费申请到器件，还在使用时提供技术支持，企业向国家教育部申请了协同育人项目帮助学校在新技术的应用和推广，企业还积极参与各类竞赛的赞助，成为重大竞赛应用器件的供应商，大力推进器件的应用力度，使学生会用、爱用，既资助了学生科研创新，又扩大了自身在大学生中的影响力。比如与杭州电子科技大学电工电子国家级实验教学示范中心开展校企合作的有以下几家。

①自动化测试和自动化测量系统的全球领导者——美国国家仪器有限公司（National Instruments，简称NI）。

②全球领先的半导体公司德州仪器（Texas Instruments，简称 TI）：TI 是世界上最大的半导体公司之一，见图 3-4。

图3-4　美国德州仪器TI与学校建立的数字信号处理联合实验室

③致力于打造灵活应变，万物智能的世界的公司阿尔特拉（Altera），见图 3-5。

图3-5　美国阿尔特拉公司与学校建立的EDA/SOPC联合实验室

④智能、连接和安全的嵌入式控制解决方案的领先提供商美国微芯半导体（Microchip），见图 3-6。

图3-6　美国微芯公司与学校建立的单片机/数字信号控制器联合实验室

3.2.3 专业科技讲座

学校和示范中心组织混沌、分形及应用国际会议，组织中国—爱尔兰信息与通信国际会议，邀请中国国家科学院、清华大学、东南大学、西安交通大学、南京航空航天大学、香港城市大学以及美国加州大学伯克利分校、新加坡国立大学、澳大利亚悉尼大学、英国伦敦玛丽女王大学、纽约州立大学、韩国浦项科技大学等国内外高校研究院院士、专家、教授来校作学术报告。如表 3-1 所示，列举了部分主办的国际国内学术会议以及学术交流报告讲座等，将最新专业所涉及的前沿性的研究和进展以及基础性的理论，包括好的研究方法和手段展现给大家，这有助于及时拿握科研动态，更新充实教学内容，促进了教学和科研的提升，开阔视野，学习接受新的观点、方法和知识，有助于自身的提高和进步。同时学术报告也是科技创新文化建设的一种有效途径，让同学不断地接收这种科创文化的熏陶。

表3-1 部分主办的国际国内学术会议和学术交流报告讲座列表

时间	内容	邀请嘉宾
2006.10.19	主办：中国—爱尔兰信息与通信技术国际会议	李乐民院士
2011.10.20	主办：第四届国际混沌分形理论与应用研讨会	香港城市大学陈关荣教授
2013.11.6	学术报告：FinFET— a University Innovation Takes Over the Semiconductor World	美国工程科学院院士、中国科学院外籍院士、加州大学伯克利分校杰出讲座教授胡正明(Chenming Hu)教授
2017.11.28	学术报告：物联网与云安全挑战	纽约州立大学任奎教授
2018.9.10	主办：第十一届中国—英国—欧洲毫米波与太赫兹技术研讨会（UCMMT2018）	加拿大皇家科学院和皇家工程院院士、蒙特利尔大学吴柯教授 英国皇家工程院院士、圣安德鲁斯大学 RichardJohn Wylde 教授 新加坡国立大学陈志宁教授
2019.9.22	主办：第七届亚洲机械电子学国际学术会议（AISM2019）	段宝岩院士 澳大利亚科学院和工程院两院院士 Brian D O Anderson 教授
2019.10.14	学术报告：视频编码中的全球率失真优化问题：挑战与最新进展	长江学者朱策教授
2019.11.25	主办：2019 年区域能源互联网学术研讨会	薛禹胜院士，张勇传院士，罗安院士
2020.5.25	学术报告："一代材料，一代技术"	叶志镇院士
2020.7.7	主办：第 11 届 IFIP IIP 2020 国际会议	清华大学计算机科学与技术系孙富春教授 俄罗斯SKOLTECHAndrzejCichocki教授

3.2.4 学科竞赛和创新竞赛的训练

示范中心利用学校学科优势，积极组织大学生学科竞赛和创新竞赛。以大学生科技创新活动计划"新苗计划"、校内学生科技立项，对学生创新项目进行培育、孵化；以大学生"挑战杯"课外科技作品竞赛、创业计划竞赛、"电子设计"竞赛、ACM 大赛、"数学建模"、"飞思卡尔"杯智能汽车竞赛、全国大学生工程实训综合能力竞赛为过程载体，对学生项目进行分学科、分层级筛选；目前学校的大学生科技竞赛开展良好，成果丰硕，学生科研能力提升明显，2016 年以来，团队教师指导学生主持国家级、省级创新创业训练计划及新苗项目共 22 项，650 名学生参与团队教师各类科研项目、课题共 205 项；学生通过自主完成创新性研究项目设计、项目实施、报告撰写、学术交流等工作，锻炼和提升学生的科研能力。学生学科竞赛成绩有了显著提高，2016 年以来，团队教师指导学生参加学科竞赛获国家奖 57 人次、省级奖 93 人次，获得省级以上科技项目 41 项，先后为台湾松瀚公司、浙江省中医院等企业和社会单位开发人体经络分析仪、自组网灯控等 25 项产品。

3.3 高校科技学生社团提供人员支撑

科技学生社团是高校学生科研的大本营，社团通过层层选拔、悉心培养，从大一进校以来就不断地锻炼同学去积累专业知识和实训能力，不光要学习课内知识，还要扩展大量的课外信息，不断高强度地训练自己攻坚克难、完成项目，学成之日就是学生科研的先锋力量，在不断的钻研中成长，水到渠成地成为学科创新竞赛的主要参与者，由于自身有良好的科技创新的基本素质，往往能在大赛中一举夺魁、取得佳绩，从比赛中积累丰富的比赛经验。有些社团成员本身就从"三位一体"考试制度中受益被学校录取，现在又回报社会，支援中学科技创新工作，担任科创联合基地的教员一职反哺中学生。在培养科技创新能力上现身说法，以切身经验指导中学生为何学习、如何学习，为科创联合基地的运行提供了人员保障。

以杭州电子科技大学学生社团——大学生科技创新孵化器为例，前身为杭电—Microchip 创新人才孵化器。作为领先的单片机和模拟半导体供应商，Microchip 公司一直致力于为中国大学在校学生提供全方位、高质量的工程教育。以杭州电子科技大学电工电子国家级示范中心为依托，美国微芯公司与中心合作，于 2009 年联合成立"杭电—微芯大学生科技创新孵化器"，由示范中心提供专项基金和场地、微芯公司提供常用器件和开发工具，计划每年资助 10～20 位优秀本科生进驻孵化器。从大学一年级开始着手微芯产品的学习和设计能力培养，以自学为主；大学二年级进行实践培训；大学三年级开展自主设计，并参与科研和承揽第三方设计；大学四年级能够出专利、论文和创新技术产品等成果，完成培育过程。

3.4 中学课外兴趣小组课程体系建设提供资金及组织支撑

3.4.1 中学课外兴趣小组课程体系建设

科创联合基地融合育人体系的中学部分以杭州市实验外国语学校为例。

杭州市实验外国语学校（以下简称杭实外）地处国际化发展的前沿阵地——钱塘新区，比邻浙江省最大的高教园区。学校创建于1995年，曾经是杭州大学外国语学院跟开发区合办的第一所配套学校，也是杭州市最早实行寄宿制、小班化教学的国际化双语学校。学校有小学、初中和高中三个部组成，有两个校区，现有54个教学班，2300多名学生和300多名教职员工。

围绕校训"自主、责任"（培养每个孩子有自主的能力和负责任的态度），培养"具有世界眼光、中国情怀，敢于逐梦未来的自主创造者、负责任的新时代小公民"构建"341"课程体系，即"三个层次四大支柱一线贯穿"，三个层次如图3-7所示，包括：基础素养类、拓展深化类和综合运用类；四大支柱如图3-8所示包括崇德修身类课程、健美身心类课程、发展知能类课程、增长才干类课程；一线贯穿是指本校"自主、责任"办学理念。

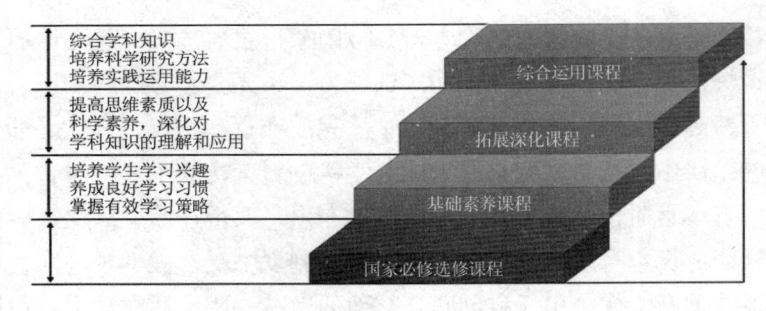

图3-7 三个层次课程

3.4.1.1 三个层次课程

基础素养类：国家规定性学科课程。此类课程是面向全体高中学生开设的基础性课程，旨在促进学生在知识与技能、过程与方法、情感态度与价值观等方面的发展，促成学生未来发展所需要的科学、人文素养。

拓展深化类：包括学科拓展课程、学科应用课程、大学初级课程、学科前沿课程、学习力培养课程，旨在培养学生在学好基础性课程之后进一步拓展深化，拓宽知识，培养兴趣特长，开阔视野，提高应用能力和生活品质。

综合运用类：包括综合实践课程、学科交叉课程、活动体验课程，旨在培养学生综合运用知识，在实践中不断提高综合素养和研究创新能力，培养奉献和服务精神，强化社会公民意识。

3.4.1.2 四大支柱课程

崇德修身类：培养学生的爱国情怀、高尚品德，正确的人生观、价值观和世界观，涵养美好人格，培养奉献社会的服务精神，形成现代公民的良好素养。

健美身心类：培养学生健康的身体、阳光的心态，具有良好的艺术修养和审美能力。

发展知能类：为学生打好知识基础，开发思维能力，培养运用知识解决问题的能力和研究创造的能力。

增长才干类：培养学生在实践中应用知识的能力，培养良好的人际沟通协调能力，强化社会人意识，树立良好的责任感。

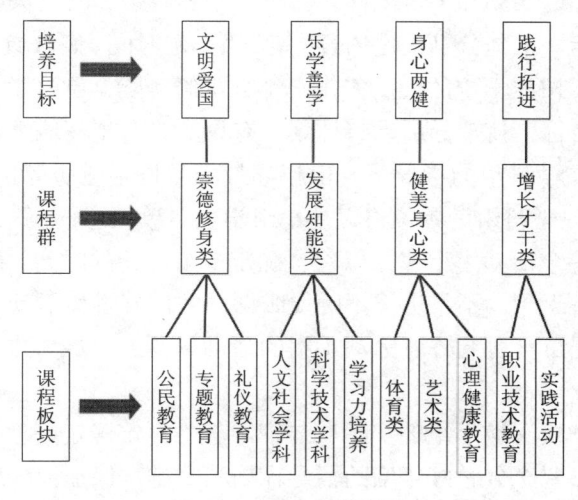

图3-8 四大支柱课程

3.4.1.3 一线贯穿课程

立足"自主、责任"的理念，贯穿高中三年的学习，主要包括培养学习习惯、开发学习能力、提高研究能力和创造能力等课程内容。

3.4.1.4 衔接课程

"三位一体"课程：针对高校三位一体（学考等第、高考分数、面试）招生方案，科学制订三年教学计划。通过组织活动和专家指导，提高面试水平；通过夯实基础和能力培养，提高学考等第。

自主招生课程：针对985高校自主招生（竞赛、高考分数、面试）招生方案，科学制定三年教学计划。通过组织活动和专家指导，提高面试水平；通过思维训练和能力培养，提高综合素质。

3.4.2 中学课外兴趣小组课程体系的作用

中学兴趣小组是中学生接触科学、学习科普知识、培养科技创新能力的摇篮，许许多多的科创达人都是从中学开始就埋下了科创的种子。兴趣小组活动是课堂教学的延伸，开展兴趣小组活动不仅是全面贯彻教育方针和实施素质教育的需要，而且可以丰富校园文化生活，提升学校办学水准，可以让学生视野开阔、丰富知识、增长智慧、激发学习兴趣。为了调节学校文化氛围，兼顾学生的全面发展，积极培养学生的个性特长，丰富学生的校园生活，提高学生的综合素质，培养学生的创新精神和实践能力。中学兴趣小组在科创联合基地融合育人体系中的作用有以下三点：

第一，组织学生参加科技创新培养，重点在于组织。对参加科创能力培养的对象——中学生的有效组织是联合基地开展一切活动的根本，学校对兴趣小组活动要坚决实行"六定"管理措施，保障组织的有效性。组织培养的同时也要组织学生参加各种竞赛，为校争光的同时自己获得成功的自信。为能更好地完成课外活动的学习目标，必须加强对学员的培训管理，做到严格上课出勤和上课纪律，注重鼓励和表扬，时刻关心和爱护学生。

学校采取的"六定"措施分别是定内容、定学生、定时间、定教员、定目标，具体如下：

①定内容，各组要按照学校的统一安排，结合本组实际，制订学期教学计划，细化到周、学期应达的教学目标。使辅导活动有计划、有目的、有步骤地进行。

②定学生：各组在学科组的指导下，由指导教师与班主任协商选择参加活动的学生，确定人员，落实人数，以学科组为单位将兴趣小组学生名单汇总，一式二份，交教务处一份。

③定时间：全校各个活动小组建立以后，确定本组活动的时间，一经确定不得随意变化，辅导教师要做到不迟到、不早退、不随便旷课，并做好学生活动记录。

④定地点：教务处负责协调好各活动小组的活动场所，要尽力排除外界干扰，地点一经确定，不随意变化。

⑤定教员：结合学校兴趣小组的实际，与辅导教师商定确定好教员，教员必须辅导好一个小组的课外活动，要充分做好年度的辅导计划和安排，保证辅导质量。

⑥定目标：辅导教师要认真分析学生实情，根据辅导项目及特点，确定本组辅导目标，在每学期期末结束前辅导教师要进行总结汇报辅导成果，在学期终了按此目标进行评价。

第二，与家长积极全面的沟通，说明科创联合基地融合育人体系的优势、孩子在体系中有哪些获益、需要家长在时间和经济上给予支持，加上学校的一些投入，使融合育人体系在资金上得到保障。

第三，通过每个阶段的考核，以及平时培养过程中的学习记录和成绩评价，做好学员的等级评定和等级晋升降级工作。从最初的报名工作、初步选定参加信息技术活动兴趣小组学员到完成阶段学习后的考核评价，从兴趣小组成员到实验班、专业班、竞赛班不断晋升，直到获得竞赛名次，都需要辅导教师不懈的努力和无私的奉献。

兴趣小组辅导员在不断的组织管理过程中还可以参加科技教育创新成果竞赛，这是面向科技辅导员开展的各类科技教育优秀成果的集中展示和评比活动，是为了鼓励科技教育工作者在教育教学改革方面的创新，提升科技教育教学服务水平。

第4章 科创联合基地实践育人教学资源建设及应用

实践教学是育人体系中的重要组成部分，如图4-1所示，包含了教学安排规划、实践教学套件、理论教学资源三个部分。教学安排规划根据学生从初中到大学的十年期间，如何进行理论实践课程的规划和竞赛赛程安排规划，结合实际中考和高考的实际状况，对时间进行充分而又合理的应用，最大限度建立科技创新文化环境、根据青少年的智力和能力的发展制订理论实践课程的科学普及，让学生在科创联合基地里既能学会科学知识，又能以项目的形式有机地将这些知识联系起来，形成完成项目所必须的设计能力、制作能力、调试能力、协助能力等，逐步培养勤于思考、善于思考的习惯，养成科技创新素养。实践教学套件和理论教学资源就像是左膀右臂般支撑起融合育人体系的牢固基础。这些不光给同学带来知识，还在科技创新的征程中发挥巨大的作用，它们是完成实训项目和创新竞赛作品不可或缺的重要部分。下面分别详细介绍这三部分的内容。

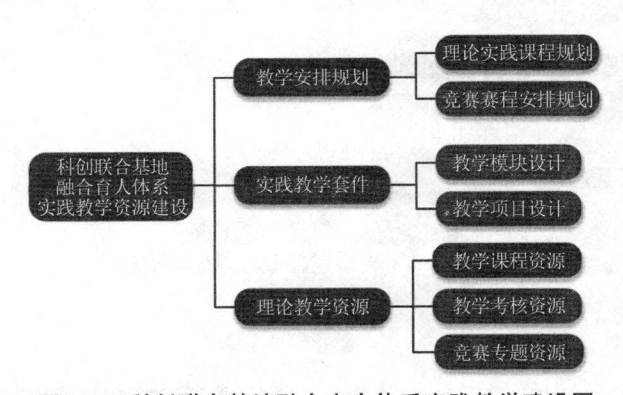

图4-1 科创联合基地融合育人体系实践教学建设图

4.1 科创实践育人教学规划

教学安排规划纲要如图4-2所示分为两个部分：理论实践课程规划和竞赛赛程安排规划，根据同学年龄特点和其他课内知识的学习进度，对初一、初二年级，高一、高二年级，大一年级做了理论实践课程规划，对高二年级、大二年级、大三年级做了竞赛赛程安排规划。在规划上要考虑五个原则，不同的学科存在差异，仅以电子专业为例供大家参考。

①需要合理安排课程与课程之间、平台与模块之间、软件与硬件之间的先后及并行关系；

②每个阶段要以项目的形式作导向，对本阶段学习的内容进行综合测评；

③学生课内学习的压力和课外科技知识学习的压力之间的比例；

④学期上课期间和寒暑假放假期间的安排；

⑤统筹完成竞赛前的课程体系储备、实践能力储备、创新项目储备，最终在竞赛时能体现综合实力。

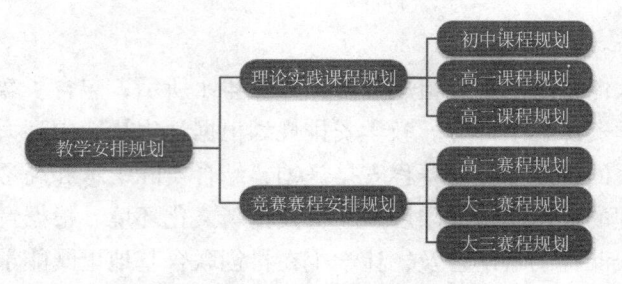

图4-2 教学安排规划纲要图

4.1.1 实践育人课程教学规划

下面按照同学经历的时间先后次序介绍各个年级的规划，如图4-3所示。

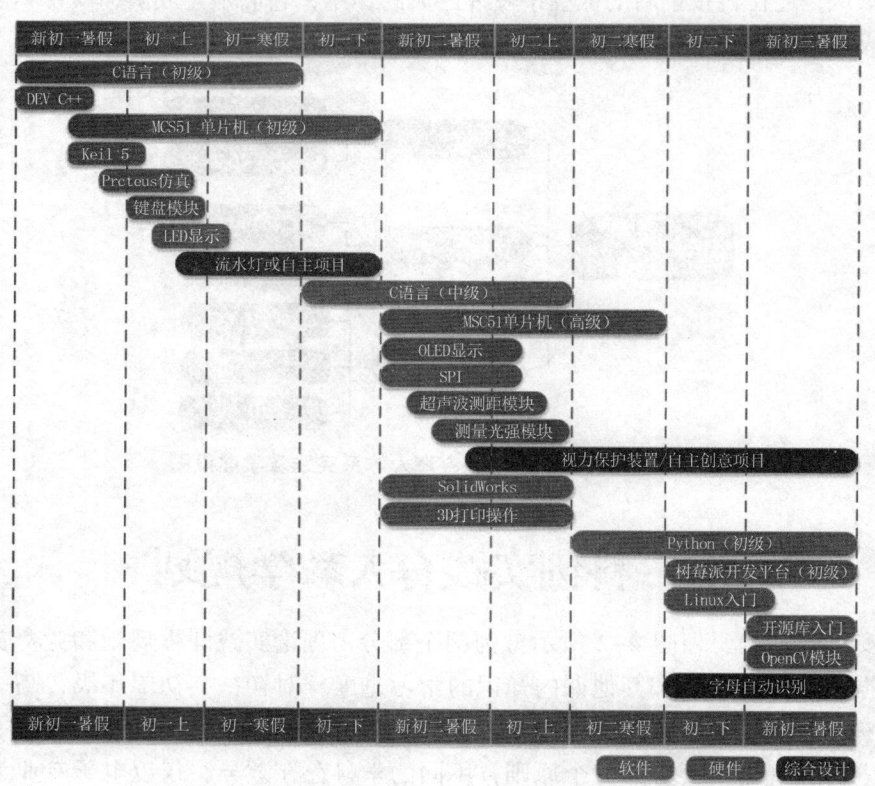

图4-3 初一、初二年级理论实践课程规划

我们以初一、初二年级理论实践课程规划如图 4-3 所示，阐述一下规划的原则，在这一阶段规划安排要注意：语言学习和开发环境学习之间的关系，两者中语言学习应先于开发环境的学习或者同时开始学习，比如先安排 C 语言学习再安排 DEV C++ 环境的学习；硬件学习与开发环境及仿真工具学习之间的关系，两者中硬件学习应先于开发环境的学习，如先安排 MCS51 单片机的学习再安排 Keil5 和 Proteus 的学习比较合理；语言学习和开发平台学习之间的关系，语言学习应先于开发平台的学习比较合适，如 C 语言的学习应先于 MCS51 单片机的学习；对于硬件学习和模块学习之间关系，硬件学习应先于模块学习，如 MCS51 单片机的学习应先于键盘模块的学习；协议的学习和模块的学习之间的关系，协议的学习应先于模块的学习，如 SPI 协议的学习应先于 OLED 显示模块的学习等。

初一、初二年级阶段在每个学期的学习中都以一个项目为导向，伴随其他课程、模块、协议的学习，综合完成这个项目的实现，如初一阶段学习完成 MCS51 单片机（初级）课程、C 语言（初级）课程以及键盘、LED 显示模块后，完成综合设计流水灯控制项目；初二阶段学习完成 MCS51 单片机（高级）课程、C 语言（高级）课程，OLED 显示模块和 SPI 通讯协议的基础上，完成视力保护装置项目；最后的新初三阶段学习完成 Python（初级）课程、树莓派开发平台（初级）课程、Linux 入门和 OpenCV 模块的学习后，完成综合设计项目：利用树莓派对字母图像的自动识别。

初一、初二年级阶段在时间安排上比较紧凑，初中的课外学习时间大多集中在一、二年级，初三中考前的课内学习任务压力非常大，保送的模拟考试也要提前考试，所以根据实际情况，初三的课外科技知识学习规划暂停。

在课程规划安排中，暑假是学习的关键，它有较长的相对集中的一段时间来系统学习。比如新初一暑假，这是 C 语言（初级）及其编程环境、MCS51 单片机（初级）及其开发环境 Keil5 和仿真工具 Proteus 入门的最佳时间，同时将软件和硬件融合在一起，让中学生一开始就对软硬件两个方面进行了解，让硬件的高不可攀变得和软件一样触手可得。又如新初二暑假安排了 C 语言（中级）和 MCS51 单片机（高级），在暑假假期中将最重要的软硬件基础都扎扎实实地学会、学懂、学通。

作为一切编程的基础，不论是计算机软件编程还是嵌入式硬件编程都离不开 C 语言的入门训练，因此安排 C 语言的内容贯穿整个初中，分为初级和中级两个阶段，初级主要涉及：C 语言概述、数据类型、运算符与表达式、顺序程序设计、选择结构程序设计、循环控制、数组、函数；中级主要涉及：预处理命令、指针、结构体与共用体、位运算、文件、常见错误和程序调试等。整个初中阶段的学习重点是熟悉 C 语言编程、掌握 MCS51 硬件开发平台和嵌入式编程、初步掌握强大功能的开源库构架应用。

高一年级理论实践课程规划如图 4-4 所示，这个阶段的重点是掌握 Python 编程、掌握 STM32 硬件开发平台和嵌入式编程及外围模块的控制、掌握功能强大的开源库构架应用、了解互联网编程。

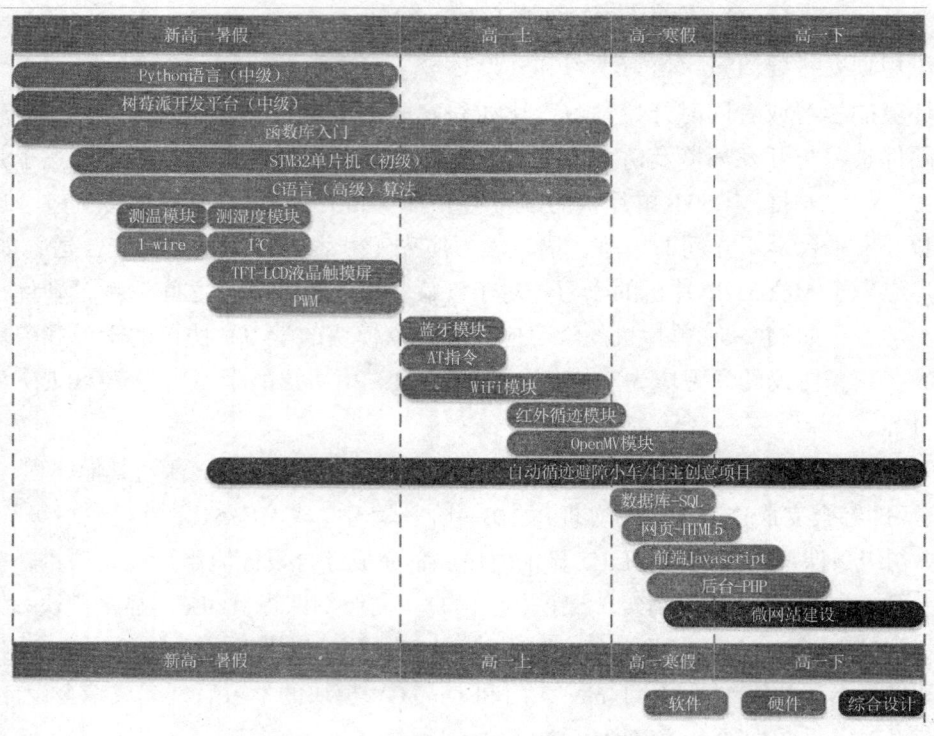

图4-4 高一年级理论实践课程规划

高二年级理论实践课程规划如图4-5所示，这个阶段的重点是熟练掌握STM32硬件开发平台和嵌入式高级编程及外围复杂模块的控制、掌握互联网APP和微信小程序的编程、掌握物联网智能终端的编程。

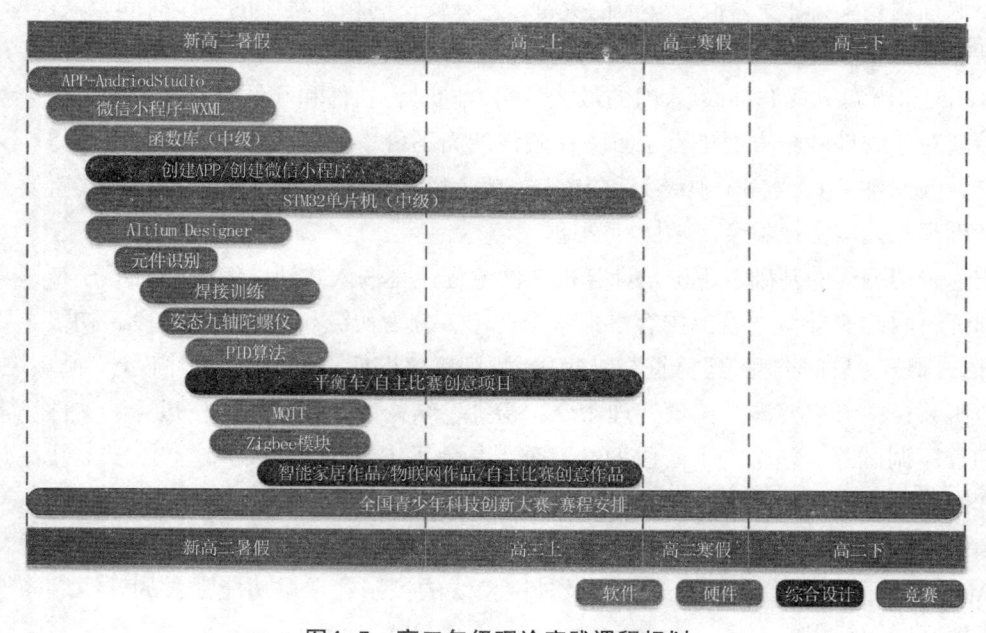

图4-5 高二年级理论实践课程规划

大一年级理论实践课程规划如图 4-6 所示，这个阶段的重点是熟练掌握 STM32 硬件开发平台高级应用及嵌入式高级编程、熟练掌握树莓派开发平台高级应用、Python 语言高级应用、初步掌握 FPGA 开发平台以及 VerilogHDL 语言的编写、掌握外围复杂模块的数据输入输出控制以及多个模块数据融合技术，对四旋翼项目和图像处理项目进行深入的探究。

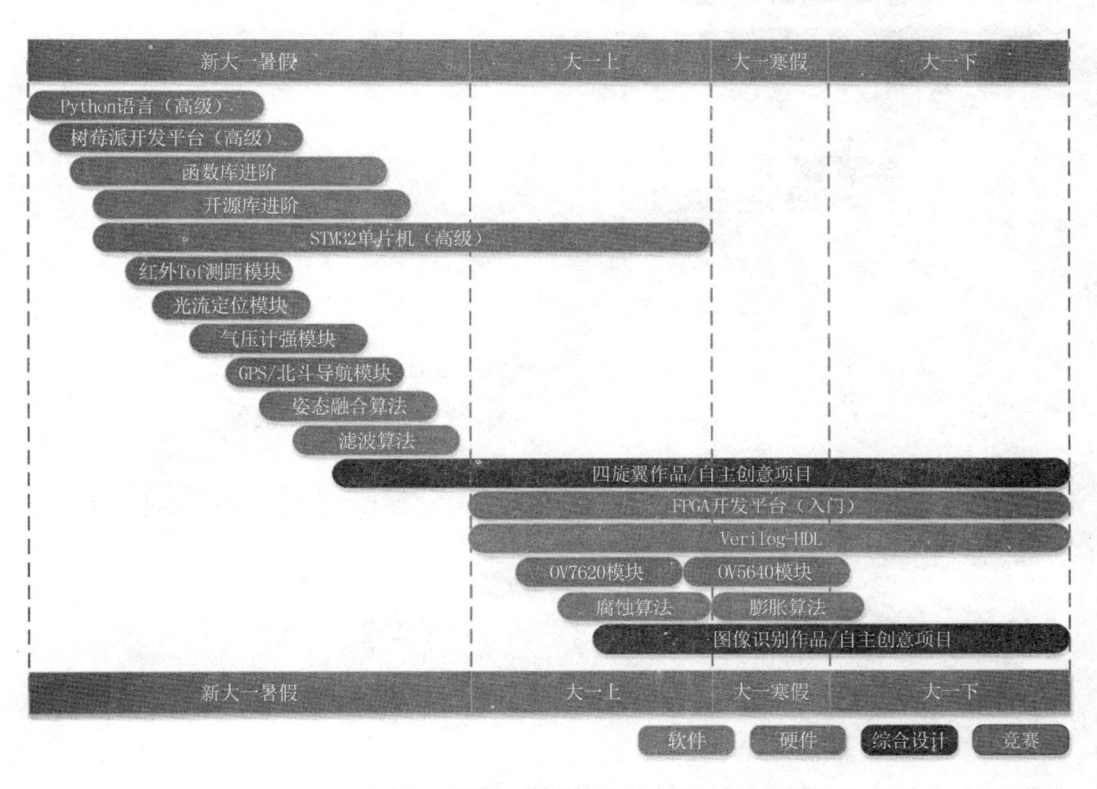

图4-6　大学一年级理论实践课程规划

4.1.2　实践育人科技竞赛规划

高二年级除了要对理论实践课程进行学习，还有一项重要的任务就是参加科技类竞赛，高二年级竞赛赛程规划如图 4-7 所示。

我们为高二年级同学规划的竞赛赛程主要是针对全国青少年科技创新大赛，如需参加其他竞赛可根据赛制和赛程进行编写规划。

与初三的情况类似，高三进入高考的全面复习，不再安排课外学习计划，如想参加比赛可以在新高三暑假制作自主比赛创意项目，准备好比赛的作品，进入高三后根据高二"全国青少年科技创新大赛赛程安排"再参加一次比赛。

大二年级竞赛赛程规划如图 4-8 所示，大学三年级竞赛赛程规划如图 4-9 所示。根据比赛的先后，配合专业体系课程的学习，利用课余时间，同学掌握各开发平台、开发工具的程度以及开发能力的逐步提高，主要规划有全国大学生 FPGA 创新设计竞赛、中国高校智能机器人创意大赛、全国大学生电子设计竞赛、"挑战杯"全国大学生课外学术科技作品竞赛、"挑战杯"中国大学生创业计划大赛、全国大学生数学建模竞赛、全国大学生智能汽车竞赛、浙江省"新苗人才计划"等,这里的竞赛赛程规划以电子信息专业的同学参加的比赛为例,其他专业的同学可以参考各自专业的比赛项目编制竞赛赛程规划。

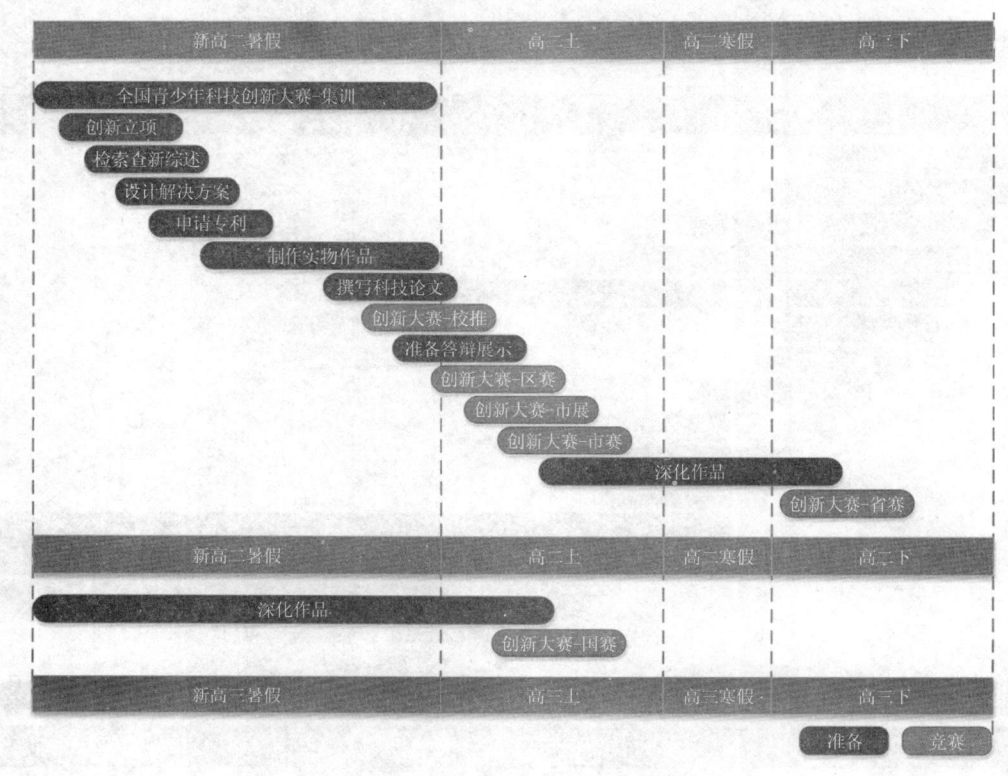

图4-7 高二年级竞赛赛程规划

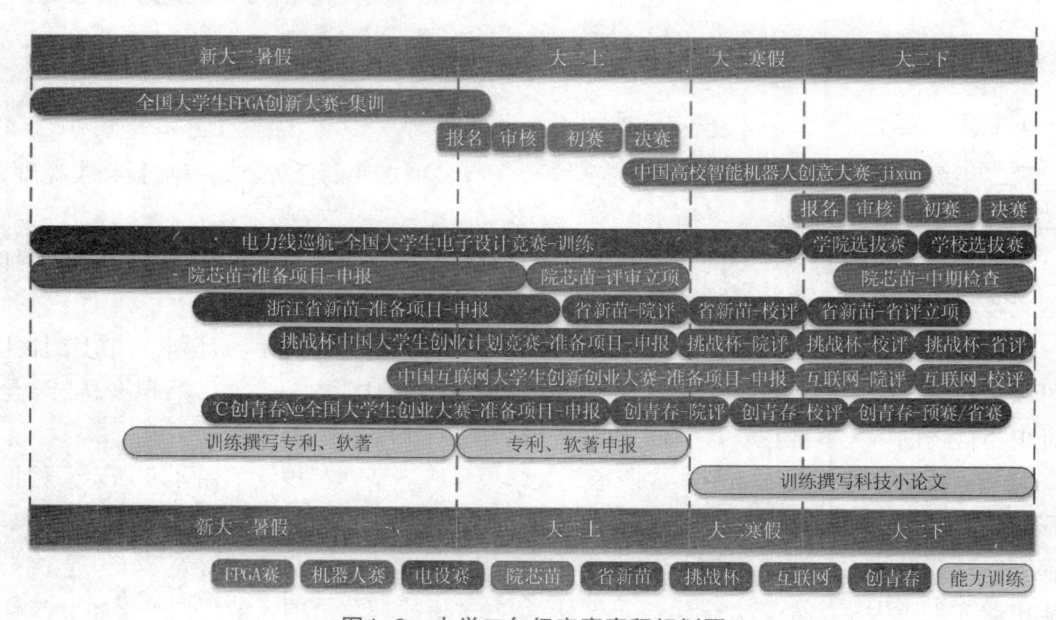

图4-8 大学二年级竞赛赛程规划图

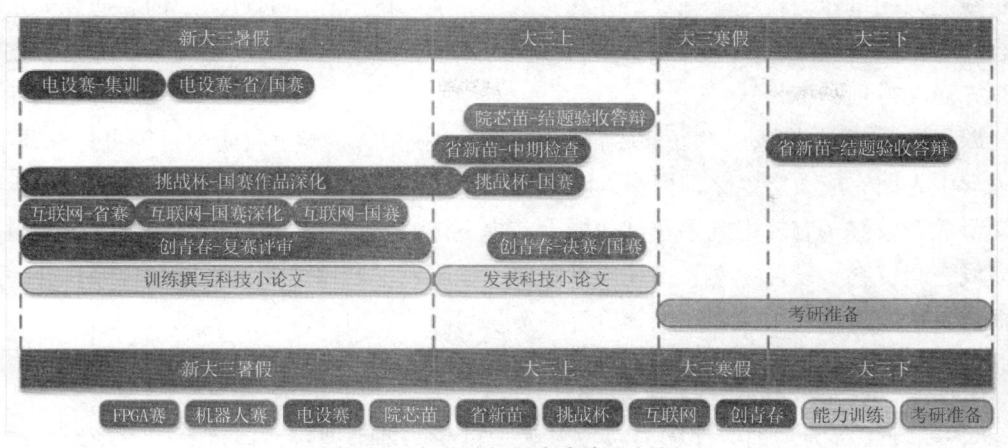

图4-9 大学三年级竞赛赛程规划

4.2 科创实践课程建设

求学之路，道阻且长。科创联合基地为每一位有志于科技研发的同学准备了科创实践课程群，如图4-10所示。

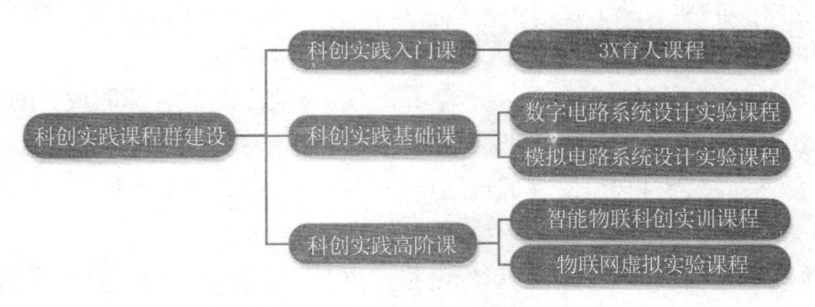

图4-10 科创实践课程群结构

结合大学生科技创新孵化器研究方向，开设了"智能物联科创实训"课程。该课程是电子信息类专业重要实践性课程，课程总共有32学时。面向专业为电子信息工程、电子信息科学与技术、电子科学与技术、通信工程、信息对抗与技术、光信息科学与技术等专业。是学生在完成基础实验后，针对实际工程问题，三人一组，自主思考，申报完成一个应用实验项目，课程授课重点是科技创新。

学生在完成基本的电子技术学习和入门后，必须迅速地转为学习基于现代电子设计技术的基本方法和基本理念，在学习与实践中培养自主创新能力。本课程通过介绍基于手势控制的汽车人机交互系统、基于视频识别的远程机械臂控制系统、无线自组网智能照明系统等数个科技前沿的综合创新性项目，给出科创项目设计的思路和方法以及对应的实验要求，引导学生去探寻掌握科创项目设计技术及其创新的途径。实验内容注重自主研学学习为能力培养手段，注重科技前沿、基础理论和实验方法的介绍，注重工程能力、分析能力和实践能力的培养，构建了一个培养和实践创新能力的阶梯。通过教学的启迪和大量的有创意的实验项目训练，能动地激发创新意识，从而使学生在基础理论、实践能力和创新精神三方面能得到同步收获。

课程涉及范围较广，学生可以结合电子竞赛、挑战杯、学生科研项目等自行选题申报。要求学生先期完成数字电路、模拟电路、单片机、EDA技术、电子设计等课程学习，专业课学习成绩较好，有较强动手及创新能力前提下选修本课程。课程中学生基本上靠自己能力完成查阅资料、设计方案、设计硬件电路、编写软件程序、调试电路和程序，并写出实验报告，从而提高利用所学知识分析解决实际问题的能力。

4.2.1 课程目标

"智能物联科创实训"课程是科技发展与科学精神类课程。通过本课程学习，可以提高学生运用专业知识分析实际问题，提出解决方案；合理利用人工智能、物联网技术、互联网+思维等解决实际问题，培养学生自主研学和科技创新能力。本课程实施，拟达到如下目标：

课程目标1：能结合实际应用，利用专业知识，根据系统功能和指标，设计实现方案或者对现有的系统或方案进行优化。

课程目标2：针对复杂工程问题，利用人工智能、物联网技术、互联网+思维等解决实际工程问题，完成方案设计。

课程目标3：自由组队（3人一组），培养团队合作意识，胜任团队成员的角色与责任，组织团队成员开展工作完成团队分配的工作。

课程目标4：结合科技前沿完成选题申报、中期汇报、期末答辩、撰写报告等环节，通过PPT答辩完成项目结题。

"智能物联科创实训"支撑课题目标的指标点，课程目标与相关要求及其指标点的对应关系如表4-1所示。

表4-1　课程目标与要求对应关系

要求	指标点	课程目标
设计：能够设计针对电子信息复杂工程问题的解决方案，设计满足特定需求的电子器件、电路和系统，并能够在设计环节中体现创新意识，考虑社会、健康、安全、法律、文化以及环境等因素	能够利用专业知识，根据设计指标，确定电路和系统的设计方案；能综合利用专业知识，运用电子系统组成单元，针对复杂工程问题的电路及系统设计方案进行优化，体现创新意识	1

续表

要求	指标点	课程目标
使用现代工具：能够针对电子信息复杂工程问题，选择与使用恰当的 PCB 加工工艺或芯片流片工艺，开发与使用各种电子测试相关仪器设备，包括信号发生器、示波器、数字万用表、电源、频谱分析仪等，选择与使用各种仿真软件，如 spice、multisim 等，包括对电子信息复杂工程问题的预测与模拟，并能够理解其局限性	能针对复杂工程问题，选择并合理使用现代工具与仿真平台	2
个人和团队：能够在多学科背景下的团队中承担个体、团队成员以及负责人的角色	能胜任团队成员的角色与责任，组织团队成员开展工作完成团队分配的工作	3
沟通：能够就电子信息复杂工程问题与业界同行及社会公众进行有效沟通和交流，包括撰写报告和设计文稿、陈述发言、清晰表达或回应指令。并具备一定的国际视野，能够在跨文化背景下进行沟通和交流	能够针对电子信息领域的工程问题通过书面或口头方式表达自己的观点	4

4.2.2 课程内容与基本要求

"智能物联科创实训"课程实验项目及学时分配如表 4-2 所示。

表4-2 课程目标与实验内容、教学方法的对应关系

序号	实验名称	实验类型	实验内容	教学方法	课程目标 1	2	3	4
1	课程介绍及选题	综合	介绍创新途径方法，课程实施，分组等要求	讲授、研讨	●		●	●
2	科创项目：方案设计	设计	对项目进行合理的方案设计	自行设计、研讨	●		●	●
3	科创项目：硬件设计	设计	设计选题系统的硬件电路	自行设计、研讨	●	●	●	●
4	科创项目：硬件制作	设计	制作选题系统的硬件电路	自行制作、研讨	●	●	●	●
5	科创项目：硬件调试	设计	调试选题系统的硬件电路	自行制作、研讨	●	●	●	●
6	科创项目：软件流程设计	设计	设计选题系统的软件流程	自行设计、研讨	●	●	●	●
7	科创项目：软件编写	设计	编写选题系统的软件程序	自行设计、研讨	●	●	●	●
8	科创项目：软件调试	设计	调试选题系统的软件程序	自行调试、研讨	●	●	●	●

续表

序号	实验名称	实验类型	实验内容	教学方法	课程目标 1	2	3	4
9	科创项目：软硬件联调	设计	调试选题系统的软硬件	自行调试、研讨	●	●	●	●
10	科创项目：系统测试及完善	设计	对选题系统的软硬件进行完善	自行调试、研讨	●	●	●	●
11	科创项目：答辩及验收	综合	对最终结果进行测试验收，并让学生介绍整个制作完成过程	测试、答辩			●	●

该课程详细教学内容和方法如下所述。

（1）主要内容

本课程针对实际工程问题，利用人工智能、物联网技术、互联网+思维等理论知识，学生三人一组，自行组队，自主申报并完成一个科技创新项目设计。课程中学生自主独立完成查阅资料、设计方案、设计硬件电路、编写软件程序、调试电路和程序并写出实验报告，从而提高利用所学知识分析解决实际问题的能力。

（2）教学方法与要求

任务布置。"智能物联科创实训"课程共32学时，学生三人一组需完成一个科创实验项目设计，指导教师在开课前一周通过网络平台发布课程综实验设计任务。

选题申请。课程提前录制了实验教学视频并发布在学校网络教学平台，视频内容括仿真软件的操作使用、简单的仿真举例、典型案例设计等内容，学生结合专业方向及兴趣进行选课申请。

课堂实验。为达到更好的实验效果，课堂对实验人数进行了一定的限制，每个实验班最多允许30名学生进行实验设计。课堂实验以学生为主体，实验课上学生承担"讲解、补充、质疑"任务，教师承担"质疑、引导、归纳"任务，指导教师每周挑选两组优秀团队对实验设计进行讲解及心得分享。调动学习气氛，提升实验教学的趣味性、研究性及可研讨性。

实验考核。课程采用"自主设计论文答辩"的实验考核模式，学生制作PPT进行实验项目汇报，并通过网络教学平台提交实验总结报告。实验考核注重实验的过程性，避免以实验考试定成绩的方式。关注学生实验报告质量的同时，更关注学生在综合设计性实验中所展示的积极性、团队合作意识和工程创新能力等。

（3）重点难点

本课程通过介绍基于手势控制的汽车人机交互系统、基于视频识别的远程机械臂控制系统、无线自组网智能照明系统等数个科技前沿的综合创新性项目，给出科创项目设计的思路和方法以及对应的实验要求，引导学生去探寻掌握科创项目设计技术及其创新的途径。实验内容注重自主研学学习为能力培养手段，通过教学的启迪和大量的有创意的实验项目训练，激发创新意识，从而使学生在基础理论、实践能力和创新精神三方面能得到同步收获。

（4）实践环节及要求

"智能物联科创实训"课程实践环节主要内容和基本要求如表4-3所示。

表4-3 实践环节及要求

序号	实验名称	实验内容	基本要求
1	课程介绍及选题	介绍创新途径方法，课程实施，分组等要求	学生以组为单位提交选题申请表，并描述实验项目的功能指标及设计方案规划
2	科创项目：方案设计	对项目进行合理的方案设计	学生以组为单位详细讲述实验设计方案，并对组内成员进行分工
3	科创项目：硬件设计	设计选题系统的硬件电路	按照验设计方案，完成硬件设计，并对组内成员进行分工
4	科创项目：硬件制作	制作选题系统的硬件电路	按照验设计方案，组员合作完成硬件制作
5	科创项目：硬件调试	调试选题系统的硬件电路	按照验设计方案，组员合作完成硬件调试
6	科创项目：软件流程设计	设计选题系统的软件流程	按照验设计方案，组员合作完成软件流程设计
7	科创项目：软件编写	编写选题系统的软件程序	按照验设计方案，组员合作完成软件流程编写
8	科创项目：软件调试	调试选题系统的软件程序	按照验设计方案，组员合作完成软件调试
9	科创项目：软硬件联调	调试选题系统的软硬件	按照验设计方案，完成软硬件联调
10	科创项目：系统测试及完善	对选题系统的软硬件进行完善	按照验设计方案，组员合作完成系统测试及功能完善
11	科创项目：答辩及验收	对最终结果进行测试验收，并让学生介绍整个制作完成过程	制作PPT参加项目汇报、测试、答辩

4.2.3 课程考核方式及成绩评定方法

"智能物联科创实训"课程是考查课，课程采用"自主设计论文答辩"模式对实验设计进行验收和考核。除对仿真正确性、实物完成度、实验报告规范性等实验结果进行要求外，实验结果更注重发挥学生的自主性。实验教学考核关注实验的过程性，避免以实验考试定成绩的方式。注重学生实验报告质量的同时，更关注学生在综合设计性实验中所展示的积极性、团队合作意识和工程创新能力等。实验课程考核与成绩评定方法如表4-4所示。

表4-4 实验课程考核与成绩评定方法

考核项目	考核内容	考核关联的课程目标	考核依据与方法	占总评成绩的比重
选题讨论	选题的质量	1,3,4	从选题实用性、创新性、工作量等方面考评，共计20分	20%
中期检查	选题阶段性任务完成情况	1,2,3,4	做PPT汇报项目进展情况，如是否完成电路或程序设计及调试，根据完成情况评分，共计10分	10%
答辩	对项目了解程度和参与程度	4	项目组成员各自介绍承担的任务，依据其参与了解情况单独评分，共计20分	20%
实物测试	项目分析设计和仿真结果，焊接制作验证结果	1,2	根据实物设计制作的方案、焊接工艺、功能指标实现情况验收评分，共计40分	40%
报告	报告质量	3,4	根据报告的规范性、各部分内容质量，批阅评分，共计10分	10%
总评成绩				100%

4.3 科创智能实训平台开发

随着现代科技的发展，社会对当代电子类大学生的要求越来越高。实验是培养优秀电子类大学生的重要环节，但是当今的电子类实验教学无论从教学方式上还是从教学仪器上都无法满足当代大学生的学习需要，如何最大化地使学生学到行之有效的知识成为实验教学改革的首要目标。

工欲善其事必先利其器，以深化实验室教学改革为指导，以提高学生的工程创新能力和可持续发展能力为培养目标。依托杭州电子科技大学电工电子国家级实验教学示范中心、电子信息技术国家级虚拟仿真实验中心和全国大学生"小平科技创新团队"自主研发的适用于电工电子实验教学、学科竞赛集训和开放实验使用的实训平台及配套管理软件，如图4-11所示。

该平台希望通过人机交互系统实现实验的线上预约、个人信息核对、实验分数评定等功能；通过智能实验管理系统对实验的硬件设备进行管理、自动生成与评定实验报告以及采集与统计实验数据；通过丰富教学套件给学生提供发挥思维的广泛空间；通过通用实验桌上的电源管理设备对平台的电源进行管理以及通过桌上的视频设备对图像进行实时传输；最后希望将四个分立的系统有机结合形成一个整体，优化实验操作从而优化实验教学方式，最终提高学生的工程创新能力和可持续发展能力，使学生受益。

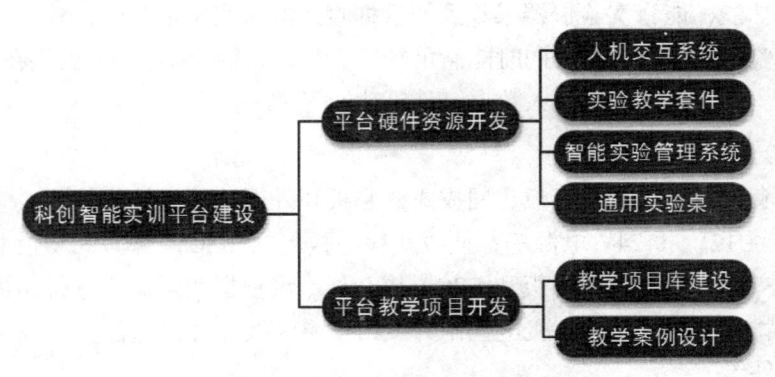

图4-11 科创智能实训平台建设组成图

4.3.1 平台硬件资源开发

4.3.1.1 大学生科技创新智能实训平台组成

大学生科技创新智能实训平台包括人机交互系统、实验教学套件、智能实验管理系统、通用实验桌四部分，结构框图如图4-12所示。

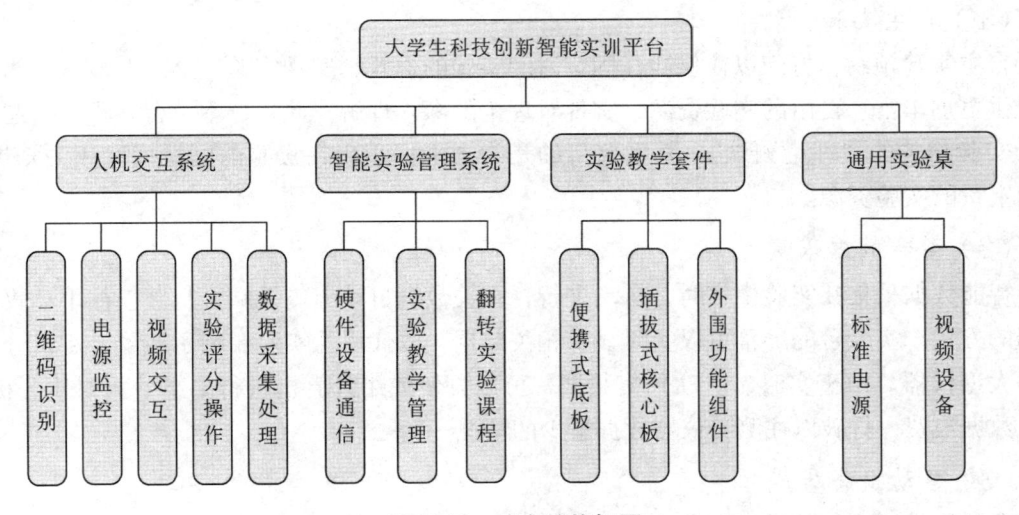

图4-12 平台结构框图

（1）人机交互系统

系统主要由二维码识别模块、语音模块、显示模块以及图形交互界面组成，承担电源监控、视频交互、实验呼叫应答和数据采集处理等功能。学生通过扫描包含学号信息的二维码进行实验预约验证及实验操作，教师扫描包含工号信息的二维码后对学生的实验操作进行成绩评定。

（2）智能实验管理系统

不同于常用的教学管理软件，智能实验管理系统能通过 WiFi 等物联网与实验教学套件、视频设备、电源控制模块等硬件设备进行数据通信。系统集成了实验教学、成绩评定和报告管理等功能，能将实验仪器采集到的数据直接嵌入实验报告中，并为用户提供超文本编辑器和实验报告生成向导。同时能满足翻转实验课程的教学要求，提供在线视频学习、课前知识测验、实验讨论、后台大数据统计等功能。

（3）实验教学套件

实验教学套件包括便携式底板、插拔式核心板和外围功能组件三部分。便携式底板提供 3.3V、5V、±12V 和 24V 电源等；插拔式核心板包括 MSC51 单片机核心板、PIC18 单片机核心板、STM32 单片机核心板和 FPGA 核心板，可根据实际需要进行插拔更换；外围功能组件包括物联网开发组件、机电控制开发组件、无线电开发组件、电源学习组件及各类教师自制组件等。

（4）通用实验桌

实验桌提供了 220V 交流电源和 24V 标准直流电源，方便用户进行选择使用。220V 交流电源以无引线导轨的形式对外供电，24V 直流电源为各类实验教学套件和实验箱进行供电。每张实验桌配备了视频设备，通过 WiFi 将视频数据传输到管理系统。

4.3.1.2 大学生科技创新智能实训平台的创新特色

（1）自主实验预约

自主实验预约，打破以往仅能在固定时间实验的模式，实现实验室 24h 开放。这为学生提供更加丰富、自由的实验资源，实现对理论的深入理解。此外，本平台在预约时还将进行实验相关的"理论测试"，其主要目的是为了确保学生在实验前已经拥有相关知识，节约宝贵的实验资源。

（2）智能数据采集

智能数据采集在实验中实时、自动进行，相关数据自动上传云端，打破以往手动收集数据的方式，实验台的屏幕可以实时显示相关数据，取代以往实验台的示波器、逻辑分析仪等大型仪器。由于实时、自动采集数据，可以方便使用计算机进行多组数据对比分析，避免数据浪费，打破以往测量仪器数据量少的情况。

（3）自动报告生成

自动报告生成，改革了以往学生根据实验中记录的数据，手动撰写实验报告的形式。统一的报告格式，方便老师进行比较、评分。实验报告在实验结束后自动生成，学生仅需要填写实验反思等回顾性栏目，对实验进行相关总结。

（4）云端教师评分

云端教师评分，辅助实现了 24 h 无人监管实验，实验的教师仅仅需要在空余时间，对标准格式的实验报告进行评分。教师仅需登录实验管理系统的网站，即可查看相关学生的实验报告及实验的过程，并对学生的实验表现进行评分。

4.3.1.3 大学生科技创新智能实训平台的研究技术路线

（1）云平台技术实现

实验预约技术实现：这一部分，我们参考了 restful api 的设计模式，将功能拆解为微服务，通过进程间通信同步数据。

为了实现实验预约技术，我们在 ThinkPHP 搭建的主服务中设计了多个 API，用于发送数据实现预约状态改变的功能。而服务器与单片机之间，使用了基于 node.js 实现的 http api 服务器，单片机通过 TCP/IP 发送数据包至服务器，API 服务器对该数据包做出响应，从而实现了预约功能。

在数据安全上，由于单片机与服务器通信没有通过校园网，单片机链接的 WiFi 信号也是隐藏 WiFi，我们对数据加密没有考虑，以此实现高效的数据传输，但是在单片机链接时，我们使用 Outh2 的方式对单片机身份进行了验证，提高安全性，防止有黑客抓取到数据包后通过发送伪造的 http 请求篡改数据。

自动实验报告生成技术实现：我们选择 markdown 作为页面内报告编辑器的填写方式，并集成了代码高亮截图上传和 latax 等实用功能，便于学生操作。当学生填写完一部分内容后，页面内 js 将会在浏览器的 localstorge 内对应字段（实验编号）内追加存储当前学生填写内容直到进行到最后一项。

当学生填写完最后一项内容后，页面内 js 将 localstorge 中的内容追加载入页面内，通过特定 css 进行修饰，以满足打印需求，最终将其打印为 PDF，实现实验报告即时存储和导出。之后，这部分数据将被存放在数据库内，当教师需要导出时，重复上述操作，即可进行打印。

（2）后台数据库技术实现

数据库部分采用 MySQL 构建。在前端可通过调用后端接口对数据库进行查询，对数据进行操作。数据库用 ER 图进行设计，并将其转换为数据表。服务器框架图如图 4-13 所示。

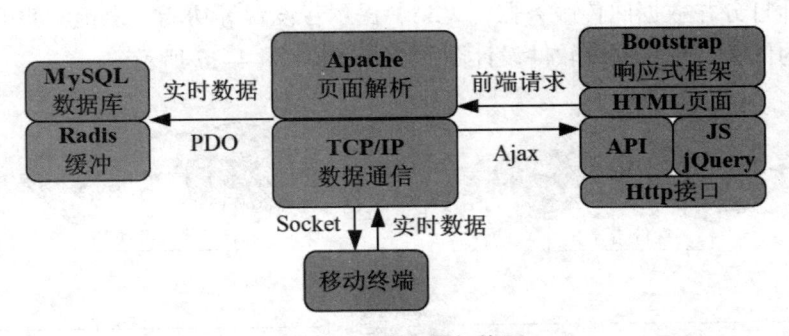

图4-13 服务器架构图

服务器通过 TCP/IP 协议与地面站通信，通过 PDO 与数据库之间的交互连接，通过 http 并由 Ajax 辅助与前端页面交换数据，是构建本系统必不可少的部分。

PDO 是 PHP DataBase Object 的缩写，是一个高度抽象的数据库对象，将各种数据库指令抽象为统一的函数,当业务量扩张时,整个程序仅需修改 PDO 的 object 名称,而不需要大范围修改程序。

4.3.1.4 大学生科技创新智能实训平台的技术实现

（1）用户交互系统技术实现

硬件部分：该系统以 STM32 为控制芯片,ESP8266 WiFi 模块实现实验台与云平台的通信,科大讯飞的 XFS5252 语音合成模块为用户提供语音提示,4.3 寸 TFTLCD 电容式触摸屏与用户进行交互,二维码扫描模块 GM-65 用于验证用户身份,继电器用来控制实验台的上电。已在云平台预约的用户可在预定的时间,在预定的实验桌进行二维码扫码验证,学生信息会通过 WiFi 模块与云平台预约信息对比,验证成功后交互系统为实验台提供 24V 直流电压,学生可进行实验,预定时间结束后自动断电。交互系统硬件设计图如图 4-14 所示。

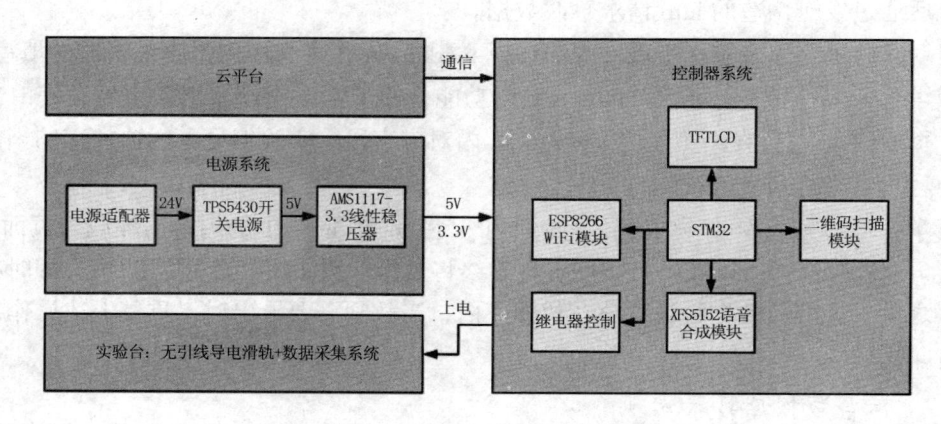

图 4-14 用户交互系统硬件设计图

软件部分：实验桌交互系统软件部分以 uC/OS-Ⅲ 嵌入式操作系统为基础,结合 STemwin 专业级图形库,包含了实验桌预约信息显示,学生教师身份验证,控制实验箱上电断电,教师打分并数据回传服务器,WiFi、提示音设置等功能,承担实验前后与师生进行信息交互的任务。交互系统软件设计图如图 4-15 ~ 图 4-17 所示。

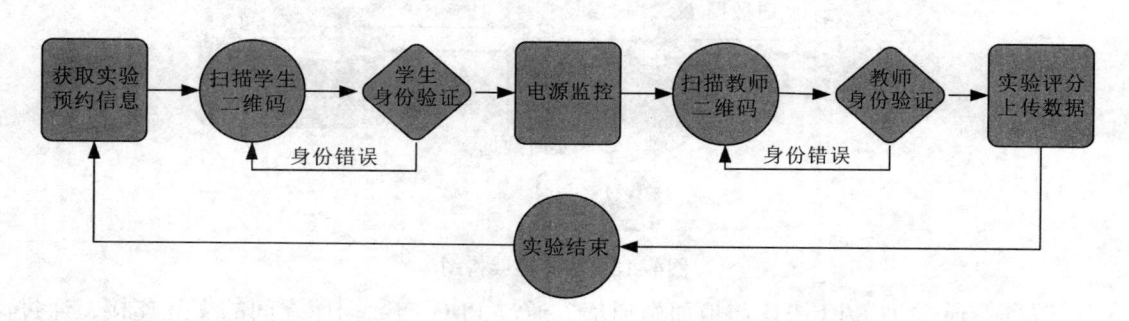

图 4-15 用户交互系统软件设计图

图4-16　交互系统UI结构图（学生界面）

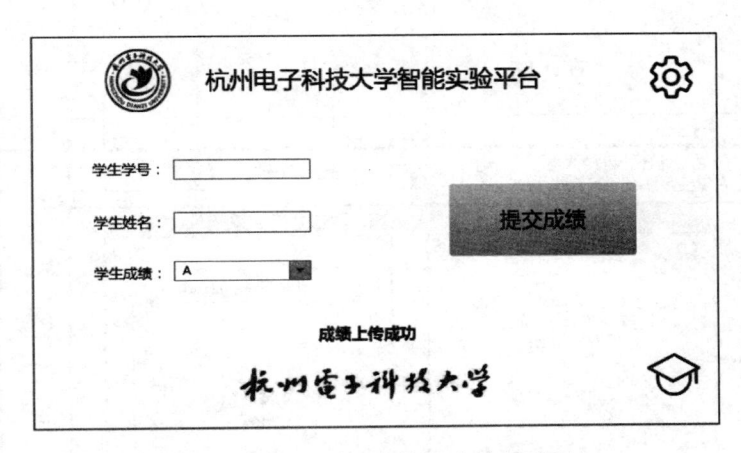

图4-17　交互系统UI结构图（教师界面）

（2）开发套件技术实现

本产品为便携式智能实验平台模块之一。安装方便，使用简单，拥有统一且丰富的接口资源。可方便地更改核心板型号、模块类型和数据输入输出接口。可以让用户方便地测量各个接口的输入输出情况。这作为实验平台，可以将用户从烦琐的接线、电源适配等简单劳动中解放出来，专注于实验本身。

核心板接口板集成了J-link下载调试器、CH340 USB转TTL串口模块，可以使用USB接口连接电脑，实现供电、代码下载和串口调试功能。引脚接口矩阵拥有200个排针接口，保证所有引脚都可连接。"金手指"接口保证了核心板方便更换，容易插拔且拥有良好的接触导电性。核心板接口板自带一块2.8寸触摸屏，可显示图形化界面和数据状态信息。

机电模块使用12V DC座供电以保证功率器件正常使用，使用L298N电机驱动芯片，可控制两个直流电机或一个两相步进电机。编码器可读取电机转速，方便控制电机。多个舵机或伺服器使用 PWM 控制，可实现多种功能。模块使用杜邦线连接排针的方式实现与核心板的连接。用户可方便地更改连接方式。

（3）智能测量技术实现

数据采集装置是一款为实验数据采集、数据分析、数据显示的智能产品，由 Digilent AnalogDiscovery2 和 PC 端组成。DigilentAnalogDiscovery2 是一个迷你型 USB 示波器和多功能仪器，可以让用户方便地测量、读取、生成、记录和控制各种混合信号电路。同时可以搭配 PC 端 LabVIEW 软件调用 DIGILENT 智能仪器基础硬件进行编程控制及用户界面设计的 API 函数来自行定制属于自己的智能仪器创新应用及创新仪器用户界面，例如函数信号发生器、电压表、示波器等。极大提高了工作效率，降低了开发成本，使用起来更加方便。智能测量系统布局图如图 4-18 所示。

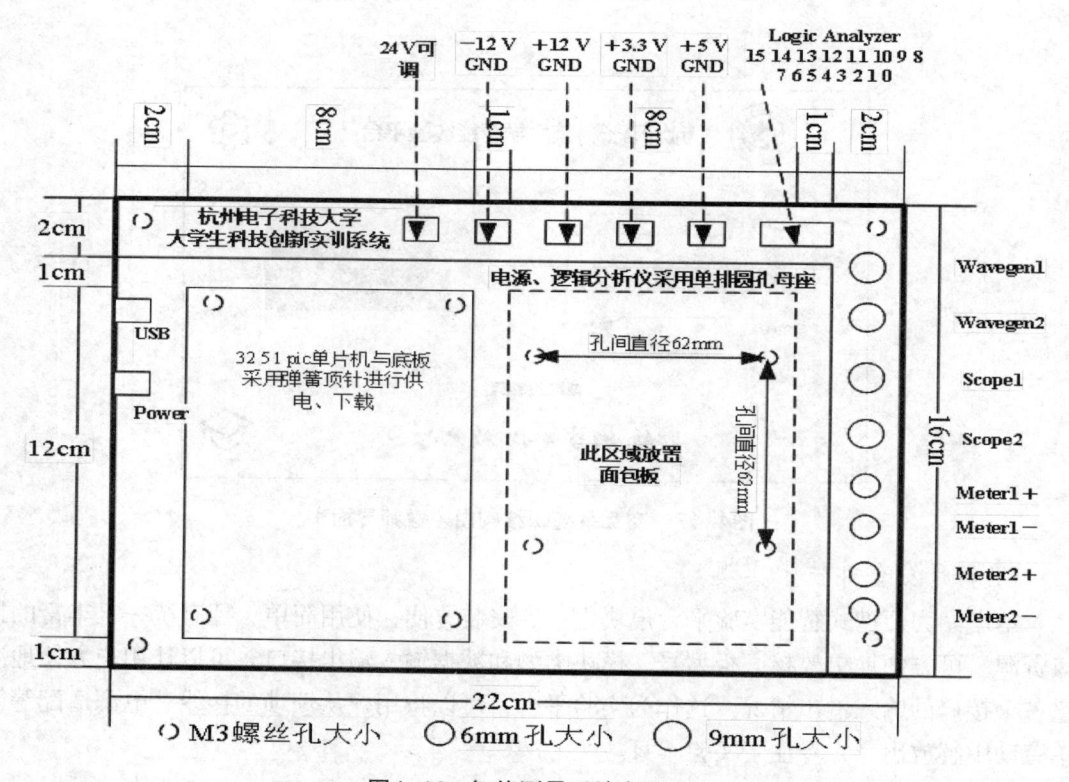

图 4-18 智能测量系统布局图

4.3.2 平台教学项目开发

4.3.2.1 教学项目库建设

建立教学项目库可以将各种竞赛的参赛项目资源收集起来，这些项目作为案例供同学学习借鉴，通过学习讨论启发发现新问题、新方法、新思路、新需求、新功能、新设计，从而为创新提供基础。如表 4-5 所示为部分教学项目库的列表。

表4-5　教学项目库部分项目列表

序号	项目名称
1	"婴育宝"——智能婴儿床
2	基于红外图像增强技术的森林火源检测装置
3	基于STM32的智能绿植护理机
4	基于树莓派的无人机光流定位系统研究
5	基于树莓派和神经网络的跨信道声纹识别门锁
6	基于STM32的安防智能小车
7	个性化智能生活管家
8	基于蓝牙的远程控制锁
9	可移动存储的多终端电子听诊器
10	"哆啦A梦的魔法箱"智能分类垃圾箱
11	"水润万家"智能饮水机
12	浮光掠音魔盒
13	基于STM32的宿舍安全综合系统
14	基于动力学智能识别的手机保护壳
15	智能家庭培植花盆
16	基于动态手势识别的远程机械臂控制系统
17	基于OpenCV的X射线图像处理
18	区域内机械手臂拾取物体
19	基于无人机的工业园区有害气体检测系统
20	基于阿里云的智能门窗
21	可穿戴设备的智能功耗分析平台
22	运输链可视化智能检测系统
23	基于BLE5.0 Mesh组网的数据储存与传递框架
24	基于机器视觉的火焰检测系统
25	基于FPGA的自定义可调视频采集处理系统
26	基于物联网和深度学习的智能防近视台灯
27	基于树莓派的多功能智能清扫小车
28	搭载舒曼波与负离子发生器的智能音箱
29	一种荷控忆阻器实验模型设计与实现
30	基于物联网的高风险人群实施健康与环境检测及应急保障系统
31	基于PYNQ的智能绘图机器人设计

续表

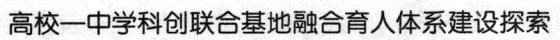

序号	项目名称
32	基于STM32的充电站智能监测套件
33	无线遥控爬墙车
34	基于NB-IoT的分布式多传感器森林火灾监测预警系统
35	基于STM32单片机的智能寝室控制
36	智能加热保温装置
37	基于STM32的自动扫描仪
38	室内定位懒人垃圾桶
39	加热型智能食品售货机的研究与改进
40	基于STM32的便携式家用激光雕刻机
41	基于STM32的垃圾桶智能语音识别分类设计
42	捡乒乓球机——基于FPGA的图像识别处理
43	基于STM32的饭店点餐系统
44	宠物自动喂食机
45	基于Lua和Js的智能可编程手表
46	基于STM32的天然气管道安全检测系统
47	基于Sub-G频段的组网系统设计与研究
48	智能酒店房门人脸识别系统
49	集中供热系统温度流量监测模块
50	基于树莓派的物联网滴灌系统
51	智能驾驶辅助预警系统
52	基于机器识别的指针式仪表识别系统
53	基于K66的无人监守点滴自动监控系统
54	基于K66的无人驾驶消防车
55	便携式无线室内外空气质量监测器
56	基于移动互联网络的远程遥控机器人
57	智能机械臂
58	基于阿里云的电力需求响应终端设计
59	垃圾分类智能垃圾箱
60	基于谐振式高校无线充电的智能蓝牙音箱
61	基于物联网的动态密码锁
62	石墨烯/磁性纳米颗粒复合材料的制备

续表

序号	项目名称
63	面向物联网的宝宝房甲醛监测空气净化系统
64	基于 STM32 的智慧公厕环境监测仪
65	高温振动检测用钛酸铋陶瓷的制备与压电物性研究
66	基于机器视觉的电力系统检测无人机
67	基于 FPGA 的卧床病人压疮预防系统
68	基于 FPGA 的老年人跌倒报警系统
69	基于 OpenMV 的污损条码识别技术研究
70	简易无线充电器的设计与制作
71	基于云控制平台的智能保险柜
72	基于 ZYNQ 的教学用 SDR 设备
73	基于视觉交互的触控投影系统设计
74	基于生物识别模块的无线门禁系统
75	灭火器智能监测装置与一体化物联网消防系统
76	基于 YOLOv3 深度学习的自动灭火系统研究
77	水中"漫步"
78	基于树莓派的智能交互式音乐喷泉
79	基于智能检测的全自动多功能医疗床
80	高功率脉冲电容用弛豫铁电体材料探索
81	基于 STM32 的自动调速兼人群跟踪风扇
82	基于深度学习的心电图（ECG）辅助识别
83	基于蓝牙 5.0 和微信小程序的家庭小型水生脊椎动物养殖和环境检测
84	基于 STM32 的智能家居系统
85	双目测距仪的研究与实现
86	基于树莓派的温度调节及婴儿监控系统
87	基于蓝牙通信的办公辅助手柄
88	无线射频物流信息采集系统
89	3D 纺织机器人电机阵列控制系统
90	给予无线充电技术与神经网络的无人驾驶
91	基于 FPGA 的脉冲神经网络的无监督分类学习
92	基于 FPGA 和全栈开发的智慧食堂系统
93	基于 SFM 的大场景三维重建系统

续表

序号	项目名称
94	智能仓储盘点系统
95	基于树莓派及深度学习的情绪感知调节系统
96	智能"机器人"
97	基于 NFC 技术的多场景智能锁
98	物流智能分拣整理运输小车
99	基于 RISC-V 的神经网络算法的手势识别系统
100	基于 FPGA 的人脸识别及加速
101	基于 FPGA 的智能家用药品存取箱
102	智能灯泡
103	一表非凡
104	基于 SPI 总线的针织横机多组步进电机联合控制系统
105	无线射频物流信息采集系统
106	基于毫米波雷达的室内人员定位和跌倒检测
107	基于组网系统和 Unity3D 的虚实结合仿真平台
108	面向物联网的宝宝房甲醛残余监测空气净化系统
109	优视——基于 FPGA 的超高清视频缩放转换器
110	忆阻器、忆容器、忆感器模型设计与实现
111	基于物联网技术的室内综合检测系统
112	LTCC 器件用低温烧结 W 型钡铁氧体的技术研究
113	基于可穿戴惯性传感器的可视化人体姿态检测系统
114	基于 STM32 与云端的智能自来水水质监测系统
115	基于深度学习的毫米波探测成像识别系统
116	基于 NB-IoT 和神经网络算法的森林火灾监测与火情预测系统
117	基于合成孔径雷达的灾后地形快速成像系统
118	穿戴式防止老年人摔倒的气囊系统设计
119	基于机器视觉的电力巡检无人机
120	基于 RISC-V 的神经网络算法的手势识别系统
121	基于 arm 处理器的饭店点餐系统
122	MOOOD——基于深度学习的感知调节系统
123	基于物联网和嵌入式系统的共享充电装置
124	基于卷积神经网络的夜间车载监控仪

4.3.2.2 教学案例设计

案例一 车载手势识别系统形态学处理设计及FPGA实现

【实验内容与任务】

使用 3×3、5×5、7×7 等结构元素，对二值化处理后的手势图像进行腐蚀、膨胀、开运算和闭运算等形态学处理。实验操作流程如图 4-19 所示。

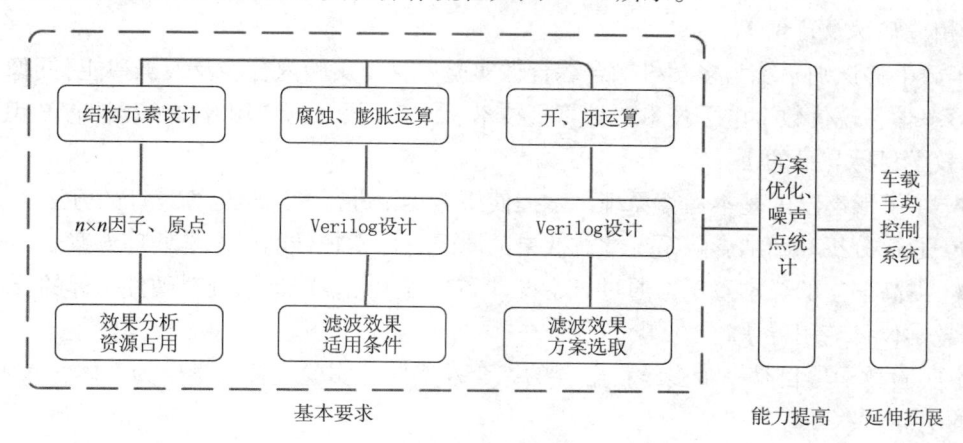

图4-19 实验操作流程

实验任务 1：结构元素选择。使用 3×3、5×5、7×7、9×9 和 11×11 共 5 类结构元素对二值化图像进行腐蚀操作。观察和比较使用不同结构元素达到的实验效果，同时查看 FPGA 平台在不同结构元素下所消耗的逻辑资源和存储器 RAM 资源。针对手势图像分析和选取合适的结构元素，并计算存储器 RAM 消耗的资源数量。

实验任务 2：根据实验任务 1 所选取的结构元素，对二值化图像进行单一的腐蚀和膨胀操作。根据观察到的实验效果归纳总结两种形态学操作各自的特点和适用范围；思考和讨论为达到更好的滤噪效果所需的有效操作途径。

实验任务 3：根据实验任务 1 所选取的结构元素，对二值化图像进行腐蚀和膨胀组合操作。先进行开运算即先腐蚀再膨胀，然后进行闭运算即先膨胀再腐蚀。根据观察到的实验效果归纳总结两种形态学操作各自的特点和适用范围；思考和讨论手势图像处理效果较佳的形态学运算方式。

上述实验内容其结果均不具有唯一性，学生需根据多样性的实验数据和实验效果进行分析和归纳，寻找针对当前图像最佳的形态学处理方案，并大胆尝试、探索推导形态学处理方案的规律性和普适性，从而达到综合能力的锻炼。

【实验过程及要求】

- 了解形态学图像处理的原理和适用范围。
- 掌握结构元素、腐蚀、膨胀、开、闭运算的 FPGA 实现方式。
- 使用 3×3、5×5、7×7、9×9 和 11×11 共 5 类结构元素对二值化图像进行腐蚀操作。
- 对二值化图像进行单一的腐蚀和膨胀操作。

- 对二值化图像进行腐蚀和膨胀组合操作。
- 观察不同形态学处理效果，分析系统所消耗的逻辑资源和存储器 RAM 资源。
- 归纳和分析噪声滤除效果及资源消耗情况，探讨手势二值图像的最佳形态学处理方案。
- 撰写实验设计总结报告，结合实物效果进行课程设计验收。

【相关知识及背景】

车载手势识别系统为多学科融合综合性实验项目。实验内容涉及人工智能、图像处理、数学形态学、现代数字电子技术、计算机技术、FPGA 设计与应用等多学科课程知识。

【教学目标与目的】

- 了解形态学的基本运算原理，掌握使用 FPGA 进行形态学运算设计的方法。
- 通过分析和归纳影响系统滤波效果的原因，探索较佳的形态学处理方案。
- 提高学生的成本意识，通过自主设计和算法优化，降低系统对硬件指标的要求。

【教学设计与引导】

本实验教学项目是一个多学科融合的综合性实验，实验过程以学生为主体，教师进行适当的引导。

实验教学：

- 教师演示往届优秀课程作品、学科竞赛获奖作品等，并指出这是身边同学设计的作品，引发学生的好奇心理和探究欲望。
- 简介车载手势控制系统的基本原理和应用场合，让学生体会到数字技术改变和影响我们的生活和学习，激发学生的学习兴趣。
- 教师引出话题，我们如何使用现有所学知识解决车载手势识别系统的核心技术难题——二值图像的形态学处理与 FPGA 实现，并让学生分组讨论。
- 总结学生讨论话题的基础上，简要介绍二值图像的形态学处理过程和如何使用现代数字电子技术进行 FPGA 设计实现。
- 学生分组完成结构元素的选取和分析、腐蚀和膨胀运算的设计、开运算和闭运算的设计三部分实验内容，组织优秀学生分享设计心得，全体讨论是否有改进方案。
- 学有余力的同学，进行扩展任务设计。

要点及难点引导：

如表 4-6 所示，实验内容分为三部分进行操作，教师对实验步骤中的要点及难点进行适当的引导，为学生指明设计方向。

表4-6　车载手势识别系统形态学处理设计及FPGA实现要点及难点

实验内容	实验要求	实验结果	难点引导
结构元素的选取和分析	使用 VerilogHDL 语言完成 3×3、5×5、7×7、9×9 和 11×11 共 5 类结构元素设计，使用上述结构元素对二值化图像分别进行腐蚀操作	下载硬件平台进行调试，比较和分析使用5类结构元素处理后的图像效果	针对图像处理效果进行分析，确定合适的结构元素

续表

实验内容	实验要求	实验结果	难点引导
腐蚀和膨胀运算的设计	使用 VerilogHDL 语言完成腐蚀和膨胀运算的设计，对二值化图像分别进行腐蚀和膨胀操作	下载硬件平台进行调试，分析图像处理效果，归纳总结各自的特点和适用	思考和讨论为达到更好的滤噪效果所需的有效操作途径
开运算和闭运算的设计	使用 VerilogHDL 语言完成开运算和闭运算的设计，对二值化图像分别进行开运算和闭运算	下载硬件平台进行调试，分析图像处理效果，归纳总结各自的特点和适用	思考和讨论手势图像处理效果较佳的形态学运算方式

【实验原理及方案】

实验原理：

对二值图像的数学形态学处理过程如图 4-20 所示。

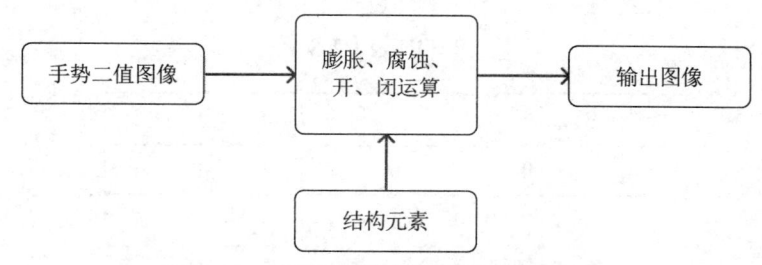

图 4-20 二值图像的数学形态学处理过程

输入的原始图像就是基于 H 值提取的二值图，该二值图像是基于图像肤色部分的轮廓，然后对轮廓里的部分进行膨胀、腐蚀、开、闭等数学形态学运算。

膨胀和腐蚀是所有符合形态变换或形态分析的基础。如果用 A 表示输入图像，B 便是结构元素，那么 B 对 A 进行膨胀的结果就是图像 A 相对于结构元素 B 的所有点平移 b（b 属于结构元素）后的并集，而腐蚀的结果是图像 A 相对于结构元素 B 平移 -b 后的交集，他们的数学表达式分别为：

膨胀运算：$A \oplus B = \{x, y \mid (B)_{xy} \cap A \neq \varnothing\}$ （4-1）

腐蚀运算：$A \cdot B = \{x, y \mid (B)_{xy} \subseteq A\}$ （4-2）

膨胀可以填充图像中比结构元素小的空洞，及在图像边缘出现的小凹陷部分，有对图像外部滤波的作用；腐蚀可以消除图像中小的成分，有对图像内部滤波的作用，并将图像缩小。

形态开、闭运算是膨胀和腐蚀的串行复合运算，它本身是最基本的形态滤波器，它们的数学表达式如下：

开运算：$A \circ B = (A \cdot B) \oplus B$ （4-3）

闭运算：$A \bullet B = (A \oplus B) \cdot B$ （4-4）

开运算是先腐蚀后膨胀，具有消除细小物体、在纤细处分离物体和平滑较大物体边界的作用。闭运算是先膨胀后腐蚀，具有填充物体内细小空洞，连接邻近物体和平滑物体边界的作用。

形态学图像处理的基本思想是利用一个称作结构元素的“探针”收集图像的信息。当探针在图像中不断移动时，便可考虑图像各个部分间的相互关系，从而了解图像的结构特征。结构元素是重要的、最基本的概念，它在形态变换中的作用相当于信号处理中的“滤波窗口”。对同一幅图像，结构元素不同，则处理的效果也不同，所以结构元素很重要。

FPGA 设计实现思路：

在 FPGA 中，常见膨胀的算法就是将一个 3×3 像素窗口内的像素进行“与”操作；同理膨胀即为“或”操作。

腐蚀算法过程如图 4–21 所示，将 3×3 窗口内像素进行相与的逻辑运算。实现了将结构元素单元内的杂点进行清除；若各个点用 Pn 来表示，则该算法表示为：

$$P1 = P11 \& P12 \& P13$$

$$P2 = P21 \& P22 \& P23$$

$$P3 = P31 \& P32 \& P33$$

$$P = P1 \& P2 \& P3$$

0	0	0	1	1	1	1	1	1
0	1	0	1	0	1	1	1	1
0	0	0	1	1	1	1	1	1

0	0	0	0	0	0	1	1	1
0	0	0	0	0	0	1	1	1
0	0	0	0	0	0	1	1	1

图4–21 腐蚀算法运算过程图

膨胀算法过程如图 4–22 所示，将 3×3 窗口内像素进行相或的逻辑运算。只要区域内出现一个需要的点，则经过运算之后，整个 3×3 方格内都会变成该点。

0	0	0	0	0	0	1	1	1
0	0	0	0	1	0	1	1	1
0	0	0	0	0	0	1	1	1

0	0	0	1	1	1	1	1	1
0	0	0	1	1	1	1	1	1
0	0	0	1	1	1	1	1	1

图4–22 膨胀算法运算过程图

【教学实施进程】

任务布置：

"数字系统课程设计"课程共 32 学时，"车载手势识别系统形态学处理设计及 FPGA 实现"实验共 8 个学时；学生通过教学网络管理平台提前了解实验任务及要求，学生两人一组，进行实验方案构思。

课前预习：

实验课程提前录制了实验教学视频并发布在学校网络教学平台，实验内容括仿真软件的操作使用、简单的仿真举例、仿真注意事项等内容，让学生提前熟悉实验操作并预习，完成实验方案的设计。

课堂实验：

实验教学采用"小班化实验教学模式"，每个实验班 20 名学生进行实验设计。

如图 4-23 所示，课堂实验以学生为主体，实验课上学生承担"讲解、补充、质疑"任务，教师承担"质疑、引导、归纳"任务，指导教师每周挑选两组优秀团队对实验设计进行讲解及心得分享。调动学习气氛，提升实验教学的趣味性、研究性及可研讨性。

图4-23 课堂实验教学场景

【实验考核】

采用"自主设计论文答辩"的实验考核模式，学生制作 PPT 进行实验项目汇报，并提交实验总结报告。实验考核注重实验的过程性，避免以实验考试定成绩的方式。关注学生实验报告质量的同时，更关注学生在综合设计性实验中所展示的积极性、团队合作意识和工程创新能力等。

【实验报告要求】

学生按实验教学任务要求,经过实验方案设计、教学视频观看、分组讨论实验操作、实验效果分析归纳等环节完成实验设计,对所设计的实验进行硬件调试、参数调整,给出系统优化方案,提交实验总结报告。

结构元素的选取和分析实验设计中需比较和分析使用 5 类结构元素处理后的图像效果,针对手势图像分析和选取合适的结构元素。腐蚀和膨胀运算的设计及研讨实验设计中需使用 VerilogHDL 语言完成腐蚀和膨胀运算的设计,思考和讨论为达到更好的滤噪效果所需的有效操作途径。开运算和闭运算的设计及研讨实验设计中需使用 VerilogHDL 语言完成开运算和闭运算的设计,思考和讨论手势图像处理效果较佳的形态学运算方式。报告要求如下:

①按照实验原理和实验步骤进行实验设计,完成实验后上传 Word 文档实验报告。

②实验报告文件命名格式为:姓名—学号—××××(实验名称).doc。

③报告内容至少应包含实验目的、实验仪器、实验原理、实验数据、实验总结、心得体会等部分。

【考核要求与方法】

考核方法:实验教学项目对学生的考核主要体现在"参与性、要点总结、实验拓展、文档资料表述"等方面。实验成绩由实验效果、生生互评、实验综合素养等组成。在整个项目实施过程中,引导学生充分关注操作行为规范、实验安全和职业伦理等问题。

考核时间节点:实验学时为 8 个课时数,第 2 个课时后进行结构元素的选取实验验收,第 4 个课时后进行腐蚀和膨胀运算实验验收,第 6 个课时后进行开运算和闭运算实验验收,第 8 个课时组织讨论和优秀作品分享。

考核标准:实验成绩 = 实验效果(40%)+ 总结报告(30%)+ 学生互评(15%)+ 实验行为规范(15%)。

实验项目根据学生报告的建议内容、学生问卷调查、实验组教师讨论意见、专家指导意见等多渠道收集反馈意见,对实验考核评价体系进行持续改进。

【项目特色或创新】

①实验内容涉及多课程知识,加强了学科之间的交叉融合;实验教学实现由单一实验技能锻炼向综合能力素养培养的转变。

②实验教学项目依托国家级虚拟仿真实验中心,构建跨越时间空间以及资源共享的实验教学环境;实验教学实现由固定场所向互联网场所的转变。

③通过算法演变,采用 VerilogHDL 语言编写,将深奥的手势识别技术和数学算法转化为基础的数字逻辑运算,满足本科阶段实验教学需求;实验教学实现复杂工程问题模块化,枯燥理论知识趣味化的转变。

案例二　基于FPGA的任意波形信号发生器设计

【实验内容与任务】

如图 4-24 所示，采用工程仿真软件 Quartus Ⅱ，首先完成简易正弦信号发生器设计；再完成包含正弦波、三角波、方波、锯齿波等任意波形信号发生器的设计；最后完成一个各种频率和相位成简单整数比的李萨如图形设计。实验设计操作过程由浅到深，逐级深入，在有限的实验教学课时数内完成复杂数字电子系统的设计。

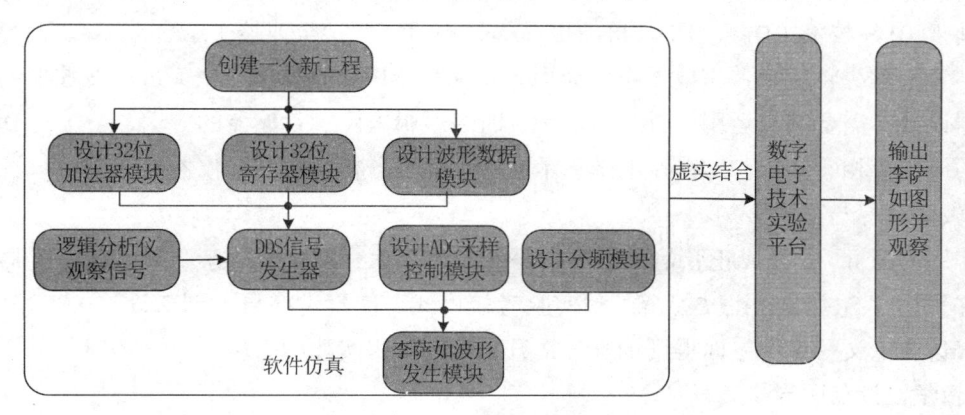

图4-24　实验内容流程框图

基本任务：

● 设计一个简易正弦信号发生器，输出频率为时钟频率的 1/256；

● 设计一个包含正弦波、三角波、方波、锯齿波等任意波形信号发生器，输出频率可调；

● 设计一个李萨如图信号发生器，并观察各种频率和相位生成简单整数比的李萨如图形。

扩展任务：

● 输出的信号波形可进行调幅操作；

● 用 VGA 显示观察输出的各类信号波形。

【实验过程及要求】

● 使用原理图、硬件描述语言或调用宏模块设计实现 32 位加法器；

● 使用原理图、硬件描述语言或调用宏模块设计实现 32 位寄存器；

● 设计并编写正弦波、三角波、方波、锯齿波等各类波形数据的 mif 文件；

● 利用 LPM 中的宏模块 ROM:1-PORT 生成波形数据 ROM 元件；

● 基于 32 位加法器、32 位寄存器和存有各类波形数据的 ROM 元件，设计 DDS 任意波形发生器顶层文件；

● 创建波形观察文件，设置合理的仿真参数，观察输出信号波形；

● 基于 DDS 任意波形发生器顶层文件自定义 DDS 元件；

● 设计状态译码器、控制译码器、状态寄存器，完成 ADC 采样控制电路的设计；

● 利用锁相环构成设计李萨如图信号发生器的分频电路；

● 基于 DDS 任意波形发生器、ADC 采样控制电路、分频电路，设计李萨如信号发生器顶层文件；

● 结合 FPGA 实验平台、示波器等，观察各种频率和相位生成简单整数比的李萨如图形；分析并验证电路设计的合理性。

【相关知识及背景】

基于 DDS 技术（Direct Digital Synthesizer，即直接数字合成器）结合 FPGA 实验平台，虚实结合，解决将复杂数字电子系统应用到实际教学中面临的难题，完成任意波形的信号发生器设计；需要综合运用组合逻辑电路、时序逻辑电路、存储器的应用、A/D 与 D/A 转换器的应用等相关知识，并涉及电源、示波器、逻辑分析仪等测量仪器的使用。

【教学目标与目的】

使用 Quartus Ⅱ 完成正弦信号发生器→任意波形信号发生器→李萨如信号发生器的设计；并采用"自主设计论文答辩"的实验考核模式，使学生在自主创新设计、工程协作、语言表达及论文写作等方面得到训练，提升学生的工程实践能力。

【教学设计与引导】

本教学项目是一个数字系统综合性设计实验，以工程实践和学科竞赛内容为背景，采用"自主设计论文答辩"进行实验验收和考核。

教学设计：

● 教师演示往届优秀课程作品、电子设计竞赛获奖作品等，并指出这是身边同学设计的作品，引发学生的好奇心理和探究欲望；

● 简介实验室的信号发生器、口袋测量仪器（采用"数字技术"产生信号），通过两代信号发生器的对比，让学生体会到数字技术改变和影响我们的生活和学习，激发学生的学习兴趣；

● 教师引出话题，我们如何使用现有所学知识设计一款任意波形信号发生器，并让学生分组讨论；

● 总结学生讨论话题的基础上，简要介绍 DDS 信号发生器的工作原理及基本组成结构；

● 学生分组完成正弦信号发生器→任意波形信号发生器→李萨如图信号发生器的设计，组织优秀学生分享设计心得，全体讨论是否有改进方案；

● 学有余力的同学，进行扩展任务设计。

要点及难点引导：

如表 4-7 所示，实验教学分为 11 步操作步骤，教师对实验步骤中的要点及难点进行适当的引导，为学生指明设计方向。

表4-7　任意波形信号发生器实验设计要点及难点

步骤	操作	结果	要点及难点引导
1	可用原理图、硬件描述语言、宏模块等方法设计32位加法器	32位加法器模块	比较多种设计方法的优缺点
2	可用原理图、硬件描述语言、宏模块等方法设计32位寄存器	32位寄存器模块	比较多种设计方法的优缺点
3	编写各类波形mif文件	正弦波、三角波、方波等mif文件	存储单元宽度与存储单元数的关系
4	设计波形数据ROM模块	ROM模块	多个ROM模块的选择
5	基于上述元件，设计包含正弦波、方波、三角波等任意波形发生器	DDS信号发生器	能够根据频率控制字、位数和时钟频率计算输出信号的频率
6	进行仿真测试、根据时序波形结果验证设计的正确性	时序仿真波形图	仿真参数的合理设置
7	自定义DDS元件模块	DDS信号发生器元件	如何生成自定义模块
8	设计ADC采样控制电路	采样控制电路元件	调节输入端的电压信号，实现DDS模块输出频率可调
9	设计分频器模块	分频器元件	时钟频率的选取
10	基于上述元件，设计李萨如信号发生器	李萨如信号发生器	如何生成自定义模块
11	虚实结合，进行任意波形及李萨如的观察与分析	产生任意波形及李萨如	硬件平台调试

【实验原理及方案】

信号发生器可提供各种不同频率、波形和输出电平信号。在有限的实验教学课时数内，采用传统的分立元件进行实验设计，难度大、精度低且稳定性难以保证。FPGA是专用集成电路（ASIC）领域中的一种半定制电路，具有设计灵活、周期短、高速和稳定等特点，是广泛使用的工业器件。应用FPGA设计电路，需要先使用相关软件进行电路设计、综合、布局及仿真，经性能仿真后，再下载到FPGA实验平台进行测试。

使用DDS技术和FPGA实验平台，虚实结合，可以设计完成输出任意波形的信号发生器，且频率稳定、精度高，解决了将复杂电子系统应用到实际教学中的难题。

DDS信号发生器原理框图如图4-25所示，由32位加法器ADDER32B、32位寄存器DFF32、正弦波形数据存储器SIN_DATA和ADC采样控制状态机四个模块构成。在电路仿真设计过程中，可以采用多种方法实现上述模块的设计。

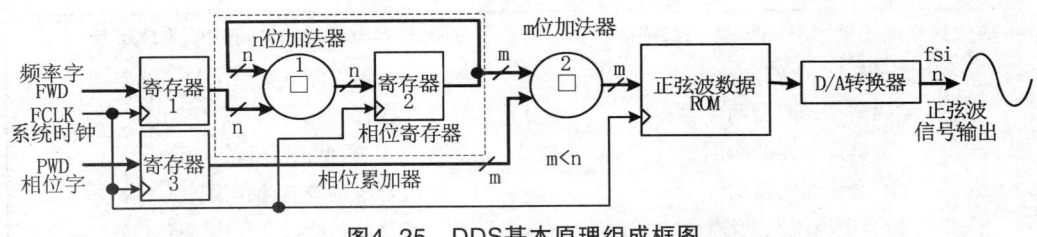

图4-25　DDS基本原理组成框图

加法器既可以采用门电路进行设计，也可以调用各种模块进行设计。以调用宏模块、设置参数的方法举例。调用可定制宏模块库中 LPM 的加 / 减算术模块 LPM_ADD_SUB，设置流水线结构，使其在时钟控制下有更高的运算速度和输入数据稳定性。寄存器模块主要用于存放 32 位数据，有多种实现方法，如使用宏模块 LPM_FF 或使用 32 个相连的 D 触发器。寄存器模块与加法器 ADDER32B 组成一个 32 位相位累加器。其中高 10 位作为波形数据存储器的地址。波形数据存储器可由 LPM 的 ROM:1 –PORT 构成，正弦波形数据 ROM 模块 SIN_ROM 的地址线位宽是 10 位，数据线位宽是 8 位，即其中一个周期的正弦波离散采样数据有 1024 个，每个数据有 10 位，输出的高 8 位接数模转换器 DAC0832 的数据输入端。ADC 采样控制状态机电路可由状态译码器、控制译码器、状态寄存器和锁存器构成。状态译码器根据状态编码和来自 ADC 的转换状态信息，决定状态走向；控制译码器负责向 ADC 输出控制信号；状态寄存器由 3 个 D 触发器组成。

利用 DDS 信号发生器、ADC 采样控制模块和锁相环模块，实现李萨如信号发生器，系统框图如图 4–26 所示。

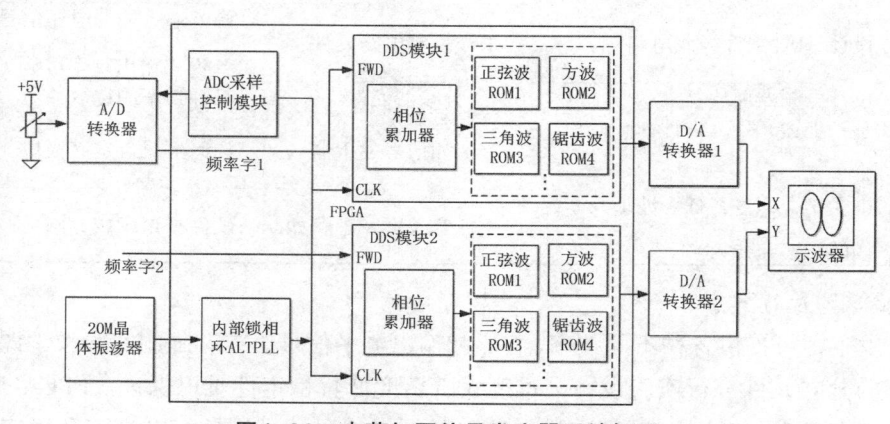

图4–26 李萨如图信号发生器系统框图

学生在电路设计完成后，代码下载到 FPGA 实验平台，将信号输出到示波器，观察实际的李萨如波形，体会和理解李萨如信号的意义和应用。

【教学实施进程】

数字电路实验通过课程改革，重构了适应新技术发展的数字电子技术课程体系，使课程设置和内容组织更为系统、合理。《现代数字电子技术基础实验》的实验教学内容比较如表 4–8 所示。

表4–8 实验教学内容

现代数字电子技术基础实验（改革前）	现代数字电子技术基础实验（改革后）
TTL 集成门电路参数测试	TTL 集成门电路测试与三态门
编码器、译码器的应用	编码器、译码器的应用
数据选择器的应用	数据选择器的应用
全加器的应用	组合电路的自动化设计（一）
组合逻辑电路的设计	组合电路的自动化设计（二）

续表

现代数字电子技术基础实验（改革前）	现代数字电子技术基础实验（改革后）
组合电路的软件仿真实验	触发器、计数器和移位寄存器的应用
触发器与计数器的应用	时序电路的自动化设计（一）
移位寄存器的应用	时序电路的自动化设计（二）
交通灯的控制系统设计	数字系统综合性实验
A/D、D/A 转换器的应用	

任务布置：

"现代数字电子技术基础实验"课程共 32 学时，分 9 个实验项目；任意波形信号发生器的设计是一个数字系统综合性设计实验，安排在实验教学的最后一次课程，共 9 个学时；指导教师提前两周向学生布置数字系统综合性实验任务，学生三人一组，进行实验方案构思。

课前预习：

实验课程提前录制了实验教学视频并发布在学校网络教学平台，实验内容包括仿真软件的操作使用、简单的仿真举例、仿真注意事项等内容，让学生提前熟悉实验操作并预习，完成实验方案的设计。

课堂实验：

为达到更好的实验效果，课堂对实验人数进行了一定的限制，每个实验班最多允许 20 名学生进行实验设计。任意波形信号发生器的设计实验分三周进行，每周 3 个学时。第一周主要完成正弦信号发生器的设计，第二周主要完成包含正弦波、三角波、方波、锯齿波等任意波形信号发生器的设计，第三周主要完成李萨如信号发生器以及扩展任务的设计。

如图 4-27 所示，课堂实验以学生为主体，实验课上学生承担"讲解、补充、质疑"任务，教师承担"质疑、引导、归纳"任务，指导教师每周挑选两组优秀团队对实验设计进行讲解及心得分享。调动学习气氛，提升实验教学的趣味性、研究性及可研讨性。

图 4-27 课堂实验教学场景

【实验考核】

如图 4-28 所示，数字系统综合性实验采用"自主设计论文答辩"的实验考核模式，学生制作 PPT 进行实验项目汇报，并提交实验总结报告。实验考核注重实验的过程性，避免以实验考试定成绩的方式。关注学生实验报告质量的同时，更关注学生在综合设计性实验中所展示的积极性、团队合作意识和工程创新能力等。

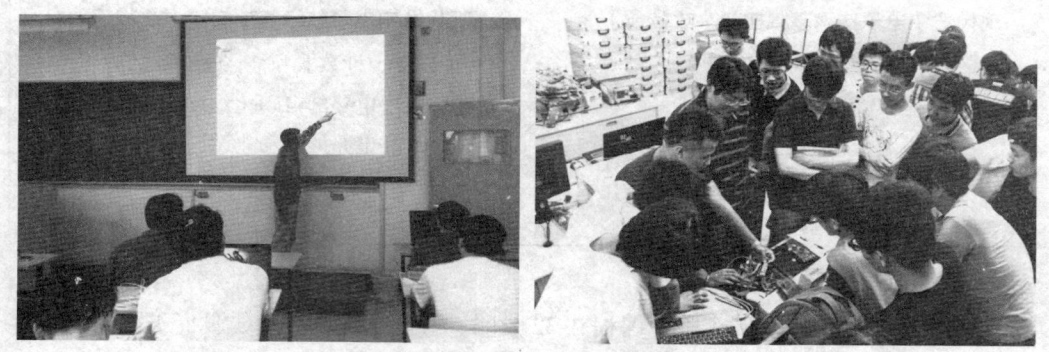

图4-28 自主设计论文答辩及验收

【实验报告要求】

学生按实验教学任务要求，经过选题申请、中期考核、实体平台测试、答辩汇报等环节完成实验设计，对所设计的实验进行测试验证，给出电路优化方案，提交实验总结报告。报告要求如下：

- 按照实验原理和实验步骤进行实验设计，完成实验后提交 Word 文档实验报告。
- 实验报告文件命名格式为：姓名—学号—××××（实验名称）.doc。
- 报告内容至少应包含摘要、引言、系统总体设计方案、分模块电路组成、时序仿真结果及分析、硬件平台下载调试、实验总结等。

【考核要求与方法】

任意波形信号发生器的设计属于综合设计性实验项目，采用"自主设计论文答辩"模式对实验设计进行验收和考核，除对仿真正确性、实物完成度、实验报告规范性等实验结果进行要求外，实验结果更注重发挥学生的自主性，从选题申报、开题审核、中期汇报、项目验收答辩等环节均以学生为主体，让学生去探索、去思考设计过程。

综合设计性实验成绩 = 实物验收（40%）+ 答辩（15%）+ 总结报告（30%）+ 创新性（10%）+ 实验行为（5%）；具体评分要求如表4-9所示。

表4-9 实验教学考核评价内容

类别	考核项目	考核评价内容
综合设计性实验	创新性、实验行为	学生分组申报课题设计目标及技术指标，教师审核并给予难度系数、创新性评分；并根据参与讨论程度、过程规范性，对实验行为进行评分
	验收和答辩	验收分为仿真验收和实物验收，教师根据实验结果及其达到的技术指标给予评分；答辩结合学生自述和教师提问的方式进行，教师给予评分；小组可合在一起答辩，但小组内每人的分工和贡献需表述清楚
	总结报告	教师根据学生撰写报告条理是否明白、逻辑是否合理、表述是否清楚、语言是否规范、内容是否有创新等方面进行评分

【项目特色或创新】

任意波形信号发生器功能设计中，设计方法具有多样性，可用原理图、硬件描述语言、宏模块等多种方法完成实验设计；在此基础上，学生还可以根据学习兴趣进行实验功能拓展。同时，实验项目以工程实践和学科竞赛内容为背景，采用"自主设计论文答辩"进行实验验收和考核；突出学生个性化学习，激发创新意识，提升工程实践能力。

4.4 实践教学套件建设

实践教学套件具有集成化和模块化的特性，套件分开是独立工作的模块，具有一定的具体功能且外围不需要复杂的搭建，只需要简单地进行接插连线即可工作；套件组合拼装起来，通过连线可以构成一个系统，具备构造一个科技作品所需的各个部分，从而完成一个项目的搭建。教学套件的最大优势是分散学习、组合工作、将开发的重点放在科技创新上，把实现的基础用套件来完成，便于高效地开发，实现设计理念。实践教学套件如图4-29所示，分为开发系统平台和系统设计模块两部分。开发系统平台常用的有 MSC51 开发平台、SMT32 开发平台、FPGA 开发平台和树莓派开发平台等，这里不作详细介绍；系统设计模块有摄像头模块、无线通信模块、飞行传感器模块、常用传感器模块、输入输出模块等，下面介绍教学套件的各个模块。

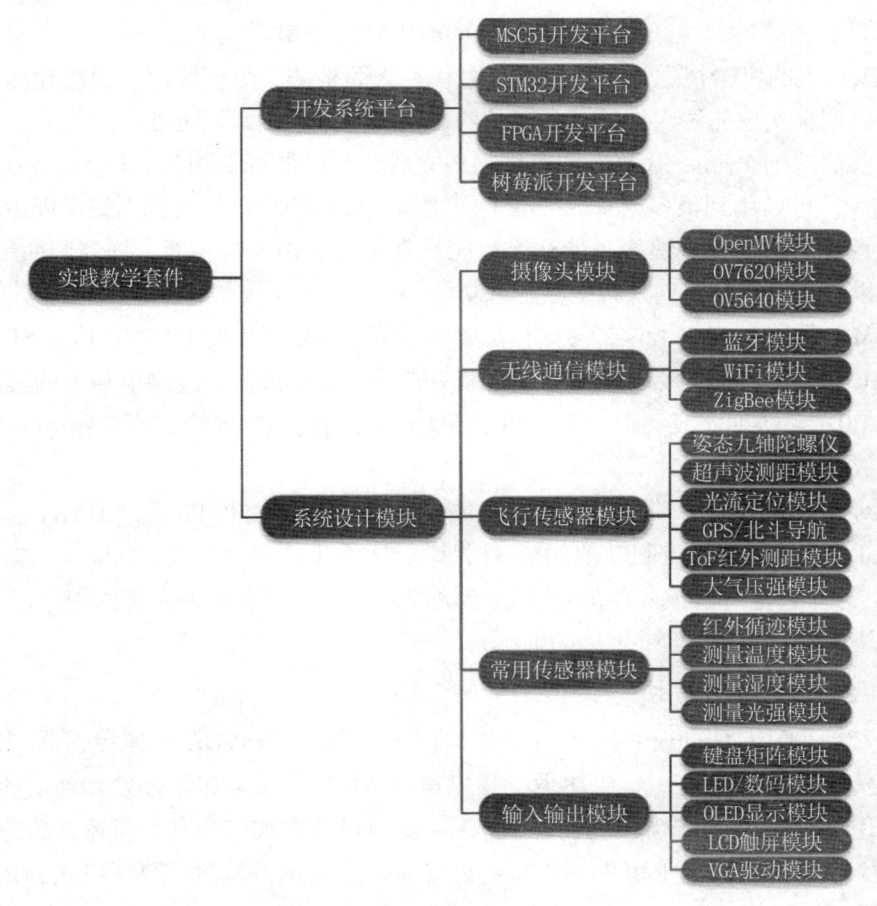

图4-29 实践教学套件组成图

4.4.1 摄像头模块

4.4.1.1 OpenMV 模块

OpenMV 是一个开源、低成本、功能强大的机器视觉模块，如图 4-30 所示，以 STM32F427CPU 为核心，集成了 OV7725 摄像头芯片，在小巧的硬件模块上，用 C 语言高效地实现了核心机器视觉算法，提供 Python 编程接口。使用者们可以用 Python 语言使用 OpenMV 提供的机器视觉功能，为自己的产品和发明增加有特色的竞争力。

图4-30 OpenMV模块实物图

OpenMV 上的机器视觉算法包括寻找色块、人脸检测、眼球跟踪、边缘检测、标志跟踪等。可以用来实现非法入侵检测、产品的残次品筛选、跟踪固定的标记物等。使用者仅需要写一些简单的 Python 代码，即可轻松地完成各种机器视觉相关的任务。小巧的设计，使得 OpenMV 可以用到很多创意的产品上。比如，可以给自己的机器人提供周边环境感知能力；给智能车增加视觉巡线功能；给智能玩具增加识别人脸功能，提高产品趣味性等；甚至，可以给工厂产品线增加残次品筛选功能等。

OpenMV 采用的 STM32F427 拥有丰富的硬件资源，引出 UART、I^{2}C、SPI、PWM、ADC、DAC 以及 GPIO 等接口方便扩展外围功能。USB 接口用于连接电脑上的集成开发环境 OpenMVIDE，协助完成编程、调试和更新固件等工作。TF 卡槽支持大容量的 TF 卡，可以用于存放程序和保存照片等。

OpenMV 的定位是"带机器视觉功能的 Arduino"。它可以通过 UART、I^{2}C、SPI、AsyncSerial 以及 GPIO 等控制其他的硬件，甚至是单片机模块，如 Arduino、RaspberryPi（树莓派）等。它也可以被其他的单片机模块控制。这个特点使得它可以很灵活地和其他流行的模块配合，实现复杂的产品功能。

4.4.1.2 OV7670 模块

OV7670 是 OV（OmniVision）公司生产的 1/6 寸的 CMOSVGA 图像传感器，如图 4-31 所示。该传感器体积小、工作电压低，提供单片 VGA 摄像头和影像处理器的所有功能。通过 SCCB 总线控制，可以输出整帧、子采样、取窗口等方式的各种分辨率 8 位影像数据。该产品 VGA 图像最高达到 30 帧 /s。用户可以完全控制图像质量、数据格式和传输方式。

所有图像处理功能过程包括伽马曲线、白平衡、饱和度、色度等都可以通过 SCCB 接口编程。OmmiVision 图像传感器应用独有的传感器技术，通过减少或消除光学或电子缺陷如固定图案噪声、托尾、浮散等，提高图像质量，得到清晰稳定的彩色图像。

OV7670 的特点有：

①高灵敏度、低电压适合嵌入式应用。

②标准的 SCCB 接口，兼容 IIC 接口。

③支持 RawRGB、RGB（GBR4：2：2，RGB565/RGB555/RGB444），YUV（4：2：2）和 YCbCr（4：2：2）输出格式。

④支持 VGA、CIF，和从 CIF 到 40×30 的各种尺寸输出。

⑤支持自动曝光控制、自动增益控制、自动白平衡、自动消除灯光条纹、自动黑电平校准等自动控制功能。同时支持色饱和度、色相、伽马、锐度等设置。

⑥支持闪光灯。

⑦支持图像缩放。

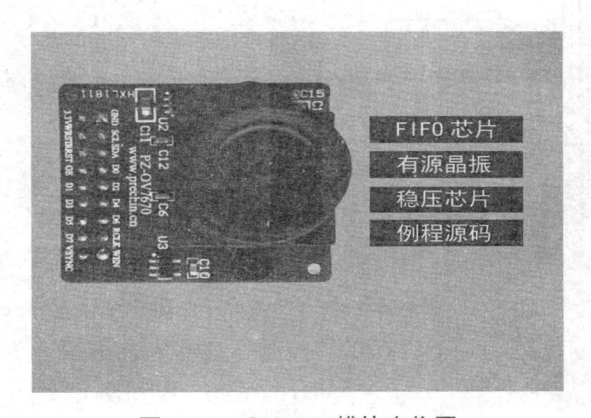

图4-31　OV7670模块实物图

4.4.1.3　OV5640 模块

OV5640 模块实物见图 4-32 所示，该摄像头主要由镜头、图像传感器、板载电路及下方的信号引脚组成，其功能框图如图 4-33 所示。镜头部件包含一个镜头座和一个可旋转调节距离的凸透镜，通过旋转可以调节焦距，正常使用时，镜头座覆盖在电路板上遮光，光线只能经过镜头传输到正中央的图像传感器，它采集光线信号，然后把采集得的数据通过下方的信号引脚输出数据到外部器件。图像传感器是摄像头的核心部件，上述摄像头中的图像传感器是一款型号为 OV5640 的 CMOS 类型数字图像传感器。该传感器支持输出最大为 500 万像素的图像 (2592×1944 分辨率)，支持使用 VGA 时序输出图像数据，输出图像的数据格式支持 YUV(422/420)、YCbCr422、RGB565 以及 JPEG 格式，若直接输出 JPEG 格式的图像时可大大减少数据量，方便网络传输。它还可以对采集得的图像进行补偿，支持伽马曲线、白平衡、饱和度、色度等基础处理。根据不同的分辨率配置，传感器输出图像数据的帧率从 15 ~ 60 帧可调，工作时功率在 150 ~ 200MW。

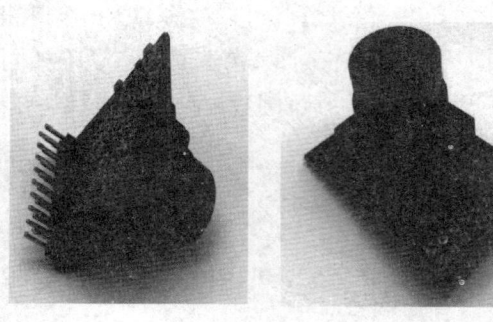

图4-32　OV5640模块实物图

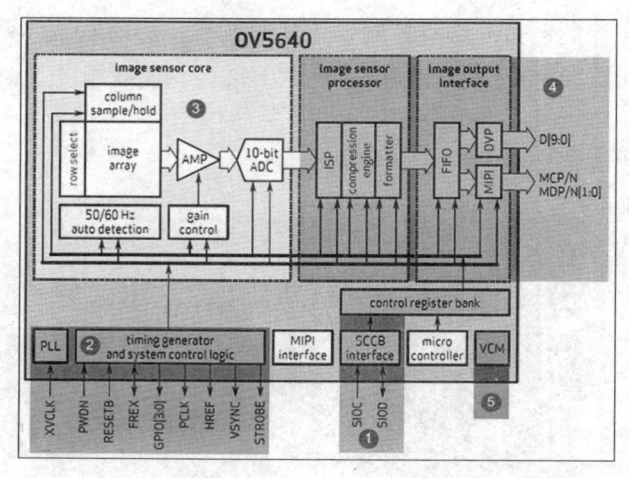

图4-33　OV5640功能框图

　　控制寄存器：标号①处的是OV5640的控制寄存器，它根据这些寄存器配置的参数来运行，而这些参数是由外部控制器通过SIO_C和SIO_D引脚写入的，SIO_C与SIO_D使用的通信协议跟I^2C十分类似，在STM32中我们完全可以直接用I^2C硬件外设来控制。

　　通信、控制信号及时钟：标号②处包含了OV5640的通信、控制信号及外部时钟，其中PCLK、HREF及VSYNC分别是像素同步时钟、行同步信号以及帧同步信号，这与液晶屏控制中的信号是很类似的。RESETB引脚为低电平时，用于复位整个传感器芯片，PWDN用于控制芯片进入低功耗模式。注意最后的一个XCLK引脚，它跟PCLK是完全不同的，XCLK是用于驱动整个传感器芯片的时钟信号，是外部输入OV5640的信号；而PCLK是OV5640输出数据时的同步信号，它是由OV5640输出的信号。XCLK可以外接晶振或由外部控制器提供，若要类比XCLK之于OV5640就相当于HSE时钟输入引脚与STM32芯片的关系，PCLK引脚可类比STM32的I^2C外设的SCL引脚。

　　感光矩阵：标号③处的是感光矩阵，光信号在这里转化成电信号，经过各种处理，这些信号存储成由一个个像素点表示的数字图像。

　　数据输出信号：标号④处包含了DSP处理单元，它会根据控制寄存器的配置做一些基本的图像处理运算。这部分还包含了图像格式转换单元及压缩单元，转换出的数据最终通过 Y0-Y9 引脚输出，一般来说我们使用 8 根数据线来传输，这时仅使用 Y2-Y9 引脚。

数据输出信号：标号⑤处为 VCM 处理单元，可通过图像分析来实现图像的自动对焦功能，要实现自动对焦还需要下载自动对焦固件到模组。

4.4.2 无线通信模块

4.4.2.1 蓝牙模块

蓝牙 HC05 是主从一体的蓝牙串口模块，如图 4-34 所示，当蓝牙设备与蓝牙设备配对连接成功后，我们可以忽视蓝牙内部的通信协议，直接将蓝牙当作串口用。当建立连接，两设备共同使用同一通道也就是同一个串口，一个设备发送数据到通道中，另外一个设备便可以接收通道中的数据。

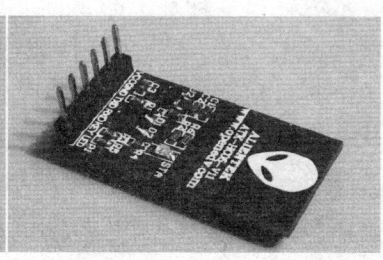

图4-34 蓝牙HC05模块实物图

4.4.2.2 WiFi 模块

WiFi 模块如图 4-35 所示，可分为三类：

①通用 WiFi 模块，比如，手机、笔记本、平板电脑上的 USB 或者 SDIO 接口模块，WiFi 协议栈和驱动是在安卓、Windows、IOS 的系统里运行的，是需要非常强大的 CPU 来完成其应用。

②路由器方案 WiFi 模块，典型的是家用路由器，协议和驱动是借助拥有强大 Flash 和 Ram 资源的芯片加 Linux 操作系统。

③嵌入式 WiFi 模块，32 位单片机，内置 WiFi 驱动和协议，接口为一般的 MCU 接口如 UART 等。适合于各类智能家居或智能硬件单品。

很多厂家已经尝试将 WiFi 模块加入电视、空调等设备中，以搭建无线家居智能系统。实现 APP 的操控以及和阿里云、京东云、百度云等互联网巨头云端的对接，让家电厂家快速方便地实现自身产品的网络化智能化并和更多的其他电器实现互联互通。已实现的项目有：串口（RS232/RS485）转 WiFi、TTL 转 WiFi；WiFi 监控、TCP/IP 和 WiFi 协处理器；WiFi 遥控飞机、车等玩具领域；WiFi 网络收音机、摄像头、数码相框；医疗仪器、数据采集、手持设备；WiFi 脂肪秤、智能卡终端；家居智能化；仪器仪表、设备参数监测、无线 POS 机；现代农业、军事领域等其他无线相关二次开发应用。

图4-35　WiFi模块实物图

4.4.2.3　ZigBee 模块

ZigBee 是一种基于标准的远程监控、控制和传感器网络应用技术。为满足人们对支持低数据速率、低功耗、安全性和可靠性，而且经济高效的标准型无线网络解决方案的需求，ZigBee 标准应运而生。核心市场是消费类电子产品、能源管理和效率、医疗保健、家庭自动化、电信服务、楼宇自动化以及工业自动化。围绕 ZigBee 芯片技术推出的外围电路，称为"ZigBee 模块"，如图 4-36 所示，常见的 ZigBee 模块都是遵循 IEEE802.15.4 的国际标准，并且运行在 2.4GHz 的频段上，另外，欧洲的标准是 868MHz、北美是 915MHz。模块有两种通信模式：第一种为点对点通信模式，如图 4-37 所示，进行一对一的数据交换，第二种为广播通信模式，如图 4-38 所示，进行一对多的数据交换。

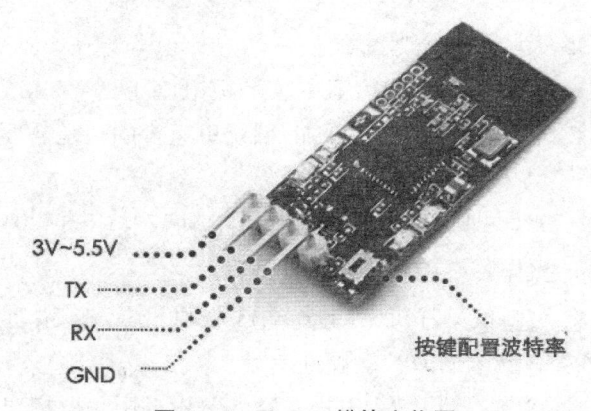

图4-36　ZigBee模块实物图

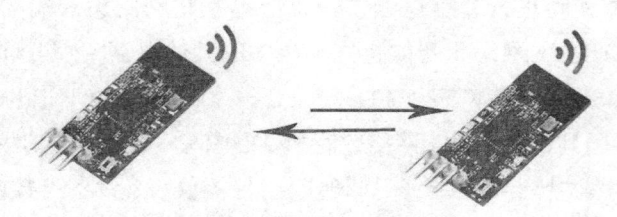

图4-37　ZigBee模块点对点通信模式示意图

图4-38　ZigBee模块广播通信模式示意图

4.4.3　飞行传感器模块

4.4.3.1　姿态九轴陀螺仪

姿态九轴陀螺仪如图4-39所示，其是三种传感器的组合：3轴加速传感器、3轴陀螺仪和3轴电子罗盘（地磁传感器）。三个部分作用不同，相互配合，是手机、平板电脑、游戏机等电子产品中常用的运动感测追踪元件，应用于各类软件、游戏中的交互控制。

加速传感器是测量空间中各方向加速度的。它利用一个"重力块"的惯性，传感器在运动的时候，"重力块"会对X、Y、Z方向（前后左右上下）产生压力，再利用一种压电晶体，把这种压力转换成电信号，随着运动的变化，各方向压力不同，电信号也在变化，从而判断手机的加速方向和速度大小。比如你突然把手机往前推，传感器就知道你是在向前加速了。

陀螺仪是一种用于测量角度以及维持方向的设备，在飞行游戏、体育类游戏和第一视角类射击等游戏中，可以完整监测游戏者手的位移，从而实现各种游戏操作效果。中间的转子在整个仪器的运动中，它因为惯性作用不受影响，而周边三个"钢圈"则会因为设备改变姿态而改变，通过这样来检测设备当前的旋转状态。其实，在手机等电子产品中的陀螺仪并不长这个样子。它和加速传感器一样也是一个微电子元件，利用科里奥利力，通过连续震动的振子在旋转系统中的运动偏移，改变电路状态，引起相关电参数的变化，从而可以反映出左右倾斜、前后倾斜和左右摇摆等运动情况。

利用加速传感器和陀螺仪，基本可以描述设备的完整运动状态。但是随着长时间运动，也会产生累计偏差，不能准确描述运动姿态，比如操控画面发生倾斜。电子罗盘（地磁传感器）利用测量地球磁场，通过绝对指向功能进行修正补偿，可以有效解决累计偏差，从而修正人体的运动方向、姿态角度、运动力度和速度等。

传感器需配合算法程序：九轴传感器作为集成化传感器模块，减少了电路板和整体空间，更适合用在轻巧便携的电子设备和可穿戴产品中。集成化传感器的数据准确度除了器件本身的精度外，还涉及焊接装配后的矫正，以及针对不同应用的配套算法。合适的算法可以将来自多种传感器的数据融合，弥补了单个传感器在计算准确的位置和方向时的不足，从而实现高精度的运动检测。

图4-39　MPU-9250姿态九轴陀螺仪模块实物图

4.4.3.2　超声波测距模块

超声波测距模块如图 4-40 所示，是用来测量距离的一种产品，通过发送和收超声波，利用时间差和声音传播速度，计算出模块到前方障碍物的距离。超声波测距模块有好多种类型，比较常用的有 URM37 超声波传感器默认是 232 接口，可以调为 TTL 接口，URM05 大功率超声波传感器测试距离能到 10m，算是测试距离比较远的一款了，另外还有比较常用的国外的几款 SRF 系列的超声波模块，如 US-100 带温度补偿双模式超声波测距模块，超声波模块精度能到 1cm。

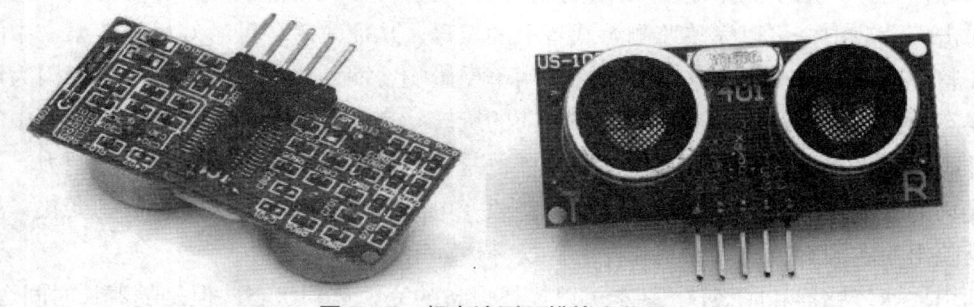

图4-40　超声波测距模块实物图

4.4.3.3　光流定位模块

光流是测速算法，并不是直接定位的。简单理解，光流就是通过检测图像中光斑和暗点的移动，来判断图像中像素点相对于飞行器的移动速度。如果地面是静止的，自然就可以得到飞行器相对于地面的移动速度。所谓光流定位，其实是利用光流测速再积分定位。光流定位模块如图 4-41 所示。

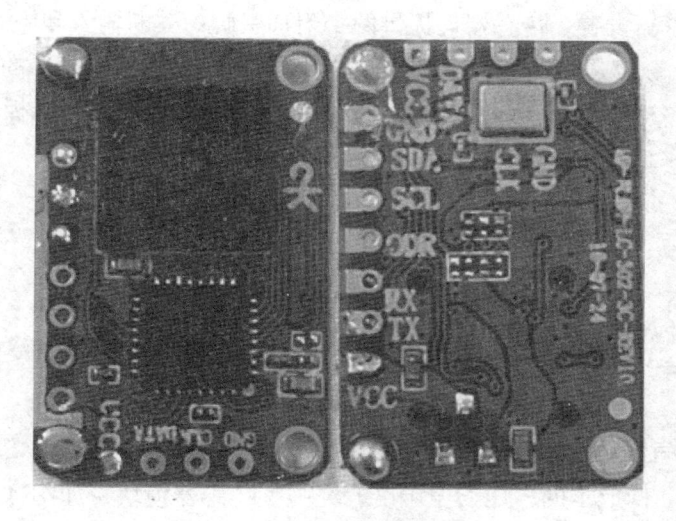

图4-41 光流定位模块实物图

4.4.3.4 GPS/北斗导航模块

北斗卫星导航系统建设目标是：建成独立自主、开放兼容、技术先进、稳定可靠的覆盖全球的北斗卫星导航系统，促进卫星导航产业链形成，形成完善的国家卫星导航应用产业、业支撑、推广和保障体系，推动卫星导航在国民经济社会各行业的广泛应用。中科院院士孙家栋更是说过，北斗系统的重中之重在于应用，要做到"天上好用，地上用好"。北斗卫星导航系统第一次实现了在民用航空领域的测试应用，其测试数据表明，国产相关系统的性能达到国外同类系统水平，其中瞬态和快速定位指标居国际领先地位。GPS/北斗导航模块如图4-42所示。

图4-42 GPS/北斗导航模块实物图

4.4.3.5 ToF 红外测距模块（图4-43）

ST Microelectronics 的 VL53L0X 是一个集成在紧凑型模块中的飞行时间测距系统。VL53L0 使用 ST 的 FlightSense 技术精确测量发射的红外激光脉冲到达小距离物体并反射回检测器所需的时间，因此它可以被认为是一个小型、自足的激光雷达系统。这种飞行时间（ToF）测量使得它能够精确地确定到目标物体的绝对距离，而物体的反射率不会极大地影响测量。传感器测量范围为 2m 的距离，分辨率为 1mm，但其有效范围和精度严重依赖于环境条件和目标特性以及传感器配置。测量范围通过传感器的 I^2C(TWI) 接口提供，该接口也用于配置传感器设置，传感器还提供两个附加引脚：关断输入和中断输出。VL53L0X 体积小，无引线，LGA 封装，使学生或爱好者难以使用。它还在 2.8V 的推荐电压下工作，这可能使工作在 3.3 V 或 5 V 的微控制器难以与之进行对接，可用分线板解决这些问题。

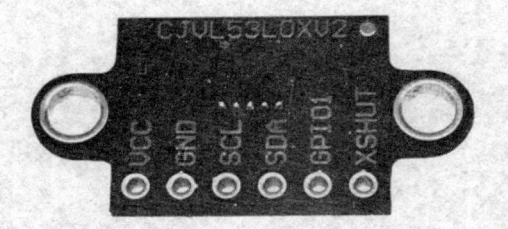

图4-43　ToF红外测距模块实物图

4.4.3.6　大气压强模块

GY-39 是一款低成本的气压、温湿度、光强度传感器模块，如图 4-44 所示，工作电压 3 ~ 5V，功耗小，安装方便。其工作原理是：MCU 收集各种传感器数据统一处理，直接输出计算后的结果，此模块有两种方式读取数据，即串口 UART（TTL 电平）或者 I^2C（2 线）。串口的波特率有 9600BPS 与 115200BPS，可配置，有连续、询问输出两种方式，可掉电保存设置。可适应不同的工作环境与单片机及电脑连接。模块另外可以设置单独传感器芯片工作模式，作为简单传感器模块，MCU 不参与数据处理工作。提供 Arduino、MCS51、STM32 单片机通信程序，不提供原理图及内部单片机源码，此 GY-39 模块另外赠送安卓手机软件 APP 查看数据，且支持 WiFi 局域内网连接，手机及电脑同时显示数据。

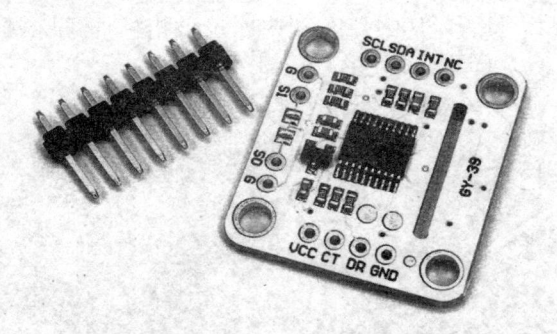

图4-44　GY-39大气压强模块实物图

4.4.4　常用传感器模块

4.4.4.1　测量温度模块

非接触测量温度模块如图 4-45 所示，特点和优点：体积小，成本低；用两种类型的针安装在断接板上；10k 上拉电阻 I^2C 接口与可选的焊料跳线；易于集成；在宽温度范围内校准的工厂；传感器温度为 -40 ~ +125℃；-70 ~ +380℃的物体温度；在较宽的温度范围内具有 0.5℃的高精度；高精度校准测量分辨率为 0.02℃；单区和双区版本；SMBus 兼容的数字接口；可定制的 PWM 输出，连续读取；简单的适应 8 ~ 16V 的应用；睡眠模式，减少电力消耗；不同的包装选项的应用和测量通用性。

应用例子：高精度非接触温度测量、用于移动空调控制系统的热舒适传感器、用于住宅、商业和工业建筑的空调挡风玻璃除雾的温度传感元件、汽车盲角检测、运动部件的工业温度控制、打印机和复印机的温度控制、有温度控制的家用电器、医疗保健、畜牧业监测、运动检测、多区域温度控制——最多 127 个传感器可以通过普通的 2 根电线读取、热继电器/警报、体温测量等。

图 4-45 测量温度模块实物图

4.4.4.2 测量湿度模块

AHT10 新一代温湿度传感器如图 4-46 所示，在尺寸与智能方面建立了新的标准：它嵌入了适于回流焊的双列扁平无引脚 SMD 封装，底面长 4mm、宽 5mm、高 1.6mm。传感器输出经过标定的数字信号，标准 I^2C 格式。AHT10 配有一个全新设计的 ASIC 专用芯片、一个经过改进的 MEMS 半导体电容式湿度传感元件和一个标准的片上温度传感元件，其性能已经大大提升甚至超出了前一代传感器的可靠性水平，新一代温湿度传感器，经过改进使其在恶劣环境下的性能更稳定。

图 4-46 测量湿度模块实物图

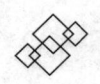

4.4.4.3 测量光强模块

紫外线强度检测传感器如图4-47所示，输出电流与光照强度成正比，产品输出具有非常高的一致性。传感器都有特定的光谱响应，该产品主要是针对太阳光中紫外线测量以及UVA灯强度测量，特别适合UVI的检测，具有良好的可见盲、光伏模式操作、高响应、低暗电流等特性。紫外线传感器可以利用光敏元件通过光伏模式和光导模式将紫外线信号转换为可测量的电信号，输出电流与光照强度成正比。输出电信号在通过运放放大后输出。

主要技术参数如下：光谱检测范围240～370nm；活性区域0.076mm^2；响应度0.14A/W；暗电流1nA；光电流101~125nA；UVA灯1mW/cm^2。

图4-47 测量光强模块实物图

4.4.4.4 红外循迹模块

红外循迹模块如图4-48所示，传感器采用TCRT5000，利用红外光探测，高灵敏度，抗干扰，性能稳定。

图4-48 红外循迹模块实物图

4.4.5 输入输出模块

4.4.5.1 键盘矩阵模块

键盘矩阵模块如图4-49所示，具有向开发平台输入数据、指令等功能，是人与单片机对话的重要手段。在单片机中应用最多的是独立式键盘和矩阵式键盘。本设计采用矩阵式键盘，也称为行列式键盘，用于按键数目较多的场合，与独立式键盘相比，要节省较多的 I/O 口。它由行线和列线组成，一组为行线，一组为列线，按键位于行列的交叉点上。矩阵键盘中无按键按下时，行域位于高电平状态；当有键按下时，行线电平状态将由与此行线相连的列线的电平决定。列线的电平如果为低，则行线电平为低；列线电平如果为高，则行线的电平也为高，这点是识别矩阵式键盘按键是否按下的关键所在。由于矩阵式键盘中行、列线为多键共用，各按键流将相互影响，所以必须将行、列信号配合，才能确定闭合键的位置。

图4-49 键盘矩阵模块实物图

4.4.5.2 LED/数码模块

TM1637 是 4 位数码管显示 LED 亮度可调模块，如图 4-50 所示，该模块是一个 12 脚的带时钟点的 4 位共阳数码管的显示模块，驱动芯片为 TM1637，只需 2 根信号线即可使单片机控制 4 位 8 段数码管。模块特点如下：

显示器件为 4 位共阳红字数码管；

数码管 8 级灰度可调；

控制接口电平可为 5V 或 3.3V；

4 个 M2 螺丝定位孔，便于安装；

图4-50 LED/数码模块实物图

4.4.5.3 OLED 显示模块

OLED(Organic Light-Emitting Diode) 有机发光二极管，如图 4-51 所示，称为有机激光显示、OLED 显示技术。具有自发光的特性，采用非常薄的有机材料涂层和玻璃基板，当有电流通过时，这些有机发光材料就会发光，而且 OLED 由于同时具备自发光不需要背光源、对比度高、厚度薄、视角广、反应速度快，可用于挠曲面板，使用温度范围广，结构及制程等优异。旧式的 1286 屏都是 LED 的，需要背光，功耗较高，而 OLED 的功耗低，更加适合小系统。由于两者发光的材料不同，在相同的环境中，OLED 的显示效果好，模块供电可以是 3.3V 也可以是 5V，不需要修改模块电路，OLED 屏具有多个控制指令，操作方便，功能丰富，可显示汉字、ASCI、图案等，同时为了方便应用在产品上，预留 4 个 M3 固定孔，方便用户固定在机壳上。

图4-51　OLED显示模块实物图

4.4.5.4 LCD 触屏模块

LCD 为英文 Liquid Crystal Display 的缩写，即液晶显示器，是一种数字显示技术，可以通过液晶和彩色过滤器过滤光源，在平面面板上产生图像。与传统的阴极射线管（CRT）相比，LCD 占用空间小，低功耗，低辐射，无闪烁，降低视觉疲劳。LCD 的构造是在两片平行的玻璃当中放置液态的晶体，两片玻璃中间有许多垂直和水平的细小电线，透过通电与否来控制杆状水晶分子改变方向，将光线折射出来产生画面。LCD 主要有两种类型：DSTN(双层超扭曲向列) 和 TFT(薄膜晶体管)，也就是大家常说的被动和主动屏。LCD 由以下几层构成并按下面的顺序排列：极性过滤器、薄玻璃板、电极、配列层、液晶、配列层、电极、薄玻璃板、极性过滤器。

TFT 是由薄膜晶体管组成的屏幕，它的每个液晶像素点都是由集成在像素点后面的薄膜晶体管来驱动，显示屏上每个像素点后面都有四个（一个黑色、三个 RGB 彩色）相互独立的薄膜晶体管驱动像素点发出彩色光，可显示 24 位色深的真彩色，可以做到高速度、高亮度、高对比度显示屏幕信息。TFT LCD 是目前最好的 LCD 彩色显示设备之一，其效果接近 CRT 显示器，是现在笔记本电脑和台式机上的主流显示设备，也在嵌入式系统领域中广泛应用。它是属于有源矩阵显示器。

触摸屏系统实物图如图 4-52 所示，一般包括两个部分：触摸检测装置和触摸屏控制器。触摸检测装置安装在显示器屏幕前面，用于检测用户触摸位置，接收后送触摸屏控制器；触摸屏控制器的主要作用是从触摸点检测装置上接收触摸信息，并将它转换成触点坐标，再送给 CPU，它同时能接收 CPU 发来的命令并加以执行。触摸屏技术也经历了从低档向高档逐步升级和发展的过程。根据其工作原理，其目前一般被分为四大类：电阻式触摸屏、电容式触摸屏、红外线式触摸屏和表面声波触摸屏。

图4-52　LCD触屏模块实物图

4.4.5.5　VGA 驱动模块

显卡所处理的信息最终都要输出到显示器上，显卡的输出接口就是电脑和显示的桥梁，根据以前，只能接受模拟信号输入，这就需要显卡能输入模拟信号。VGA 接口就是显卡上输出模拟信号的接口，VGA(Video Graphics Array)接口，也叫 D-Sub 接口。虽然液晶显示器可以直接接收数字信号，但为了兼容性，大多数液晶显示器也配备了 VGA 接口。VGA 接口是一种 D 型接口（D-Sub），上面共有 15 针，分成三排，每排五个，如图 4-53 所示。

图4-53　VGA驱动模块实物图

4.5 科创方法及能力培养

4.5.1 创新查询法

创新思维的训练离不开环境，集思广益是不断地建立自身创新思维的一种好方法，如何对大家的想法进行查找收集呢？这里介绍一种方法供大家借鉴，这种方法可以由几个小工具来完成。下面我们分别介绍一下这几个在查找创新思维时用到的小工具。

4.5.1.1 百度学术小工具

百度学术搜索是百度旗下的提供海量中英文文献检索的学术资源搜索平台，2014年6月初上线。涵盖了各类学术期刊、会议论文，旨在为国内外学者提供最好的科研体验。

"世界很复杂，百度更懂你"，百度学术搜索可检索到收费和免费的学术论文，并通过时间筛选、标题、关键字、摘要、作者、出版物、文献类型、被引用次数等细化指标提高检索的精准性。百度学术搜索频道还是一个无广告的频道，页面简洁大方保持了百度搜索一贯的简单风格。

在百度学术搜索页面下，会针对用户搜索的学术内容，呈现出百度学术搜索提供的合适结果。用户可以选择查看学术论文的详细信息，也可以选择跳转至百度学术搜索页面查看更多相关论文。

在百度学术搜索中，用户还可以选择将搜索结果按照"相关性""被引频次""发表时间"三个维度分别排序，以满足不同的需求。

有业内观察人士指出，随着中国科学技术的不断发展和教育水平的逐步提高，对专业性文献资料的需求也呈现出爆炸式的增长速度。任何一家文献网站都无法覆盖所有的文献资料，这就使得用户在搜索过程中投入的时间、精力成本不断增加。百度学术搜索功能的推出，就像在各文献网站中架设起了错落有致的桥梁，使得用户可以随意穿梭，最快找到自己需要的文献资料，极大地降低了搜索的成本；而对于专业学术网站，丰富的内容也找到了最大化的输出渠道。

百度学术搜索全面融合了互联网最优质的数据与应用内容，极大地提升了用户学术搜索体验，同样也促进了互联网大生态圈的良性发展。通过百度这一互联网第一入口对近5亿中国网民的全面覆盖，为学术型网站铺设服务普通大众的全新通道，在带给用户更卓越的服务体验的同时，也扩大了自身影响、促进了自身发展，同时百度学术搜索也为最终形成开放共赢、绿色健康、持续发展的学术分享新生态而努力。

利用百度学术（如图4-54所示），查找与你所要了解的关键字相关的期刊论文、学位论文和会议论文等。搜索到的信息（如图4-55所示），可以从发表时间、领域、期刊级别、获取方式、关键词、作者、期刊名称、机构等范围中进行精确搜索。

图4-54　百度学术搜索首页

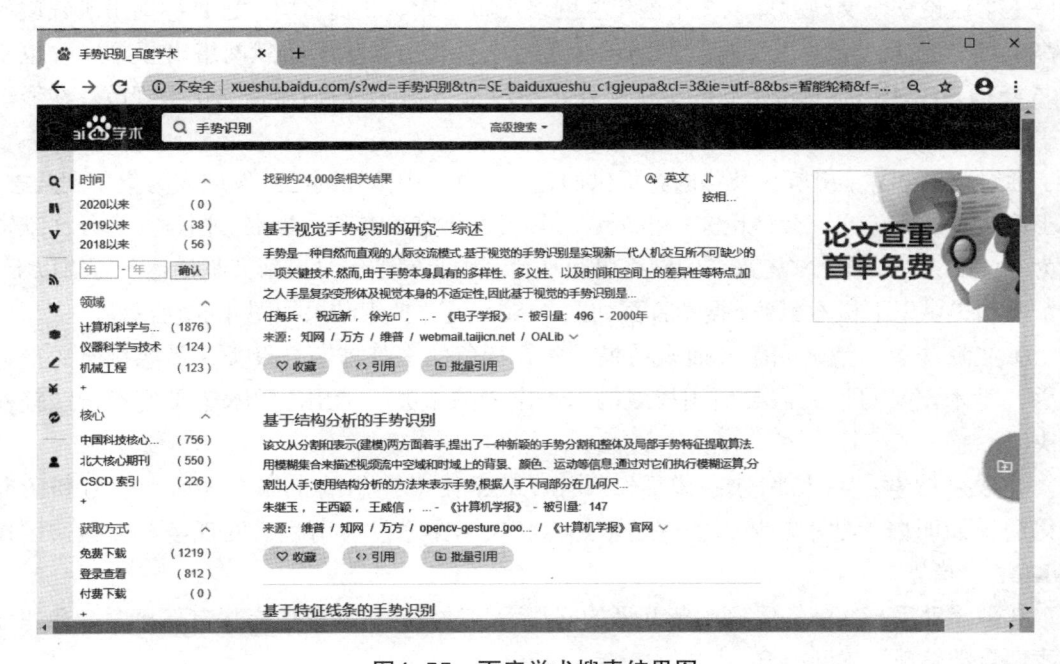

图4-55　百度学术搜索结果图

4.5.1.2　中国知网

知网的概念是国家知识基础设施（NationalKnowledgeInfrastructure，NKI），由世界银行于 1998 年提出。CNKI 工程是以实现全社会知识资源传播共享与增值利用为目标的信息化建设项目，由清华大学、清华同方发起，始建于 1999 年 6 月。在党和国家领导以及教育部、中宣部、科技部、新闻出版总署、国家版权局、国家发改委的大力支持下，在全国学术界、教育界、出版界、图书情报界等社会各界的密切配合和清华大学的直接领导下，CNKI工程集团经过多年努力，采用自主开发并具有国际领先水平的数字图书馆技术，建成了世界上全文信息量规模最大的"CNKI数字图书馆"，并正式启动建设《中国知识资源总库》及CNKI网格资源共享平台，通过产业化运作，为全社会知识资源高效共享提供最丰富的知识信息资源和最有效的知识传播与数字化学习平台（一般评定职称所说的中国期刊网，是中国知网）。

CNKI工程的具体目标：一是大规模集成整合知识信息资源，整体提高资源的综合和增值利用价值；二是建设知识资源互联网传播扩散与增值服务平台，为全社会提供资源共享、数字化学习、知识创新信息化条件；三是建设知识资源的深度开发利用平台，为社会各方面提供知识管理与知识服务的信息化手段；四是为知识资源生产出版部门创造互联网出版发行的市场环境与商业机制，大力促进文化出版事业、产业的现代化建设与跨越式发展。

凭借优质的内容资源、领先的技术和专业的服务，中国知网在业界享有极高的声誉，在2007年，中国知网旗下的《中国学术期刊网络出版总库》获首届"中国出版政府奖"，《中国博士学位论文全文数据库》、《中国年鉴网络出版总库》获提名奖。这是中国出版领域的最高奖项。国家"十一五"重大网络出版工程——《中国学术文献网络出版总库》也于2006年通过新闻出版总署组织的鉴定验收。2019年5月，"科研诚信与学术规范"在线学习平台在中国知网正式上线发布。

通过与期刊界、出版界及各内容提供商达成合作，中国知网已经发展成为集期刊杂志、博士论文、硕士论文、会议论文、报纸、工具书、年鉴、专利、标准、国学、海外文献资源为一体的、具有国际领先水平的网络出版平台。中心网站的日更新文献量达5万篇以上。

网站提供以下检索服务，搜索首页如图4-56所示，搜索结果如图4-57所示。

①文献搜索：精确完整的搜索结果、独具特色的文献排序与聚类，是您科研的得力助手，学术定义写论文需要引用权威的术语定义怎么办？CNKI学术定义搜索帮您轻松解决。

②数字搜索："一切用数字说话"，CNKI数字搜索让您的工作、生活、学习和研究变得简单而明白，学术趋势、关注学术热点，展示学术发展历程，发现经典文献，尽在CNKI学术趋势。

③翻译助手：文献、术语中英互译的好帮手，词汇句子段落应有尽有新概念。和您分享我们自动发现学术新概念。

④图形搜索：各专业珍贵的学术图片，研究成果和复杂流程的直观展现。

⑤表格搜索：各专业珍贵的学术图表，汇总、对比各类信息数据。

图4-56 中国知网搜索首页

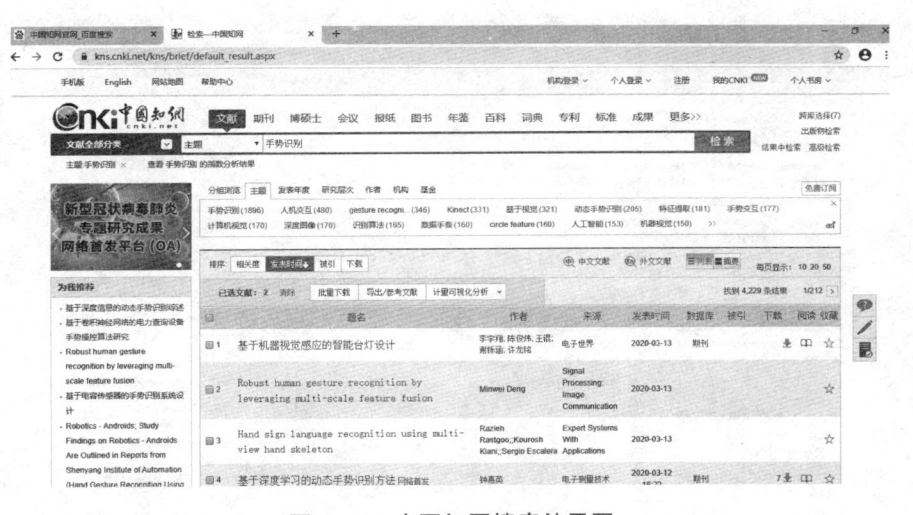

图4-57 中国知网搜索结果图

4.5.1.3 CSDN

中国专业 IT 社区 CSDN (Chinese Software Developer Network) 创立于 1999 年，首页如图 4-58 所示，致力于为中国软件开发者提供知识传播、在线学习、职业发展等全生命周期服务。包含原创博客、精品问答、职业培训、技术论坛、资源下载等产品服务，提供原创、优质、完整内容的专业 IT 技术开发社区。搜索结果图如图 4-59 所示。

旗下拥有专业的中文 IT 技术社区：CSDN.NET；移动端开发者专属 APP：CSDN APP、CSDN 学院 APP；新媒体矩阵微信公众号：CSDN 资讯、程序人生、GitChat、CSDN 学院、AI 科技大本营、区块链大本营、CSDN 云计算、GitChat 精品课、人工智能头条、CSDN 企业招聘；IT 技术培训学习平台：CSDN 学院；技术知识移动社区：GitChat；人工智能新社区：TinyMind；权威 IT 技术内容平台：《程序员》+ GitChat；IT 人力资源服务：科锐福克斯；IT 技术管理者平台：CTO 俱乐部。

-115-

图4-58　CSDN搜索首页

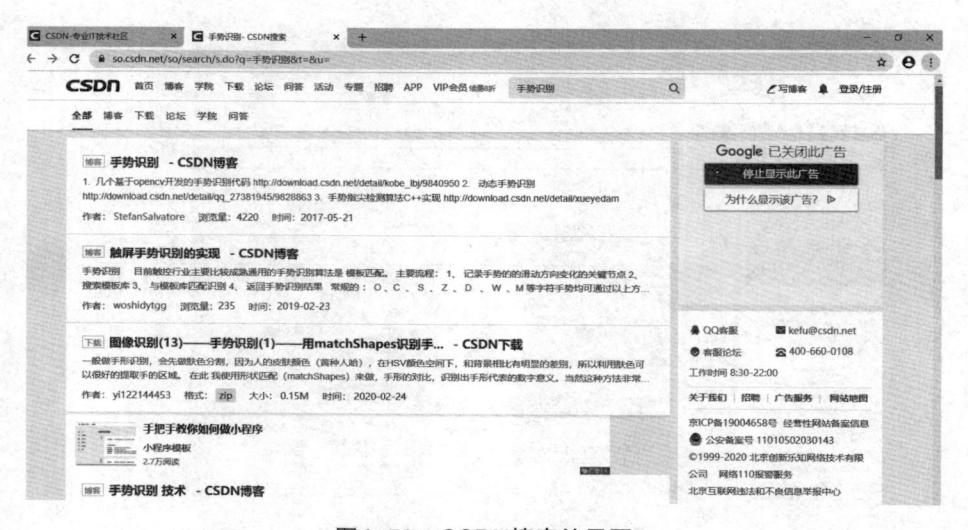

图4-59　CSDN搜索结果图

4.5.1.4　专利查询网

SooPAT 中的 Soo 为"搜索"，PAT 为"patent"，SooPAT 即"搜索专利"。正如其网站所宣称的那样，SooPAT 致力于做"专利信息获得的便捷化，努力创造最强大、最专业的专利搜索引擎，为用户实现前所未有的专利搜索体验"。SooPAT 本身并不提供数据，而是将所有互联网上免费的专利数据库进行链接、整合，并加以人性化的调整，使之更加符合人们的一般检索习惯。它和 Google 进行非常高效的整合，充分利用了人们对于 Google 检索的熟悉程度，从而更加方便使用。

例如，SooPAT 中国专利数据的链接来自国家知识产权局互联网检索数据库，国外专利数据来自各个国家的官方网站。SooPAT 不用注册即可免费检索，并提供全文浏览和下载，尤其对中国专利全文提供了免费打包下载功能，且速度极快，如果选择注册成为 SooPAT 的会员，还可以选择保存检索历史并进行个性化的设定。

SooPAT 查询首页如图 4-60 所示，搜索到的结果如图 4-61 所示。

图4-60　SooPAT专利搜索首页

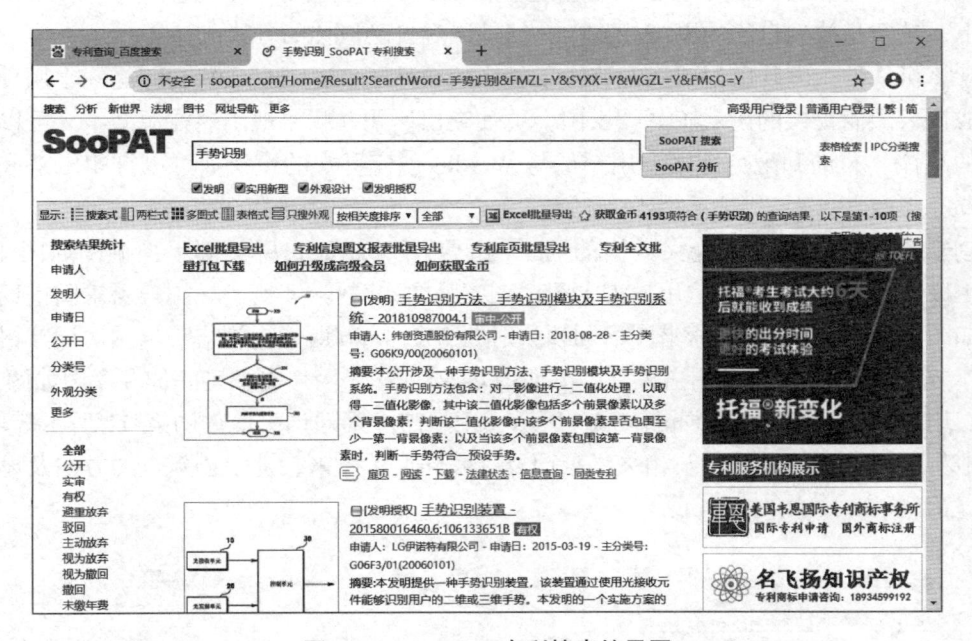

图4-61　SooPAT专利搜索结果图

4.5.1.5　词云

"词云"即由词汇组成类似云的彩色图形。这个概念由美国西北大学新闻学副教授、新媒体专业主任里奇·戈登（Rich Gordon）于近日提出。戈登做过编辑、记者，曾担任迈阿密先驱报（Miami Herald）新媒体版的主任。他一直很关注网络内容发布的最新形式，即那些只有互联网可以采用而报纸、广播、电视等其他媒体都望尘莫及的传播方式。通常，这些最新的、最适合网络的传播方式，也是最好的传播方式。因此，"词云"就是通过形成"关键词云层"或"关键词渲染"，对网络文本中出现频率较高的"关键词"做视觉上的突出。

词云图过滤掉大量的文本信息，使浏览网页者只要一眼扫过文本就可以领略文本的主旨。在教育、文化、计算机软件等领域有着广泛的应用。

教育：词云在外语学习中有着开拓式的应用。在优秀的最新电子学习网站中已经有使用人工智能方式辅助用户进行外语单词的学习。采用自动分析的方法，进行概率统计与分析后，提供给外语学习者相应的词汇表与词云图。教育工作者，可以利用Wordle工具加强学习。提取阅读整个信息的新重点，提供给学生，揭示关键概念并使用新的模式，看到以前看不到的新颖材料，预计这种工具会得到广泛的应用。词云有可能成为最新的计算机辅助外语学习的新形式。

文化：在小说阅读中，词云图会提示关键词和主题索引。方便用户在互联网上快速阅读。在娱乐中，变幻莫测的词云图给用户提供充分的想象空间和娱乐趣味。可以相互采用彩云图卡片进行教育与娱乐。也可以将这些词云图保存打印下来，或者印在T-Shirt、明信片上，甚至是放到自己的网络相簿内，都是展现自己极佳的方式。

计算机软件：国外已经研究并开发了相应的软件——Wordle。Wordle是一个用于从文本生成词云图而提供的游戏工具。云图会更加突出话题并频繁地出现在源文本。可以调整不同的字体、布局和配色方案。用图像与Wordle创建喜欢的模式。可以打印出来或储存与朋友一起欣赏。

创新点的构建可以围绕大数据的词云功能展开，比如长尾关键字挖掘图如图4-62、词云生成图如图4-63所示、用户需求图谱词频脑图如图4-64所示、用户需求图谱词频柱状图如图4-65所示、用户需求图谱词频放射图如图4-66所示、用户需求图谱词频树状图如图4-67所示、用户需求图谱关联脑图如图4-68所示、用户需求疑问词关联图如图4-69所示、用户需求高频词提取如图4-70所示、用户需求疑问词提取如图4-71所示等功能，直观地将所要查找的关键词及相关高频词及疑问词显示出来，提示创新点的方向及设计功能的提示。

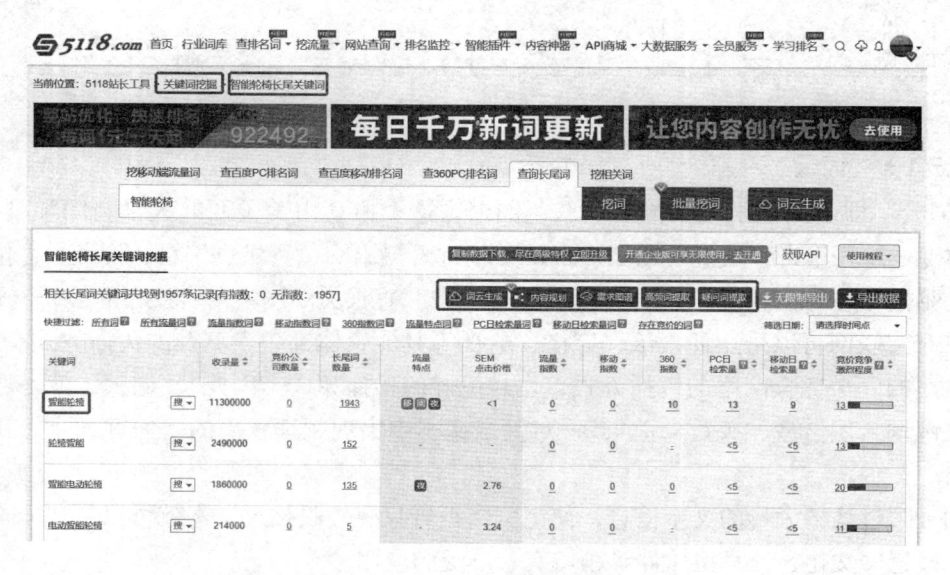

图4-62　长尾关键字挖掘图

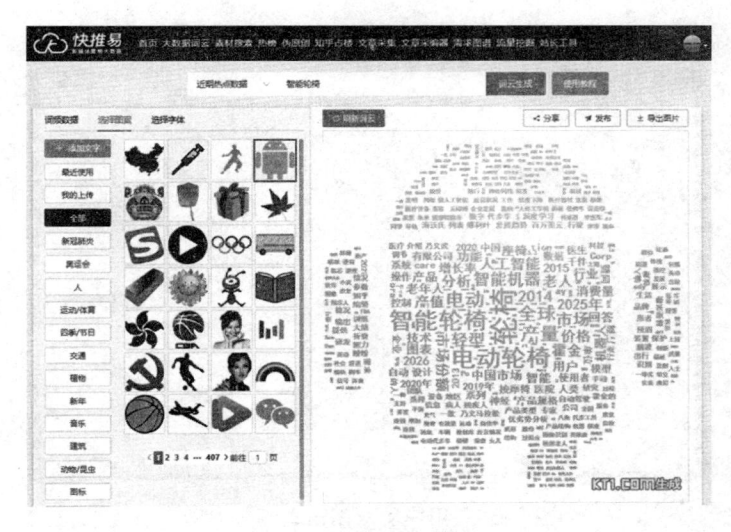

第 4 章　科创联合基地实践育人教学资源建设及应用

图4-63　词云生成图

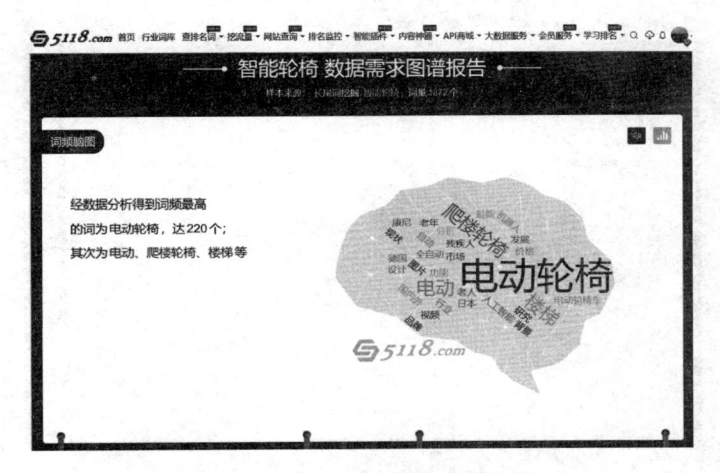

图4-64　用户需求图谱词频脑图

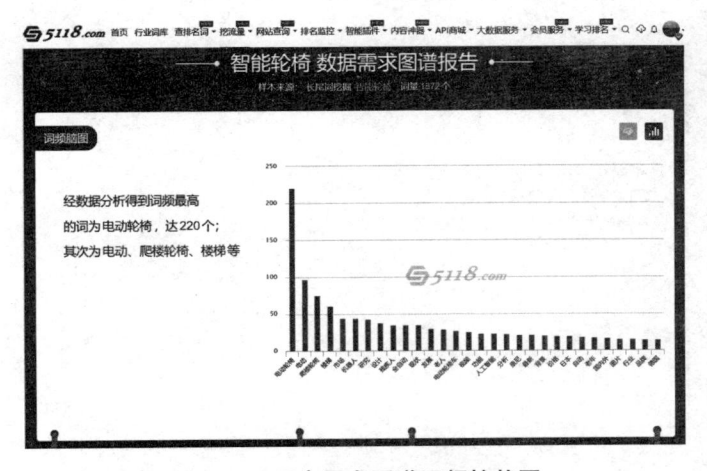

图4-65　用户需求图谱词频柱状图

-119-

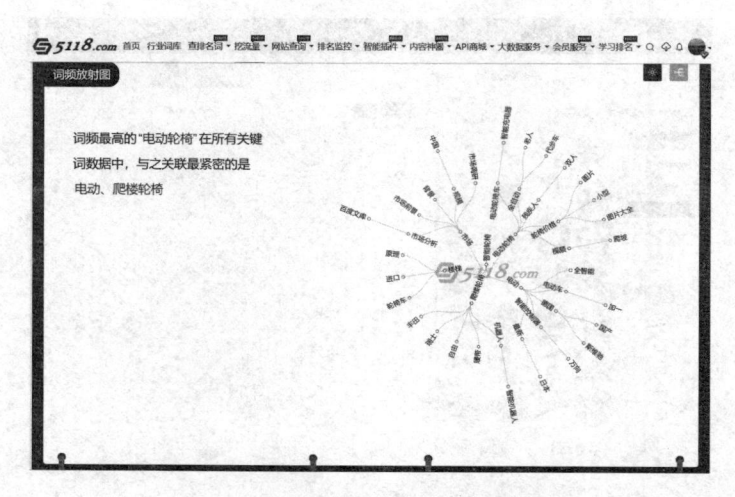

图4-66　用户需求图谱词频放射图

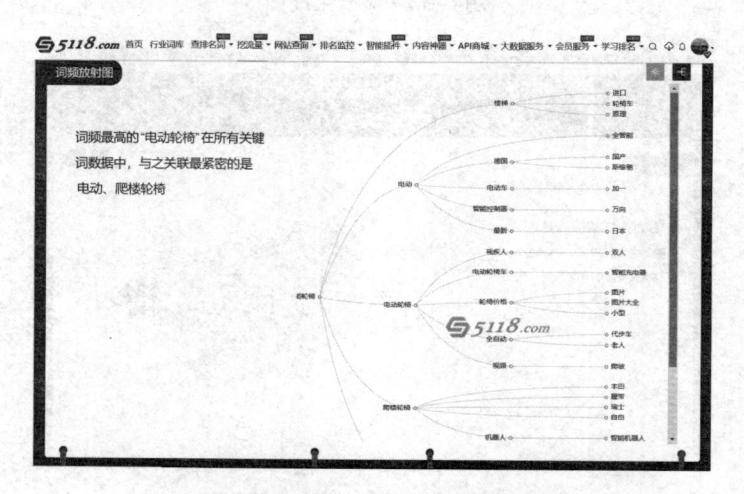

图4-67　用户需求图谱词频树状图

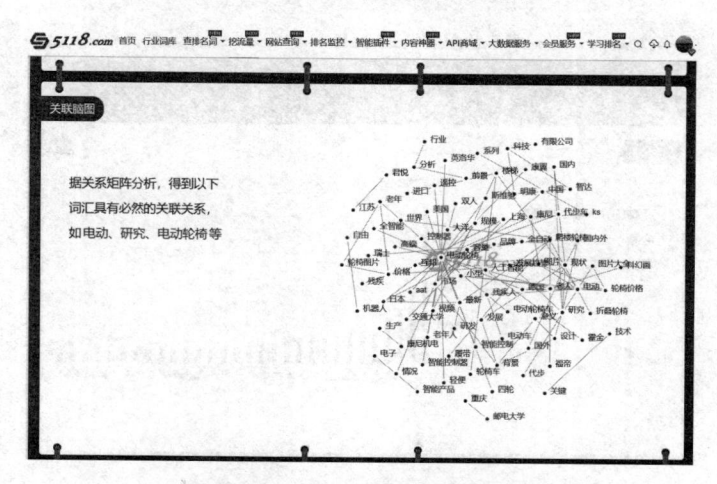

图4-68　用户需求图谱关联脑图

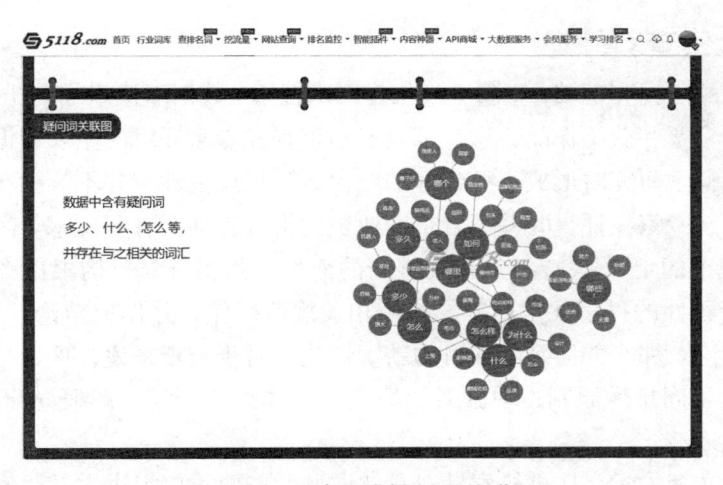

第 4 章　科创联合基地实践育人教学资源建设及应用

图4-69　用户需求疑问词关联图

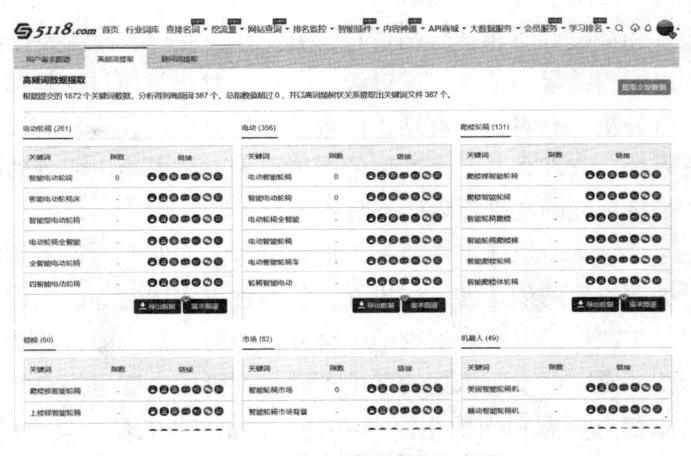

图4-70　用户需求高频词提取

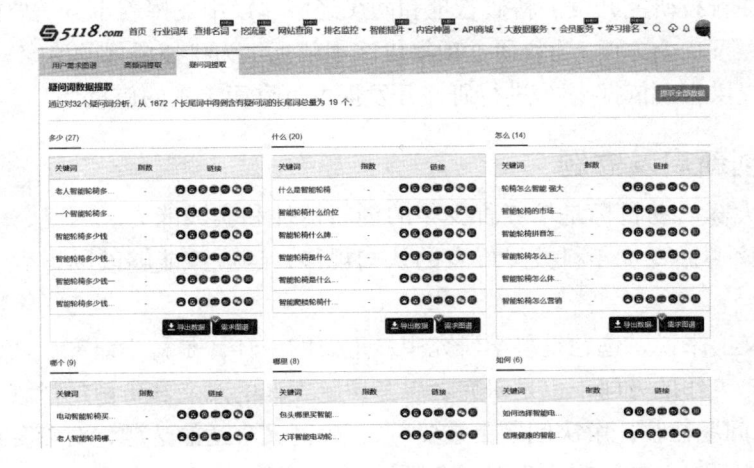

图4-71　用户需求疑问词提取

-121-

4.5.2 检索查新综述

查新是选题的前提和基础，查新不仅仅是网络搜索、数据库检索或委托专业机构查新，还应该查阅往届参赛和获奖作品，这些都是资格审查和专家评审的重要依据。查新的目的是培养学生在做科学研究时形成一种良好的习惯，增强规范性，并不鼓励花钱找专业机构简单出一个报告，专家在评审时并不看重专业机构报告，甚至有些反感。《科技查新规范》对查新作出了规范的定义："查新是科技查新的简称，是指查新机构根据查新委托人提供的需要查证其新颖性的科学技术内容，按照相关规范操作，并作出结论。"查新是对项目的新颖性作出结论。那么如何判断项目的新颖性呢？对于查新来说，项目是否存在新颖性的判断原则有：相同排斥原则；单独对比原则；具体概念否定一般概念原则；突破传统原则。

查新有别于文献检索。文献检索针对具体课题的需要，仅提供文献线索和文献，对课题不进行分析和评价，侧重于对相关文献的查全率。

查新是文献检索和情报调研相结合的情报研究工作，它以文献为基础，以文献检索和情报调研为手段，以检出结果为依据，通过综合分析，对查新项目的新颖性进行情报学审查，写出有依据、有分析、有对比、有结论的查新报告。因此，查新有较严格的年限、范围和程序规定，有查全、查准尤其是查准率的严格要求，要求给出明确的结论，查新结论具有鉴证性。这些都是单纯的文献检索所不具备的。

查新有别于专家评审。专家评审主要是依据专家本人的专业知识、实践经验以及所了解的专业信息，对被评对象的创造性、先进性、新颖性、实用性等作出评价。评审专家丰富的专业理论知识、实践经验以及对事物的综合分析能力，是一般科技情报人员难以具备和无法代替的。查新和专家评审所依据的基础不同，评价的内容也是有差异的。信息机构所具有的丰富的文献信息资源和现代化检索系统，情报专业人员所具有的一定学术水平、较宽的知识面和丰富的文献情报工作经验等优势，也是评审专家难以取代查新机构的原因。

查新工作在科技研究开发、科研管理和国民经济建设中发挥着十分重要的工作。具体说来，表现在以下三个方面：为科研立项提供客观依据；为科技成果的鉴定、评估、验收、转化、奖励等提供客观依据；为进行研究开发提供可靠而丰富的信息。

4.5.3 创新启发立题

科技创新大赛活动目标是培养青少年的创新精神和实践能力。因此，一个优秀的参赛项目不但应该遵循青少年科技爱好者的认知规律，还应该能够鼓励青少年首创和奇思妙想的。

从一定意义上来说，选题是科学研究中最重要的一环，是科学研究成功的起点，选题决定着后续研究工作的方向，也是研究者思考课题工作的意义和价值的过程。爱因斯坦曾经说过，"提出问题往往比解决问题更重要"。正确而又合适的选题，对参赛项目来说具有重要意义。选题不仅仅是给项目确定一个题目和简单地规定一个范围，选题的过程，是初步进行科学研究的过程。一个好的选题，需要经过多方思索、互相比较、反复推敲、精心策划。题目一经选定，也就表明作者头脑里已经大致形成了项目的轮廓。这是因为，在确定题目之前，作者总是先大量地接触、收集、整理和研究资料，从对资料的分析、选择中确定自己的研究方向，直到定下题目。选题可以决定项目的价值和效用。选题可以规划项目的研究方向，弥补知识储备不足。选题有利于提高青少年的研究能力。

科技创新大赛提出"三自"和"三性"的规则作为评审标准，其中"三自"是指：自己选题，自己设计和研究，自己制作和撰写。"三性"是指：科学性，创新性和实用性。就项目选题而言，首先要符合创新大赛的规则，即必须是由作者自己发现、提出、选择的，我们称为"自发性"，并且是以遵循科学性、创新性和实用性的原则为前提，同时还应适应青少年知识和技能，即选题还要遵循可行性。因此，选题要遵循"自发性、科学性、创新性、实用性、可行性"五个原则。

虽然掌握了选题的基本原则，青少年一旦进入到具体的科研选题往往还是不尽如人意，会觉得"题海茫茫"，自己依然无从下手，这恰恰说明科学探索的魅力，由第一次选题的不如意到如意的过程某种意义上就是在培养青少年的创新能力。下面，介绍八种常见的选题方法，供大家参考。

- 问题扫描法——从别人的论文、著作中选题。
- 疑问猜想法——从怀疑、猜想中选题。
- 悬案借用法——从学术争论的焦点中选题。
- 需求感知法——从社会现实问题的难点中选题。
- 偶然发现法——抓住科学探究过程中出现的"意外"。
- 科学验证法——从总结实践经验中选题。
- 变换角度法——从不同角度中选题。
- 课堂延伸法——从已有选题的挖掘拓展中选题。

总之，科研选题的方法很多，每个人都可以根据自己的具体情况，包括自己的兴趣点、特点等，采用适合自己的选题方法。值得强调的是：选题思路固然很重要，但须与个人实际能力结合，与自己及学校的具体情况结合，而且每个人的科研选题范围要有一定的系统性、连续性，没有目标的选题，其论文是难有深度的。

选题的误区也是大家在选题时需要避免，常见有选题缺乏新意；集中在热点问题的表面；找不准切入点；课题不切实际；选题过大或过小；选题笼统抽象等问题。青少年可以根据自己所处的环境，可能利用的实验条件，能够得到哪个领域的专家指导，来确定自己选题的角度，注意切入点应小：最好是小题大做，选择重要的小课题，捉住其本质和核心多方面多层次进行挖掘，有理有据地阐述自己的新观点，把一个重要的小问题彻底解决，论文就会有分量有价值。还要注意课题最好是半新型：就课题新旧程度而言，有全新型、半新型、较旧型课题之分，一般应选择半新型课题进行研究。选择已有一定研究成果的课题，寻找一个新颖的角度进行研究，加大其深度和广度。

选题时应当充分分析估计以下条件，以进行选题的可行性分析。第一，现实的主观条件。主要是指自身的知识结构、研究能力、对课题兴趣、理解程度、责任心等。第二，现实的客观条件。主要是指实验资料、研究条件、时间、协作条件等，对应用性课题，还应考虑到成果的开发、推广条件。第三，积极创造条件，除已具备的条件外，对那些暂不具备的条件，可以通过努力去创造。除了满足这些可行性分析的基本内容外，我们还可以从下面四个角度进行课题的可行性分析：

- 选题是否围绕自己兴趣的科学问题。
- 选题是否恰当地选择自变量和变量。
- 选题是否具有可测量性。
- 选题是否可以保证写作的顺利进行。

4.5.4 解决方案设计

自然科学项目往往是通过对科学问题的研究和探索的方式完成项目，工程学项目则主要针对具体的技术问题，以技术问题的解决或应用目标的实现作为项目完成的衡量标准。

"科学家试图了解自然运作的规律，工程师则创造前所未有的事物。"这句话从某个角度反映了自然科学项目与工程学项目研究的不同之处。科学探究常常会涉及现象观察——发现问题——查阅文献——提出假设——设计实验——完成实验——分析讨论——得出结论等环节。仔细观察你所关注领域的任何现象（包括偶然现象）。所谓：发现来源于观察。做一个生活和学习中的"有心人"，养成留心观察，并根据观察的现象而产生联想和思考的习惯，不难意识到一些值得研究的问题和新的解决方法。发现问题并将问题提出是科学研究中重要的环节，也是研究项目起始的关键。良好的开端是成功的一半，完整准确地表述问题，有助于后续环节的有序开展和把握。其实，发现问题的过程就是问"为什么"的过程，对观察到的现象，要多问为什么。对于提出的这些"为什么"，同学们会发现有些可以从书本、老师或者朋友那里寻找到答案，有时甚至会找到确定性的答案。但是，同学们也会发现，对于某些问题，从老师以及一般的书本中得不到确定的答案。这种情况下，就需要进行文献查阅了。

一般来说，查阅文献的目的有两个。一是针对前面提出的"是什么"以及"为什么"寻求答案。如果查阅文献的结果可以确切地回答"是什么"和"为什么"这样的问题，说明这个问题已经充分研究过了，我们也获得了知识。但如果查阅文献后发现，已经有的研究还不能充分回答提出的问题，那这个问题就是值得做进一步研究的"科学问题"了。因此，查阅文献的第一个目的就是识别和明确"科学问题"。查阅文献的第二个目的是要了解前人针对类似的科学问题已经做了哪些工作，采用了哪些方法。要尽可能地收集身边的材料，弄清楚他人对于此类课题做了哪些研究，采用了什么方法，从而为我们自己的科学研究提供参考。查阅文献可以帮助我们了解要回答和解决某个特定的科学问题需要什么样的研究条件，需要具备什么样的科学知识，这样就可以排除掉那些对中小学生来说过于复杂和昂贵的实验了，也可以避免一些在实验中遇到的问题，减少研究中可能出现的偏差，同时还为解释研究结果提供了背景和佐证材料。

什么是假设？简单地说，假设是一种科学猜想。一个成功的科学研究往往具有表述清晰的假设，很多伟大发现都是通过建立假设完成的。"假设"要满足两个基本的条件，一是可以用来合理地解释问题，并据此来决定寻找证据的方向。同时，假设要具有可检验性，能够被实验或系统的观察来证实，这与数学证明的原理是一致的。一定要记住，设计实验和做实验的目的就是为了验证前面提到的"科学假设"，这样也就能够保证所设计实验内容的针对性，与检验假设没有直接关系的实验内容也就不需要包括在科学研究中。

完成实验即按照实验设计完成收集证据的活动，常常包括动手操作、观察和数据记录等。数据记录是在这个环节中要完成的重要工作。下面是给参赛选手关于数据记录的几点建议：规范操作、记录数据、写实验日志。

通过对实验得到的数据进行统计分析，通过分析归纳出数据背后的规律，随后将得出的规律与研究之初提出的假设进行比较，从而得到研究结论。具备一定的统计学知识是做好数据分析工作的基础，常用的统计分析工具如方差分析、显著性检验、回归分析等，现在常常借助一些统计分析软件来进行，如 MATLAB 等，在使用统计软件时，至少要大致了解你将应用的统计方法原理。选择合适的表格或图形方式来呈现数据，再从图表中概括出内在的规律。

在逻辑上与开展科学探究的第一步提出问题紧密联系。从提出问题，到给出答案，才完成了一次完整的科学探究。得出结论主要是针对问题，结合分析讨论中得出的主要观点，做出最后的陈述。如果说分析讨论部分参赛选手主要靠发散思维，那么在这一环节则需要聚合思维，用高度凝练、准确地语言表述研究结果。

工程学项目研究流程在整体思路上与科学探究开展过程有类似之处，但是工程学项目研究在某些具体环节有特别要求，比如生活中充满对产品的需求，对产品的需求往往是工程学项目的起源。工程学项目开展的全过程都应该是围绕着产品需求来进行的。接着确定预期项目产品将具有的特征和使用范围，适用的对象和环境，量化表达产品的技术参数。发明项目针对不同对象，可设计为专用特种产品，也可设计为通用、具有互换性、量大面广的通用产品。接着是围绕着需求做背景研究，通过查阅文献等方式，关注相关工作的研究进展，或是已有类似产品的特征。在参考已有产品时，注重多方面比较它们的优缺点。接着确定具体的方案，使得按照方案制作出来的产品符合设计要求。在完成设计方案时，要考虑到其可行性，包括成本费用、制造工艺等方面，提出完成项目产品所需材料清单。按照设计方案制作产品后，要针对各项参数做出检验，判断是否达到指标要求。检验中也要根据产品的使用情况，对实用性作出评估。在满足设计要求的基础上，可以对其他方面的相关问题作出思考和讨论。综合考虑上述问题后制订出来的设计方案具有较高的合理性和可行性。

4.5.5 科技论文撰写

研究论文是按照一定的规范格式，对研究性学习、发明创造等科技创新成果进行的书面表述。研究论文是将科技创新成果呈现给评委的最基本的也是最主要的形式，是青少年研究性学习的总结和科技创新成果的说明，也是参加创新大赛的一个重要材料，即使是以发明创造为主的工程类项目或以软件设计为主的计算机类项目，除了用实物和程序来展示科技创新成果之外，也需要用图文来表述其研究过程和研究成果。

研究论文是论述研究性学习和科技创新成果的文章，因此研究论文具有内容的科学性和格式的规范性的特点，同时研究论文还应该展示研究项目的创新性和分析的理论性两个特点。研究项目的创新性是指项目要有新发现、新观点、新发明，具体表现为在实践上采用的方法是先进的；在理论上提出了具有一定深度和广度的新观点。分析的理论性是指研究论文要对实验、调查所得的结果，从理论高度进行分析，形成一定的科学见解，包括提出的一些科学价值的问题，对其见解和问题，用事实和理论进行符合逻辑的论证。

研究论文总的要求是：主题鲜明，重点突出，着重阐述对科技创新成果中有意义的、有创造性的见解或发明。行文要思路清晰，论证严密，前后贯通。语言表达要准确、简明。研究论文格式分为前置部分、主体部分和结尾部分，前置部分有题目、署名和所在单位、摘要、关键词、目录等；主体部分有前言、正文、结论等；结尾部分有致谢、参考文献等。

研究论文的题目，既要起到提挈全文、标明项目的特点的作用，又要能引人注目、乐于阅读。拟定一个好的题目，题目的用词要能鲜明、具体、准确地反映出论文所反映的科技创新成果的内容、范围和目标，题目用词要概括、精炼。对于一些实在无法缩短的题目，可采用加副标题的方法。

摘要是一篇记述研究论文重要内容，反映研究论文的概要、内容提要的短文内容包括：本课题研究的主旨、目的、范围；本课题研究的对象及方法；所取得的结果；结论。摘要要求精炼、完整、简短，注意不加评论，只对论文的内容作忠实介绍。关键词是一种表达论文要素特征并具有实质意义的检索语言。它能够反映论文的中心内容或主题，显示论文的特征。

研究论文的主体内容一般包括：项目所解决的问题或作出的成就；项目的目的和意义；前人对本问题做过哪些工作；作者进行研究的过程；所用方法、手段、工具、仪器、技术路线和方案；观测试验结果；主要数据及例证；必需的图片；理论分析；提出的论点；对前人工作结果的分析及对某些有关理论的看法和评论；遗留问题和解决这些问题的途径，以及今后进一步研究的建议。

前言是论文的开头，又称引言、序言。前言的内容包括：课题来源；研究的目的、范围和相关领域的前人工作和知识空白；本课题研究过程、研究方法和实验设计及其理论基础与实验依据；获得的研究结果及其预期效果和意义。前言通常写得简明扼要，直接入题，一般不超过500字。

正文是研究论文的核心部分，是分析和解决问题，运用材料论证观点（结论），全面反映青少年进行科技创新和研究性学习的过程、成果、收获的部分。研究论文根据科技创新成果的特点可以分为技术发明、科学研究两大类，进而细分为发明成果、软件研究、理论研究报告、实验研究报告、调查结果报告五个小类。

技术发明主要指涉及工程设计、发明创造、计算机软硬件等以实物发明为主的、能够以直观形式向评委和公众演示创新成果的项目，具体分为发明成果和软件研究报告。

发明成果一般包括以下几项。项目调研：研究问题的提出，对以往相关工作或成果的调查、分析，提出作者研究的目的或解决问题的思路。方案设计：制定出发明的设计方案，实施步骤。研制过程：制作实物并不断改进的过程。成果的测试及使用：对发明成果的测试和使用方法。成果应用原理：发明成果所涉及和使用的原理说明并配有相关图表。

软件研究是指计算机学科中关于软件方面的科技创新成果的研究论文。主要内容应包括研究思路及设想、软件工作原理及设计方案、模块及工作流程设计、程序设计和功能等四个方面。

科学研究主要包括以理论推导、实验分析、调查研究三个方面为主的、主要以论文形式向评委和公众展示创新成果的项目，可分为理论研究报告、实验研究报告、调查结果报告等。

理论研究报告是以阐明理论为主，主要用于运用科学事实，通过逻辑推理和假设来得出创新成果的项目。论文从实验或观测事实出发，利用公认定律、定理，通过逻辑推理，对研究对象层层剖析，得出有理论价值和实用价值的结论。理论研究报告的正文没有固定的格式，其结构可以多样化。其正文主要反映逻辑推理的过程，常见结构形式有：证明式、剖析式、运用式。这一类型的研究论文以数学、物理学科为多。

实验研究报告是指研究论文所描述的科技创新成果是通过实验、试验等途径获得或得到证明。实验型论文的正文一般由材料和方法、结果、讨论三部分构成。材料主要是指实验材料的性质、质量、来源、材料的选用和处理。方法主要是指实验的仪器、设备、条件及其数据的获得过程和方法。包括：实验对象、实验目的、实验材料的性质和特性、选取的方法和处理的方法、使用的仪器、设备和器材、实验及测定的方法和过程、出现的问题和采取的措施。

结果，是指在实验过程中所观测到的现象和数据，实验仪器记录的图象和数据，对上述现象和数据提行初步统计及加工形成的资料。结果的写作，要作到精确、精选、精当、精粹。精确是对每一个现象乃至一切细节都不能有所疏忽。精选是必须选出能说明结论依据的那些必要的、关键性的、有代表意义的、准确可靠的资料和数据。精当是结果要按一定的逻辑顺序编排，条理清楚，恰到好处。精粹是用简洁明确的语言表述出来。分析和讨论是对上述两个部分进行综合分析和研究。目的是通过分析和讨论，获得对"结果"的规律性认识，并借以指导一般。作者创造性的发现和见解，主要是通过这部分表现出来的。分析和讨论部分一般包括对"方法"和"结果"两方面的研究。要从论文内容表达需要出发，决定讨论什么，不讨论什么，什么要着重讨论。

调查结果报告主要指行为与社会科学类科技创新成果的研究论文，这类论文的第一手资料主要通过调查或调研的途径获得。一般包括：调查研究的方法及方案，主要介绍调查所采取的方法，如问卷、座谈、入户；调研方案，如选点方法、抽样原则、调查安排等；调研及分析的工具、方法；调查研究过程，描述开展调查研究的过程和重点；调查研究的资料；现状、存在问题的分析及对策。

结论又称结束语，是对研究论文总体上所作的最终总结。它是在理论分析或实验结果与讨论的基础上，通过严密的逻辑推理而得出的新的观点，它集中体现了项目的研究水平和创新成果。结论的内容包括：概括而简要地说明本文解决了什么问题，有什么理论意义和使用价值，得出了什么规律，建立了什么方法；对前人或他人的相关研究做了哪些检验，与自己的研究结果相比，哪些一致，哪些不一致，自己做了哪些修改、补充、发展、证实或否定；自己的研究有哪些不足之处，还有哪些未解决的问题，以及解决这些问题的设想等。结论的写作，要有严密的逻辑性，措辞必须严谨，要用肯定的语气和可靠的数字，不能含糊其词、模棱两可。

致谢是科学研究中职业道德的一种表现，是对支持、帮助者的劳动表示尊重。

参考文献是学术论文的一个必要的组成部分。它具有以下作用：证明在论文中引用的论据是真实的；有利于读者查阅、核实和理解前人的科研成果；体现了尊重前人劳动、严谨治学的态度。

在列参考文献时应注意：所引文献必须是作者直接阅读过的公开发表的文献，一般不从他人的文献中转引；所引文献要忠实于原著，著录时要仔细核对；文献著录要符合规范。

参考文献的撰写要求：正文中的标注方法，依正文中所引文献首次出现的次序，以阿拉伯数字为其序号，并加方括号，标注在据引文字的结尾处的右上方。然后在文后按此序号的顺序排列成参考文献表。参考文献应根据不同的类别有各自的著录格式。

专著的著录格式是：作者，书名，版本，出版地，出版者，出版年，起始页。

连续出版物（如杂志、学报等）的著录格式是：作者，题名，连续出版物名称，年，卷（期）：起始页。

专利文献的著录格式是：专利申请者，专利题名，其他责任者，附注项，专利国名，专利文献种类，专利号，出版日期。

4.5.6 各种展示方式

在参加全国青少年科技创新大赛终评决赛之前，参赛选手需要就项目展示做好充分准备。在大赛的公开展览和专家问辩期间，参赛选手主要通过项目展示形式向公众和评委展示自己的项目研究成果。项目展示形式主要包括：展板展示、实物展示、多媒体展示、原始材料展示、宣传材料展示等。

展板是项目展示中的重要组成部分，是向公众和评委展示项目科学研究成果的重要途径之一。参赛选手要精心设计安排展板布局，展板上可以展示文字、图片和图表几类信息。版面上的内容要表明基本要素，注意突出重点，文字不宜多，字体尽可能大一些，照片要能说明问题，色彩明快、反差适宜的展板效果好。在确定文字内容时，参赛选手可以以开展科学探究的逻辑思维为展示内容。在选择图片、图表时，选手可以选择与研究项目紧密相关、支撑效果强的图片图表。

大赛规则规定，终评决赛时，有实物的项目，必须将实物作品带到现场展示，并在项目问辩时向评委介绍。参展物品体积不宜过大，长、宽、重量均有限制。布展时，展品可以布置于展台或展位地面。对于非大赛规定必须出现的展品，建议选手慎重选择。如果展品与参赛项目没有较高的相关度,那么展品的出现可能会分散评委的注意力,展品也占用了不必要的布展空间。如果参赛项目的展品中包含生物活体、化学物质、尖锐或易碎物品等存在一定影响展示效果和安全的物品,选手在布展时要合理安排,精心照看,确保在终评过程中,这些展品不被触碰或损坏,或者发生意外时可以在第一时间得到控制,保障其他人员的安全。另外,按照规定属于易燃、易爆的危险品不得在展位展出。

参赛选手可以通过笔记本电脑进行多媒体展示,辅助自己展示项目。选手要遵循适度和灵活的原则使用笔记本电脑。一方面不要在展示时依赖于笔记本电脑展示的内容。另一方面慎重制作多媒体展示内容,应避免陈列大量文字,动画应该能够突出重点。利用笔记本电脑展示的时机、时长、语言说明都是参赛选手应该精心考虑设计的。如果说展板很好地体现了选手的思维框架,那么笔记本电脑可能对应地在细节补充方面见长。比如当涉及说明研究的工作量时,参赛选手可以即时从笔记本电脑中调出录入的实验原始数据;又如说到某些具体过程时,参赛选手也可以一边展示笔记本电脑中的存照一边介绍。选手只有平时勤于积累、善于整理,才能在展示时得心应手。

展示时也可以提供项目的一些原始材料,包括:实验日志、实验原始数据、活动照片、调查问卷、访谈记录等,这些资料给评委和参观者提供了项目最原始的面貌,既能增加对项目的了解,又增加项目的可信度。

选手可以通过分发宣传单的形式达到宣传参赛项目的效果。在设计制作宣传单时应该谨慎,可以将宣传单设计成与展板基本一致。宣传单与展板内容呈现上的差异,可能造成观展者的质疑和对参赛项目认识的混乱。选手也可以结合项目自身特点设计特殊的宣传品,无论是宣传单还是宣传品,选手应该本着节约环保的原则合理地设计制作。

参赛选手在项目展示过程中,应遵循"保障自身和他人的人身财产安全"和"参赛项目展示互不干扰"的基本原则,规范自身言行、注意周围环境的安全状况。

4.5.7　答辩注意事项

科技创新大赛评审期间,除项目展示之外,和评审有关的活动主要包括专家问辩、素质测评和技能测试,这是考察参赛选手对于项目的理解和掌握程度,测试选手综合素质,综合评定项目奖项的主要方式。其中专家问辩是评审最重要的环节。专家问辩主要考查选手以下几个方面的情况:

· 选手的创新能力和项目独创性。
· 选手的科学思维能力和解决问题的能力。
· 项目研究过程的完整性、工作量以及项目的真实性。
· 选手的综合素质和表达能力。
· 集体项目的每个组员在项目研究过程中的贡献。

专家问辩时长为一天时间。问辩采取封闭形式进行,现场只有评委、参赛选手及相关工作人员可以进入。每个项目会有若干名评委来问辩,一般为3~5位。封闭答辩时,参赛选手须做好一切答辩准备,并在自己的展位前等待评委。每位评委问辩项目的时间为

10~15分钟，选手介绍自己的项目以及回答评委的问题均须在这一时间内完成。

参赛者与评委交流时，要自然大方，语气平和，语速适中，语言表达清楚，展现自信。问辩时，参赛者要向评委清晰介绍项目研究工作和背景知识，要注意证据和结论在逻辑上的对应关系，不要过多背诵多媒体展示内容。评委提出问题时应先明确问题、谨慎思考之后作答。被评委问及事先没有准备的内容的情形是常见的，参赛选手应有心理准备。当遇到作答困难的问题时，不妨向评委请求一定的考虑时间，稳定情绪思考作答。

在问辩阶段，参赛选手要随时做好简要的问辩记录，以便做出改进和调整。有时评委在结束问辩时会留给学生思考题，或就某个方面向参赛选手给出建议，参赛选手也要及时记录。在问辩结束时，参赛选手也不妨请评委给出一些指导和建议。

问辩阶段，每个评委针对不同的项目会采取不同的问辩方式，提出不同的问题。参赛者要根据自己的项目，事先考虑问辩中可能会问到的问题以及可能发生的事情，做好各种应对准备。一般情况下可能会问到的问题：

- 项目选题是怎样发现的？
- 做了哪些工作？
- 得到了什么的结论？
- 创新点是什么？
- 项目的意义是什么？
- 问一些涉及项目学科及其研究领域的一些基本知识。
- 问一些与项目本身有关的技术问题。
- 参加创新大赛的目的是什么，有什么收获？
- 在项目实施过程中，有没有一些终身难忘的事情发生？
- 你克服了哪些实际困难？
- 你借助了哪些研究机构？有科学家指导吗？
- 如果给你机会，你将对项目进行怎么样的改进和深入研究？

参赛选手对参赛项目内容的准备是准备阶段最重要的工作，参赛选手可以从以下几个方面做尽量全面的准备。

参赛项目的概述。在问辩环节中是参赛选手一定要完成的一环，通常由评委要求参赛选手在一定时间内完成对参赛项目的介绍，不同评委给出的规定时间不同（3min、5min、10min等）。参赛选手在准备阶段可以设计不同时长的项目概述。参赛项目的概述可能包括研究意图的由来或设计意图的产生、研究开展的假设或设计目的的明确、相关背景的介绍、实验设计或产品开发流程安排、实际操作、实验结果或产品展示、对研究项目的分析和讨论。参赛选手在做概述时，可以对"研究的假设或设计目的""自己在参赛项目中的任务和完成的工作"、"参赛项目的创新点"几方面做说明。针对不同的时长，可以对以上内容做取舍安排。规定时间较短时，从实验结果或产品展示直接介绍项目可能是一种好的策略。

对于开展科学探究或工程设计的总体流程的理解和把握是参赛选手科学素养的重要体

现之一。参赛选手可能熟悉参赛项目完成的环节，而没有意识到其对应的科学探究的相关环节（发现问题，提出假设，设计实验，完成实验，分析讨论等）。以科学探究的思路从整体上对参赛项目相关内容作梳理可能有所帮助。

参赛选手对于参赛项目应有客观的评价和进一步的展望。参赛项目可能并非尽善尽美，认清参赛项目中尚待改进之处、明确参赛项目与其他相关研究的创新之处，是参赛选手严谨的科学态度和对参赛项目客观认识的体现。能够以发展的角度看待研究项目也是参赛选手应具备的从事科技工作的能力。对于科学探究类的项目，可以从理论的纵向深入研究或者横向系统化研究方面做出规划和展望；对于工程设计类的项目，可以从投入生产使用的可行性角度做出进一步考虑。

在问辩时，选手可以借助各种形式的辅助资源。除了展板、工程类项目展示的产品之外，也可以准备相关研究背景资料、问辩思路设计等以备不时之需。参赛选手对辅助资源呈现的信息应该有充分的了解和准备，以应对围绕辅助资源出现的各种问题。参赛选手需要合理设计，在适当的时机运用适当的形式发挥辅助资源的作用，如在介绍到实验结果时，以展板呈现图表，并结合加以分析说明，得出结论；在介绍到某个过程时，以电脑动画展示动态变化，并结合分析说明，得出结论。对于工程类项目，参赛选手不妨以展示产品为中心完成对项目的介绍，但是应将内容介绍和演示活动合理结合。

在准备阶段参赛选手可以和带队指导教师或队友进行模拟问辩，以熟练语言的组织和对情境的心理适应。我们这里提供一些问辩的经验和技巧可以供大家参考。

①结合PPT，练习5min内讲清你的研究项目，包括：选题、内容、方法、结果和结论。

②在完全口述的情况下，结合摘要和创新点，练习1min内讲清楚你的研究项目，包括选题、内容、方法、结果和结论。

③多练多改、自信镇静、记住开头。

④请家长、同学当评委，请外行提意见，能听明白为好。

⑤问答环节要彬彬有礼，切中要点，客观真实，积极交流。

第5章 科创联合基地融合育人体系保障制度及管理系统建设

5.1 科创联合基地融合育人体系保障制度建设概况

科创联合基地融合育人体系保障制度建设如图 5-1 所示，分为三个部分：管理机构、管理制度和管理系统。

管理机构包括管理机构组成和管理人员组成，定义了科创联合基地融合育人体系的主要三个组成机构以及其他融合育人活动时的外延机构，定义了各机构在活动中涉及的任务角色及其互相之间的关系。

管理制度包含岗位制度、财务制度、保障制度、选拔制度、奖励制度、安全制度等保障科创联合基地融合育人体系运行的一系列制度，"没有规矩不成方圆"，为了基地能有条不紊地运行，制度不可缺失，就如同基地运行的"法律"一般，在体系内的各个机构各个角色都必须共同遵守、共同维护。

管理系统是科创联合基地融合育人体系开展教学活动、实践活动、竞赛活动、选拔活动、奖励活动等一系列活动时的软件后台保障，也是上述一系列活动所需的资源如物联网——万物互联第一步实训课程教案、传感器——机器感知到的五彩世界实训课程教案、智能车与自动化控制实训课程教案、四旋翼无人机初探实训课程教案、基于 Python 和树莓派的图像处理系统开发实训课程教案等各类资源存放的地方。将资源和活动相结合，以课程或项目的形式有机地组合在一起存在于云端服务器，每个教员、同学、辅导员、指导老师、班主任、家长都可以登录客户端，设置、完成各自的任务或查看各自所需的信息。管理系统是基地信息化的必须配备，离开了数据融合育人将会成为一句空话，管理系统是教学实施落地的强大工具，比如，它可以支持教员在远程发布学习资料、布置学习任务、批改递交的答案、统计同学的成绩等；可以支持学生登录网站，选取课程，获得需要学习的文本、图片、视频等教学资源，根据教员布置的任务完成理论和实践任务递交学习和操作结果，以及查看教员对他递交作业的批改意见和评价等。

管理机构是基地的实体基础，是真真实实的存在，包含参与融合育人的机构和人员；管理制度是基地的保障机制，是"法律"规范，引导大家围绕着基地以融合育人为中心运行；管理系统是基地的支持平台，是数字化管理的依托，既节约了一些人力和物力，又为基地的运行提供强大的数据支持服务，为融合育人的一系列活动保驾护航。三者相辅相成，融为一体，缺一不可，下面我们分别介绍这三个部分。

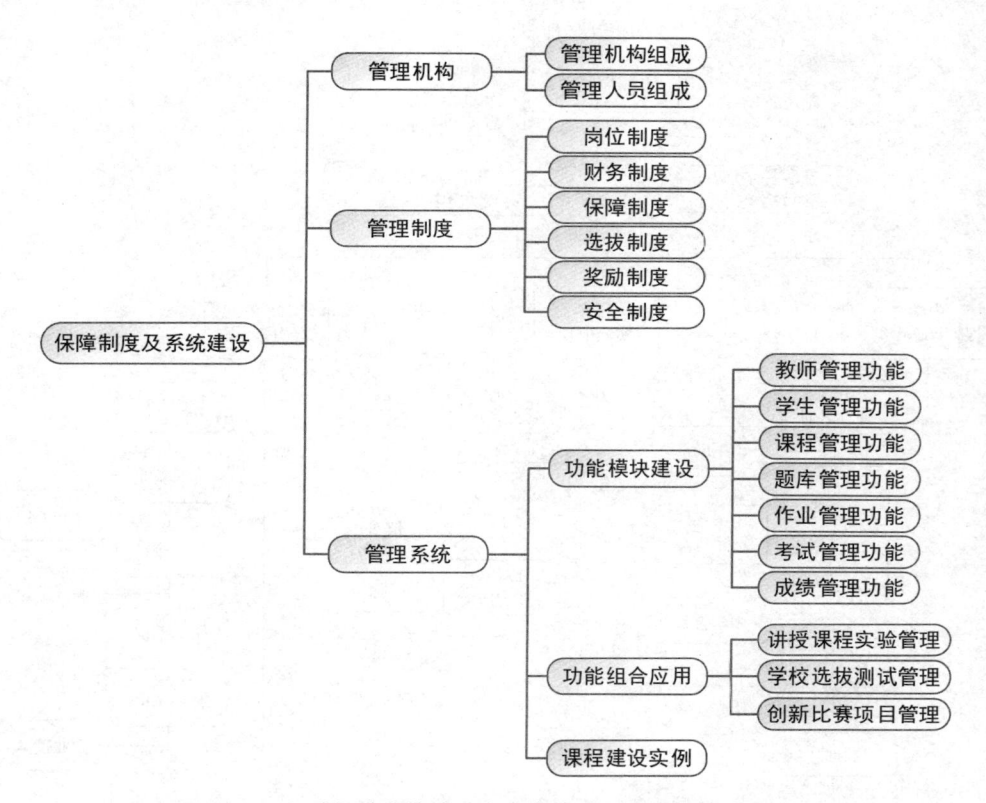

图5-1 科创联合基地融合育人体系保障制度建设图

5.2 管理机构

5.2.1 管理机构组成

科创联合基地融合育人体系管理机构组成如图 5-2 所示，整个机构运行涉及三个主要机构（中学课外兴趣小组、高校实验示范中心、高校学生社团）和十个次要机构（中学教务部、外联部、财务部、政府部门、校企合作单位、其他高校、研究所、知名企业、采购单位、外协单位）。

中学课外兴趣小组的中学生也称中学学员，是基地服务的二大群体之一，中学课外兴趣小组作为管理这些学员的主要后勤保障机构，为他们提供活动场所、活动用品、组织参加实验中心的实践活动、提供用餐保障、来回交通保障、组织报名参加各类科技竞赛及展示活动、与班主任及任课老师协调突发事件的处理（学员因病请假、课程冲突等事宜的联系）、联系政府部门组织比赛人员协调学校证明和上交材料等事宜、与家长的沟通联系和对专项经费的收取和支出、与中学财务联系进行基地各项活动所需经费的报销等。

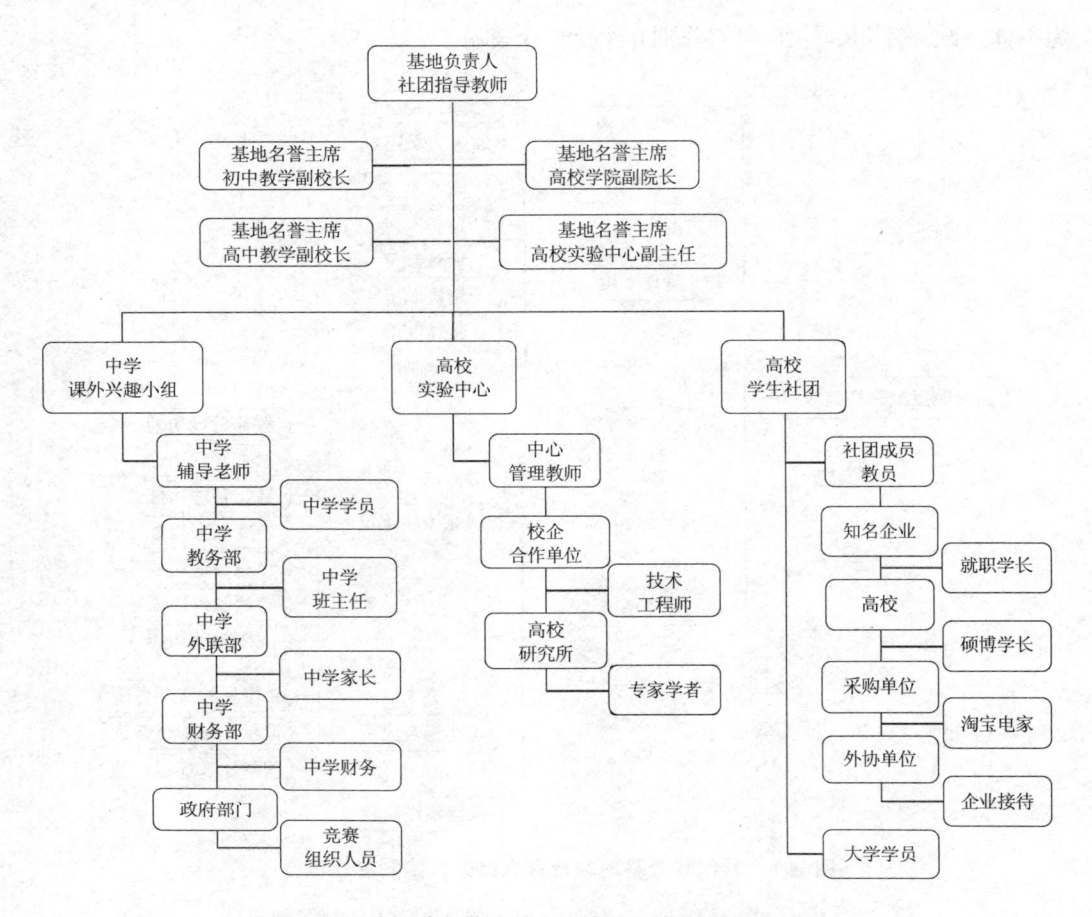

图5-2 科创联合基地融合育人体系组织机构人员图

高校实验示范中心是为基地的实验教学提供仪器设备保障的主要机构，为学员提供丰富的实验设备和实验场地，在保证正常的实验教学秩序下，可以在周末或假期对学员免费开放，让这些昂贵的仪器设备在空余的时间发挥作用，全民共享极大地提升学员科学探究的条件，为学员安排实验室场地和实践教学时间、安排实践教学配套的仪器设备、培训实验室仪器设备的安全操作及使用、培训实验室各项规章制度、培训实验室突发事故应急响应处理流程，并在对外交流时为基地邀请相关专业方面的专家学者做前沿报告、邀请校企合作单位技术工程师介绍行业技术动向等。

高校学生社团是为基地的理论教学、实践教学、竞赛指导提供人员保障和技术保障的主要机构，为基地的教学活动提供讲授和答疑、为基地的实践活动提供示范和引导、为竞赛提供指导和协助，为学员的教学实践制定长期统筹的规划安排、与中学课外兴趣小组的辅导老师联系预定学习的时间地点、与高校实验示范中心的管理教师联系预定实验室、协助实验室老师整理实践教学需要配备的仪器设备及接插线、测量线等物品、编制理论实践课程的授课内容、以项目为驱动的教学项目设计、教学模块套件的设计与制作、管理系统软件的修改和硬件装置的开发、带领中学学员分组实训、线上学习的结果评阅、社团内教员等级考核和选拔、学员理论考核题和实践考核题的编制、优秀教员的评选、优秀学员的评选、邀请毕业的有优秀学长分享自己的学习经历等。高校学生社团的新成员也称大学学员,是基地服务的二大群体的另一部分,高校学生社团不光要为基地提供人员和技术保障,还要担负起对大学学员的后勤保障任务,由社团指导老师来承担,如外购元器件、外协投板、外勤去中学进行理论教学的交通费及餐费等费用的报销、带队参加各位竞赛及所产生的住宿、交通、参赛报名费等费用的报销等。

将这些机构部门、各机构人员、各机构资产、各机构投入经费等人、财、物三者有机地组织、管理并有效运行起来,大家按计划按部就班地实施,构建科创联合基地融合育人体系安全、高效的运行的保障体系。

5.2.2 管理人员组成

科创联合基地融合育人体系管理人员组成如图5-2所示,整个机构运行涉及6种主要角色(基地负责人——高校社团指导老师、中学课外兴趣小组中学生、高校学生社团大学生、高校学生社团成员——教员、中学课外兴趣小组辅导教师、实验示范中心管理教师)和8种次要角色(名誉主席——各主要机构领导、中学班主任、中学家长、中学财务、政府机构竞赛组织人员、校企合作单位技术工程师、其他高校研究生的专家学者、知名企业就职学长或攻读硕士博士学长)。各角色通过岗位说明书对其在科创联合基地融合育人体系中承担的具体职责、工作权限、工作关系以及奖励内容等进行描述,例举社团指导教师兼基地负责人、课外兴趣小组辅导教师和高校学生社团成员三个主要角色的岗位说明书,如表5-1~表5-3所示,表述科创联合基地的运行规则。

表5-1 科创联合基地岗位说明书

岗位名称	辅导教师		所属部门	课外兴趣小组
管理归属	基地负责人		管理对象	中学学员
职责概述	组织管理课外兴趣小组,为基地中学学员提供后勤保障			
具体职责		职责要项	职责描述	
	后勤保障		提供学员兴趣小组活动场所	
			提供学员兴趣小组活动用品	
			组织学员参加实验示范中心的实训课程	
			提供学员用餐保障、来回交通保障	
			组织学员报名参加各类科技竞赛及展示活动	
	反馈信息		与基地负责人协调规划课程内容	
			知会基地负责人中学课程体系改革内容	
	外联事务		联系班主任协调突发事件	
			联系政府部门组织比赛人员协调学校证明和上交材料等事宜	
			与家长的沟通获取培养经费	
	财务事宜		对接学校课外科技活动专项经费的收支	
			对基地活动产生费用的报销	
工作权限		有参与"优秀教员"评选的权利			
		有参与确定中学学员晋级的权利			

续表

岗位 任职资格	工作经验	一年以上带班相关工作经验
	学科要求	科技老师
	技能要求	有较强的社会沟通能力
	兴趣爱好	对电子信息技术有浓厚的兴趣
奖励内容		每年参加"最佳辅导教师"评选,奖励1000元由所在中学支出;每年带队参加青少年科技创新大赛获得区奖奖励1000元/项、获得市奖奖励3000元/项、获得省奖奖励8000元/项、获得国奖奖励20000元/项,同一项目以最高奖励颁发。奖励由所在中学支出

表5-2 科创联合基地岗位说明书

岗位名称		基地负责人 社团指导教师兼	所属部门	科创联合基地 高校学生社团
管理归属		无	管理对象	中学辅导教师、中心管理教师、教员、大学学员
职责概述		组织管理科创联合基地,协调各部门人员、保障基地运行		
具体职责	职责要项		职责描述	
	保障运行		为基地教学实践制定长期统筹的规划安排	
			制定批准基地的各项制度、规定的实行	
			向基地名誉主席汇报运行情况和获得的成绩及存在问题	
			学员晋级理论考核题和实践考核题的编制	
			社团内教员等级考核和选拔	
			编制理论实践实训课程的授课内容	
			带队参加各类国家科技创新竞赛	
	外联事务		联系实验中心管理教师预约实验室	
			联系辅导教师预约时间地点,协调教员授课	
			邀请毕业的有优秀学长分享自己的学习经历	
			联系外购单位为学员采购元器件等	
			联系外协单位为学员外协投板等	
	财务事宜		教员外勤授课的交通费及餐费等费用的报销	
			带队参加竞赛所产生的住宿、交通、参赛报名费等费用的报销	
工作权限		有决定基地规划、制度改革的权利		
		有参与确定"优秀教员"评选的权利		
		有参与确定"优秀学员"评选的权利		
		有参与确定中学学员晋级的权利		
		有参与"优秀辅导教师"评选的权利		
		有决定学生社团费用支出的权利		
岗位任职资格	工作经验		三年以上社团指导老师相关工作经验指导学生获得国奖二项以上	
	学科要求		电子信息类专业老师	
	技能要求		有较强的社会沟通能力	
奖励内容		每年参加"最佳社团指导教师"评选,奖励1000元由所在高校分院学支出;每年基地参加青少年科技创新大赛获得区奖奖励500元/项、获得市奖奖励1000元/项、获得省奖奖励2000元/项、获得国奖奖励3000元/项,同一项目以最高奖励颁发。奖励由所在中学支出		

表5-3 科创联合基地岗位说明书

岗位名称	教员	所属部门	高校学生社团
管理归属	基地负责人	管理对象	学员、采购单位、外协单位
职责概述	为科创联合基地提供教员，保障基地教学活动顺利开展		
具体职责	职责要项	职责描述	
		为学员讲授理论课程并答疑	
		带领学员分组实训	
		指导协助学员参加科技创新大赛	
	保障运行	协助实验室老师整理实训所需仪器设备及接插线、测量线等物品做好开课准备	
		线上学习的结果评阅	
		管理系统软件的修改和硬件装置的开发	
工作权限	有参与确定"优秀学员"评选的权利		
岗位任职资格	工作经验	中学学员教员要求：二年以上社团学习经验并参加国家级科技创新比赛一次以上	
		大学学员教员要求：三年以上社团学习经验并购获得国家级科技创新比赛国家级奖项一项或省级奖项二项以上	
	学科要求	电子信息类专业、计算机专业、自动化专业	
	技能要求	有较强的实践动手能力和较好的表达能力	
奖励内容	每年参加"最佳教员"评选，奖励500元由所在中学支出；每年指导参加青少年科技创新大赛获得区奖奖励1000元/项、获得市奖奖励2000元/项、获得省奖奖励3000元/项、获得国奖奖励5000元/项，同一项目以最高奖励颁发。奖励由所在中学支出		

5.3 管理制度

为保障科创联合基地融合育人体系的正常运行、积极发挥育人作用，应建立一套全面的管理制度。这份制度包含总则、运行考核管理体系、基地负责人管理制度、教学活动管理制度、学员管理制度、奖罚制度、财务管理制度、安全管理制度等。

5.3.1 基地管理制度实例

科创联合基地管理制度

第一部分 总则

一、目的

为全面落实中学课外兴趣小组、高校实验示范中心、高校学生社团三大主要机构从人员、资金、设备三方面为基地运行提供客观条件的保障，客观评价基地负责人、高校社团指导老师、中学课外兴趣小组辅导教师、高校学生社团成员—教员的职责履行效果，规范和完善中学和大学学员的行为标准，建立有效的激励约束机制，从而帮助基地提高实训教学的效率，提升深度融合育人的作用，确保基地的教学活动落地，实现基地在各大竞赛中获奖的战略目标，特制定本制度。

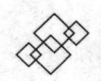

二、适用范围

本制度适用于科创联合基地所有活动的参与人员。

三、管理原则

公平、公开、公正；考评导向、过程控制；权责一致。

四、考核评价小组

成立基地运行考评小组，负责基地工作人员效率考评、基地学员成绩考评及申诉相关决议。

组长：基地负责人——高校社团指导老师

副组长：名誉主席——各主要机构领导

组员：中学课外兴趣小组辅导教师、教员——高校学生社团成员

秘书：高校学生社团外联部部长

第二部分　运行考核管理体系

五、科创联合基地考核评价小组是基地各机构效率管理工作的组执行机构，承担基地各机构效率管理的计划、组织、实施和监督职责。

六、高校学生社团是大学学员学习效率管理工作的组织执行机构，承担大学学员学习效率管理的计划、组织、实施和监督职责。

七、中学课外兴趣小组是中学学员学习效率管理工作的组织执行机构，承担中学学员学习效率管理的计划、组织、实施和监督职责。

八、各级工作人员职责：根据各岗位职责说明书要求，负责本岗位或下属岗位的考核工作。

九、考核周期：科创联合基地各机构部门工作人员的考核按年度进行，考核时间在暑假假期进行，奖惩按教学年度执行。科创联合基地学员实行学期考核，考核时间在假期进行，奖惩按教学年度执行。

十、考核依据：考核分数80%来自年度获奖情况、各部门在实行制度按照各种考核评分表格占20%（部分表格见附录）。

十一、科创联合基地对学员考核结果及应用：依据分数划分为"卓越、优秀、良好、合格、基本合格、不合格"六个等级，比例分别为10%、20%、20%、20%、20%、10%。

十二、科创联合基地对工作人员考核结果及应用指导老师、辅导老师、教员年度考核根据考核分数划分为"优秀、称职、不称职"三个等级，比例分别为20%、60%、20%。

十三、考核的过程中，基地名誉主席受理工作人员考核事项的申诉，指导教师和辅导老师受理学员的考核事项的申诉，通报基地负责人组织考评小组进行裁决。若五个工作日内若无申诉，即认定结果有效，将作为考评结果应用的依据。

第三部分　基地负责人管理制度

为了保障科创联合基地管理工作的正常开展，特制定以下管理制度。

十四、基地负责人带领考评小组认真负责、公平公正完成考评任务。

十五、基地负责人妥善处理工作人员和学员的各项申诉。

十六、基地负责人在执行集体决定和日常工作中，要认真履行职责，工作不推倭，敢于负责，团结协作，廉洁奉公。

十七、基地负责人要坚持注意深入基层调查研究、了解情况、不断改进，充分听取各部门工作人员、教员和学员的意见，做到决策的民主集中。

十八、基地负责人每学期至少召开一次协调会议，现场帮助解决实际问题。

十九、基地负责人每学期至少二次听课督导，要全面了解和掌握教员的教学情况和学员的思想动态，为进一步改进基地工作提供依据。

第四部分　教学活动管理制度

教学活动包括课前备课、实训指导、作业批改、课后讨论答疑、考试测评等几个方面，是基地管理的重要内容。

二十、备课基本要求

（1）备好课是上好课的基础，是提高课堂教学质量的关键。每位教员必须充分认识备课的重要性，认真钻研实训内容，认真、充分地备好每一堂课。

（2）备课必须以十年规划为目标，实训内容为依据，明确实训内容的编排，基本技能训练的要求；明确每一课时的目的要求、任务和具体内容。

（3）备课要正确地掌握和处理好实训内容的重点、难点，明确每一课时应传授的知识和应掌握的技能。

（4）备课既要准备上课的内容，更要准备教法和学法。要从学员的实际情况出发，科学地安排教学步骤，充分体现"教员为主导，学员为主体，实训为主先，获奖为主旨"的教学原则，激励学员当好学习的主人。

（5）认真准备教案。教案要条理清楚、步骤合理，能实际指导上课，不做表面文章。教案以课时为单位编写。教案的内容包括教学目的要求、重点、难点、课时安排，有教学过程（包括设计的问题），有PPT设计，有实例练习设计。

（6）提倡课后写教学后记，总结优缺点，积累经验。

二十一、上课基本要求

（1）课堂教学是实施教学活动的主要场所，每个教师必须认真上好每一堂课，充分利用课堂上宝贵的时间。

（2）上课前应布置学员预习内容，培养学员的自学能力，提高课堂效率。

（3）课堂的教学目的要明确，授课和带领实训时要围绕重点、难点，节奏紧凑，力求使他们能掌握本课的知识和技能。

（4）要积极改革课堂教学方法，贯彻启发性原则，引导学员勤动脑、勤动口、勤动手，充分调动学员思维的积极性，使课堂生动活泼，使学员能举一反三，灵活运用。

（5）积极开发教学套件和模块，为实训教学提供保障。

（6）严格上课纪律，做到上课时不迟到，不早退。

二十二、作业布置与批改要求

（1）作业在数字化学习平台上发布、递交、批改，利用线上教学手段，可以跨越空间的障碍。

（2）作业的设计要遵循"精、活"的原则，要注重能力的培养、要注重发展学员思维，提高实效。

（3）作业要求学员做到按质、按量、按时完成，注意培养和训练学员养成细心审题、积极动脑的良好习惯。

（4）作业批改要认真、及时，批语要多鼓励学员的想法，指导学员自行改正。

（5）建立学员学习成绩考评机制，优秀学员表扬奖励制度，激励学员的学习积极性，培养学员严谨的治学态度。

第五部分　学员管理制度

二十三、学员守则

（1）明确学习目的，端正学习态度，树立远大理想。

（2）刻苦学习，不畏困难，勤于思考，虚心请教，努力掌握科学专业知识和技能。

（3）尊重教员，上课认真听讲，按时完成作业，积极支持和配合教员完成教学活动，支持教员改进教学方法，提高教学质量。

（4）遵纪守法，严格遵守基地的各项规章制度，维护正常的教学秩序。

二十四、课堂守则

（1）按时上课，不迟到、不旷课。

（2）遵守课堂纪律，听从教员的指挥。

（3）上课时要认真听讲，记好笔记，不准随便说话，不做与上课无关的事情。

（4）保持教室卫生，禁止携带食物进入教室，禁止乱扔纸屑、果皮和废弃物。

（5）爱护教室内的教学设备、仪器和设施，未经教员允许，不得擅自动用教学仪器和设备。

（6）课后认真做好值日，负责关好门窗、电灯、电扇等。

二十五、学员考勤和请假制度

（1）考勤由教员负责记录，每课填写，学期结束汇总，报给秘书（学生社团外联部部长）。

（2）上课时间一般不准请假。

（3）学员请假必须事先履行请假手续，向课外兴趣小组辅导教师和社团指导教师申请，批准后方可生效。

（4）对迟到、早退和旷课的学员，应予以批评教育，影响其学习成绩考评。

二十六、考核晋升制度

（1）每学期成绩分为竞赛季和非竞赛季；非竞赛季成绩按实训科目、作业、考试三项内容考核（占比分别为30%、20%、50%）总成绩；竞赛季成绩按训练科目、作业、考试三项内容考核总成绩占20%，竞赛成绩占80%。

（2）每门实训科目缺课1/3者（含请假），不允许参加考试。

（3）实训科目不及格者，不允许参加竞赛。

（4）每学期成绩作为评级的依据，根据评级进行晋降级的操作。

二十七、与学员家长联系制度

（1）为了使学员家长了解学员在基地学习情况，基地与学员家长建立联系制度，进行信息反馈，以取得家长对基地的支持，配合基地对学员进行管理教育。

（2）为了使学员家长了解学员在基地实训时需要使用的耗材，基地与学员家长进行信息反馈，以取得家长对基地的支持，配合基地上交学员的实训耗材费用。

（3）学校按学期将学员成绩和最佳学员名单由兴趣小组辅导教师通知家长。

第六部分　奖罚制度

二十八、学员学期考评奖罚措施

（1）获得"卓越"等级享受免试推荐代表学校参加全国科技创新比赛。

（2）获得"卓越"等级可参加本学期"最佳学员"评比；

（3）获得"卓越""优秀""良好"等级的学员给与晋升。

（4）获得"卓越"和"优秀"等级可以担任全国竞赛和项目实训组长。

（5）获得"合格"和"基本合格"等级不予晋升，有待提升。

（6）获得"不合格"等级给以降级。

（7）获得"不合格"等级取消参加竞赛的资格。

二十九、工作人员年度考评奖罚措施

（1）获得"优秀"等级的教员、指导老师、辅导老师给予晋升。

（2）获得"优秀"等级的教员、指导老师、辅导老师可参与年度"优秀教员""最佳指导教师"和"最佳辅导教师"评比。

（3）获得"优秀"等级的教员、指导老师、辅导老师可指导学员参加本年度各类竞赛。

（4）获得"不称职"等级的教员、指导老师、辅导老师给予降级。

三十、带队参赛奖励

（1）辅导教师每年带队参加青少年科技创新大赛获得区奖奖励1000元／项、获得市奖奖励3000元／项、获得省奖奖励8000元／项、获得国奖奖励20000元／项，同一项目以最高奖励颁发。

（2）指导教师每年基地参加青少年科技创新大赛获得区奖奖励500元／项、获得市奖奖励1000元／项、获得省奖奖励2000元／项、获得国奖奖励3000元／项，同一项目以最高奖励颁发。

（3）教员每年指导参加青少年科技创新大赛获得区奖奖励1000元／项、获得市奖奖励2000元／项、获得省奖奖励3000元／项、获得国奖奖励5000元／项，同一项目以最高奖励颁发。

（4）奖励由荣誉归属学校支出。

第七部分　财务管理制度

为了进一步规范基地的财务管理工作，提高专项经费和家长课外兴趣小组投入经费的合理使用，特制定本管理制度。

三十一、根据省教育厅等部门关于规范教育收费、进一步治理教育乱收费工作的通知精神，基地要扎实做好实训教学和竞赛活动的经费保障机制的同时，规范收费行为，严禁"乱收费"现象。

三十二、基地负责人是收费管理的第一责任人，分管财务经办人是直接责任人。基地根据实际活动列出所需物品清单、单价及总价，除专项资助经费外，不足部分授权辅导教师通知学员家长向学员所在学校财务部门缴纳课外兴趣小组活动费用，其他任何单位和个人均不得擅自增加收费项目、扩大收费范围或提高收费标准。凡违反收费管理制度，有乱收费行为的工作人员将给予严肃处理，情节严重者，报请上级主管部门处理。

三十三、基地收入

（1）收入凭证必须使用财政部统一印制的非税收入收据和往来结算收据，不得使用自制据、万能据等"白条"入账。

（2）基地在取得各项预算外收入（包括家长缴纳课外兴趣小组活动费用、高校学生社团对外承接项目获得的劳务费等），要做到应收尽收，并全额纳入基地预算管理。

三十四、基地支出

实训教学过程中的元器件采购、PCB 电路板外协制板、焊接钻孔等工序所需耗材等，基地的经费支出严格执行预算，凡预算中没有安排的购物项目基地不得安排支出。

三十五、实物保管

建立健全财产物资的管理制度。基地要建立资产登记簿。对于一次性购买的物品，要建立实物领缴登记簿，领用人要在登记簿上签字确认。每学期末，基地组织人员对财产物资进行清查盘点，做到账账相符、账实相符。

三十六、对支出发票审核

（1）真实性。主要审查原始凭证所记载的业务是否确实存在，原始凭证所记载的业务内容与实际发生的经济内容是否相符，严禁弄虚作假。

（2）合法性。审查经济内容是否符合有关政策、法律、法规、制度，是否按规定的开支标准办事，是否符合审批权限，是否符合节约原则等。

三十七、财务结算

每学期末，基地要组织相关人员对本学期所发生的收入、支出及时进行稽核。

三十八、财务公开

财务稽核后及时在基地公示，接受大家的监督，并形成财务分析报告，作为基地负责人下一学期财务预算的主要依据。

三十九、财务报账制度

（1）实行报账制度的原则和目的有利于规范基地财务管理，便于宏观统一管理。

（2）坚持"保运转，促发展"的财务支出原则。

（3）确保基地经费重点用于实训教学、竞赛等教学活动支出，严控非教学性支出。

四十、预算管理制度

（1）为加强基地经费预算管理的综合性、有效性、可控性，更好地贯彻"量入为出、收支平衡"的总原则。

（2）收入预算：遵循"全面性、真实性、细化性"原则，各校年初对本单位当年可能取得的各项收入进行预算。

（3）支出预算：坚持"统筹兼顾、保证重点"的原则，在确保正常运行开支的前提下，合理安排本单位的事业发展支出。

第八部分　安全管理制度

四十一、加强基地教室、实验室、多媒体教室、机房的安全防范，配备防盗、防火设备。实行专人负责、责任到人。

四十二、教室安全管理制度

（1）学员不准在教室内追逐打闹，随便搬动课桌、椅。

（2）教室内不准乱拉私接电源，乱设插座，乱充电。

四十三、实训场所安全管理制度

（1）学员进入实训场所时需遵守各种规章制度，服从现场教员指挥。

（2）严格按设备（焊接设备、台钻、剪切机）的操作规程进行操作。

（3）不乱接电源，未经管理人员许可不使用其他用电设施。

（4）只要有学生在实训活动，就必须有实训教员在场。

（5）对实训场所进行安全检查，要求离开时必须切断电源，关好门窗，清理桌面、地面，清除隐患。

（6）对库存的易燃易爆、易腐蚀危险品，要求专人管理，严格入出库制度，定期检查，账物相符。

（7）在进行实训时，应对调试过程中出现的危险进行防护，如四旋翼作品在调试中的护目镜、防割手套等防护措施规定。

（8）如发生事故，必须及时上报，不许隐瞒不报，或拖延上报，重大事故要立即抢救，同时保护好事故现场。

四十四、学校组织外出大型活动等管理制度

（1）组织学员外出参加实训教学活动，必须充分考虑活动场所、线路、交通工具、气候环境等方面的安全性。

（2）组织学员活动的辅导教师应切实负起安全责任，学员应自始至终在辅导教师的带领和保护下开展活动。

第九部分　附则

四十五、各部门、各工作人员可根据基地管理制度相关原则，同时结合部门实际情况，制定相应的考核办法、实施细则，提报考评小组审核、备案后方可执行。

四十六、本规定的解释权、监督执行权归基地考评小组。本规定自颁布之日起生效。

编制		审核		批准	

5.3.2　基地管理制度附表

管理制度的评价的依据是平时的检查表，这里例举常用的检查表，如表5-4所示。

表5-4 听课评价表

班级				实训名称			教员姓名		
授课主要内容									

评价项目	评价要点	权重	评价标准	评价结果					得分
				A	B	C	D	E	
教学准备	推送学习资源	15	课前推送学习资源丰富、质量高，与教学目标联系紧密（学习资源包括教学大纲、PPT、讲义、视频和音频等）	13~15	10~12	7~9	4~6	1~3	
教学过程	教学内容与组织	25	按照教学大纲和教学目标组织教学，教学内容充实，有效利用在线资源，针对性强；教学设计体现线上教学特点，有利于调动学生思维和学习积极性	21~25	16~20	11~15	6~10	1~5	
	教学方法与手段	25	熟练运用现代教学手段，教学过程充分发挥在线教学优势，教学重难点突出循序渐进；教、学有效互动，合理安排测试、头脑风暴、讨论答疑、投票问卷等互动方式；课前预习检验、布置课后作业与教学内容联系紧密；辅导答疑安排合理，及时解答学生提问	21~25	16~20	11~15	6~10	1~5	
	教学特色	10	根据线上教学特点创新线上教学方法，自主设计教学方案和科学安排教学内容	9~10	7~8	5~6	3~4	1~2	
教学效果	教员教学效果	10	重点突出、难点突破；较好完成教学目标和教学进度	9~10	7~8	5~6	3~4	1~2	
	学员学习效果	15	学员普遍有效地利用了教员推送的学习资源；学员积极参与教学活动，基本掌握教学内容	13~15	10~12	7~9	4~6	1~3	
总分（满分为100分，每一项所列等级分仅供参考，可据实打分）										

5.4 管理系统

教学管理软件是管理信息化的重要环节，科创联合基地利用管理平台对跨学校、跨年龄、跨内容的实训信息进行管理，客观地反映实际情况。如学员在初中阶段所在学校不同于高中阶段所在学校时、当学员的年龄不是同一个年级时，如何对他的学习记录、课程评价提供管理；当对某位学员选修的课程同时有理论课程、实践课程、竞赛课程时如何能在同一个系统内实现管理等，具体管理系统介绍如下。

学呗课堂实验教学管理平台，实行 PC 端和移动端同步为师生服务的模式，方便了用户的操作与体验。

根据角色不同，学呗课堂实验教学管理平台将用户分为管理员、教师、学生三种身份，功能如下：

学生：实验预约、工位预约、预约管理、课堂实验、作业提交、个人课表查看、个人信息管理等。

教师：实验室预约、预约管理、新增课程、新增实验、安排实验、已安排实验管理、考勤管理、课堂实验、个人课表查看、个人信息管理。

实验室管理员：添学期管理、加实验室、实验室管理、实验室预约审核、答疑室、个人信息管理。

5.4.1 管理功能

5.4.1.1 教师管理功能

教师使用流程如图 5-3 所示。

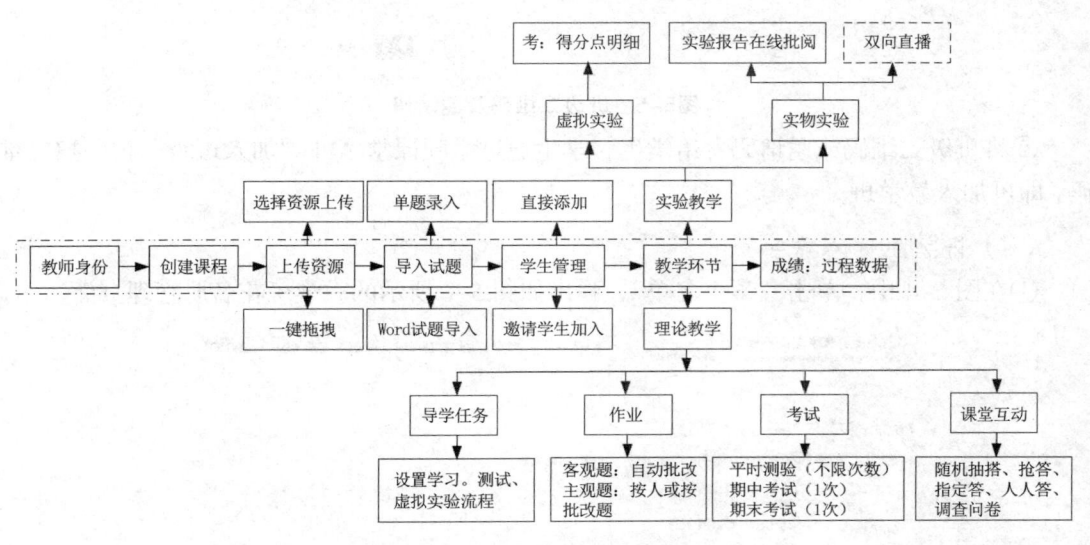

图5-3 教师使用流程

5.4.1.2 学生管理功能

创建教学班：单击"班级"，进入班级管理页面；单击"创建教学班"按钮，在弹出框中输入"教学班名称",单击"保存"按钮。

(1)添加学生:邀请学生加入教学班

①单击"邀请加班"如图5-4所示,将弹出如图5-5所示对话框。

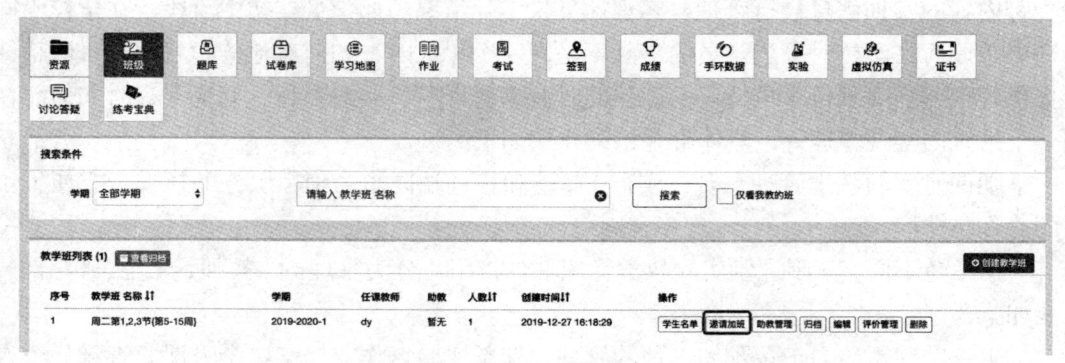

图5-4 教学班管理页面

图5-5 班级二维码及邀请码

②将班级二维码或邀请码发给学生,学生通过学呗课堂APP"加入班级"扫一扫二维码,即可加入教学班。

(2)将学生导入教学班

①在图5-4中,单击"学生名单",弹出如图5-6所示的教学班花名册管理页面。

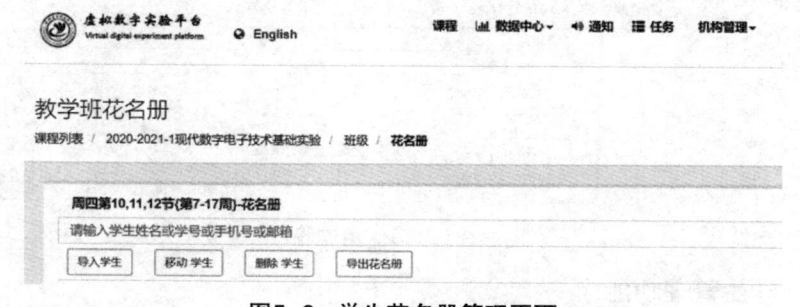

图5-6 学生花名册管理页面

②单击"导入学生",选择"从机构批量导入",如图5-7所示,即可将机构树下的某一节点下的全部学生导入;选择"从机构单个导入",可通过学生的姓名、学号、手机号或邮箱搜索机构下的学生;选择"从教学班导入",可导入其他教学班的学生。

图5-7　学生花名册管理批量导入页面

5.4.1.3　课程管理功能

创建课程:打开www.rem-lab.com并登录,单击右上角的"创建课程"按钮,如图5-8所示,弹出如图5-9所示创建课程对话框。

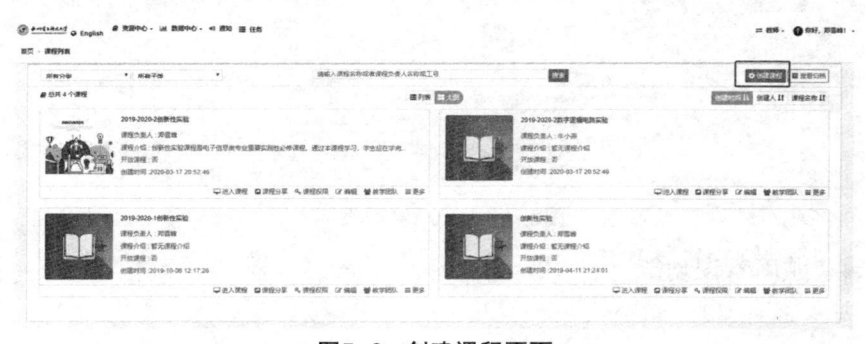

图5-8　创建课程页面

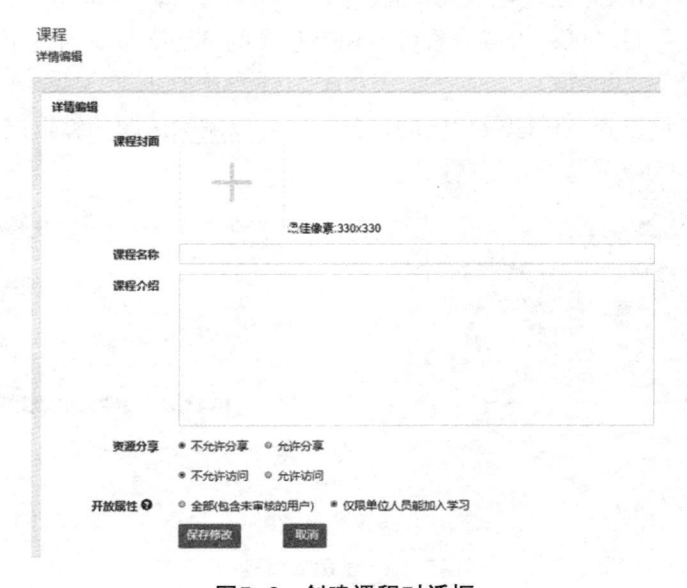

图5-9　创建课程对话框

课程分享：课程负责人可以将课程（包括课程资源、试题库、试卷库、作业库、学习地图等）打包复制给指定的教师，受分享的教师接收到分享通知。课程负责人也可以直接创建分享二维码，并设置是否需要审核。教师扫一扫"二维码"提交申请或立即获得课程。

课程权限设置：课程负责人可以设置任课老师、助教的权限。

教学团队：课程负责人可以设置本课程的教学团队。教学班的任课老师只能在教学团队中选择。

进入课程：单击图片或"进入课程"按钮，即可进入"课程"页面。"课程"页面包括资源、班级、题库、作业、考试、成绩、答疑、实验等模块。

课程资源上传：单击"资源"，进入资源管理页面。将计算机本地的课程资源文件夹拖拽到蓝色虚框内，释放鼠标后，系统就会自动进行识别检查。识别检查完毕后即可批量自动上传，如图5-10所示。

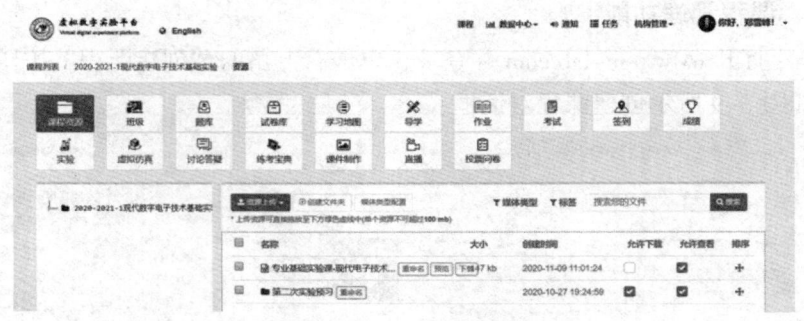

图5-10 资源管理页面

5.4.1.4 题库管理功能

（1）题库管理

单击"题库"，进入课程试题管理页面，如图5-11所示。

①在"知识点"目录区，可以查看各知识点包含的试题数量（通过下拉列表，可以查看各知识点的得分率）。

②在试题区，可以查看试题及相应的得分率，可以删除试题、编辑试题。

③可以批量导入或单题录入试题。

图5-11 试题库管理

（2）知识点管理

①单击"编辑",进入知识点编辑状态。

②单击"导入章节"可以导入课程资源目录;单击"添加章"则可以添加第一级知识点,如图5-12所示。

③将光标移动到"章"上,会出现动态菜单。通过动态菜单,可以添加节或重命名章、删除章,如图5-13所示。

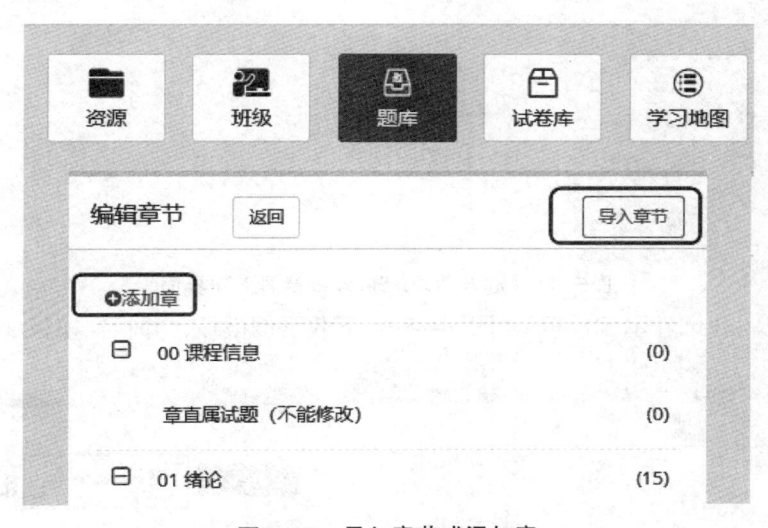

图5-12　导入章节或添加章

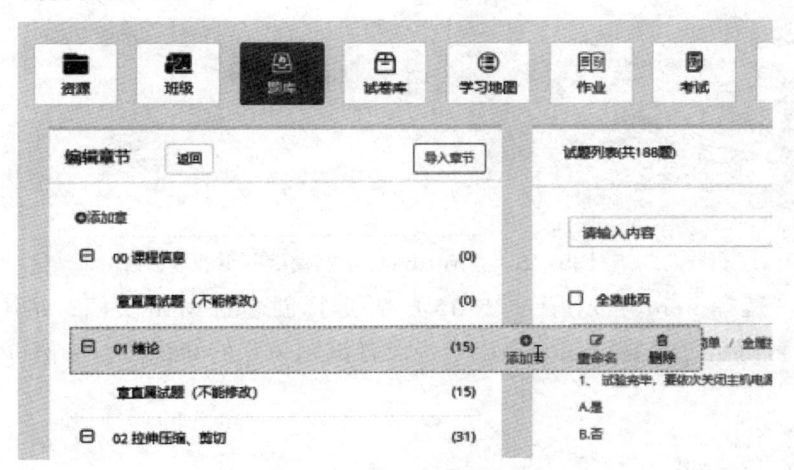

图5-13　添加节或修改章的名称

（3）批量导入试题

①单击"批量导入（word）"按钮，进入"word 试题批量导入"界面，如图 5-14 所示。

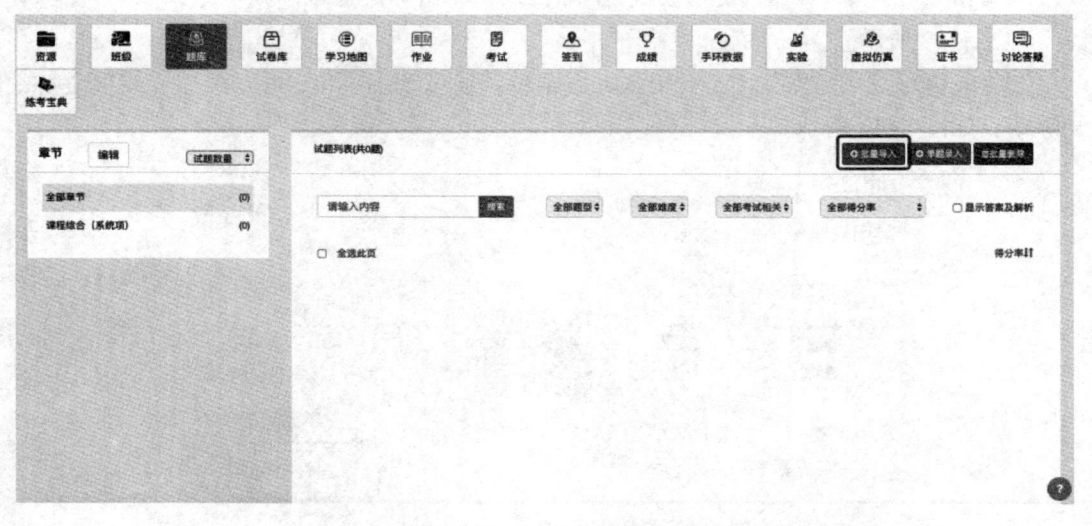

图5-14 进入"word试题批量导入"界面

②单击"word 试卷示例模板"（图 5-15），下载示例模板，并根据模板，整理好试题。

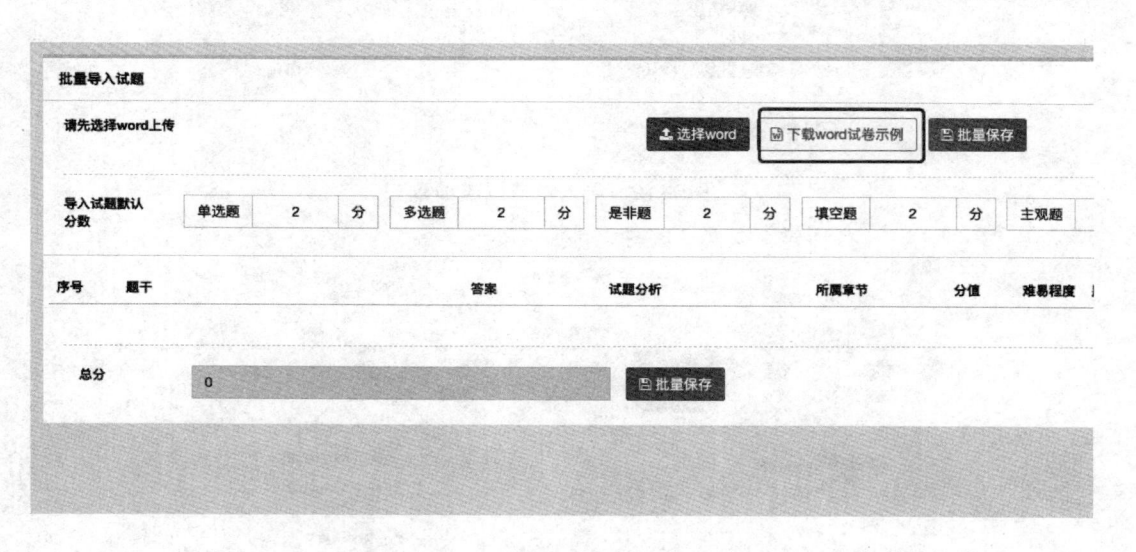

图5-15 "word试卷示例模板"下载

③单击"选择 word"按钮（图 5-15），并选择创建的 word 文档，系统就会自动对 word 文档进行解析，并将试题分离出来。设置试题关联的知识点、分值等，如图 5-16 所示。

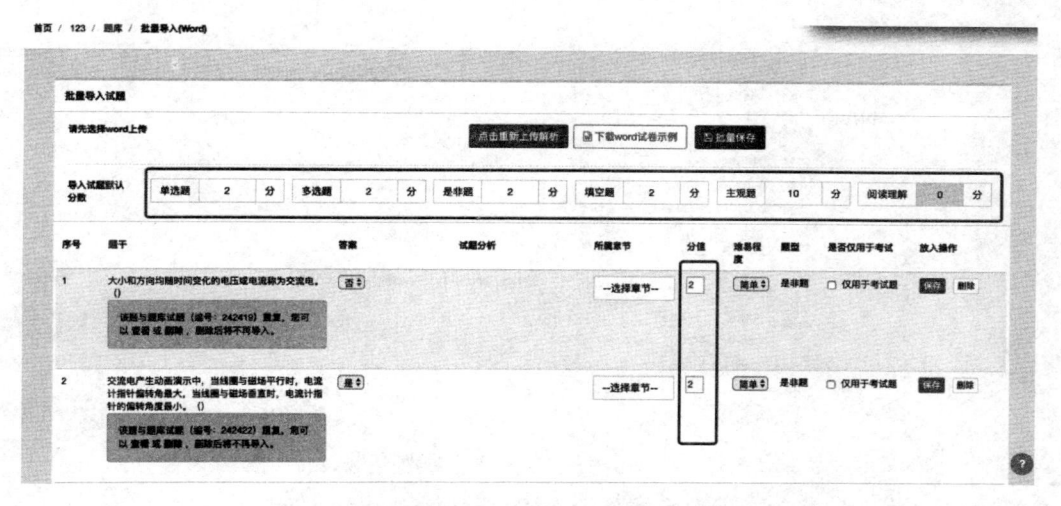

图5-16 自动解析word文档、自动分离出试题

④单击"批量保存"按钮，即可将试题保存到题库。

5.4.1.5 作业管理功能

作业分两种方式：普通作业和练习卷作业。练习卷的作业与考试操作基本相同，普通作业，如"课后习题1.1、习题1.5"，用一段描述性的语句说明作业的内容。普通作业只能由老师手动批改。本节主要介绍"普通作业"方式。

（1）发布作业任务

指定作业类型、作业描述、班级、作业时间、是否允许补交、附件等参数。

①单击"作业"，选择"创建作业"或在试卷库中选择"布置作业"（图5-17），进入添加作业页面。

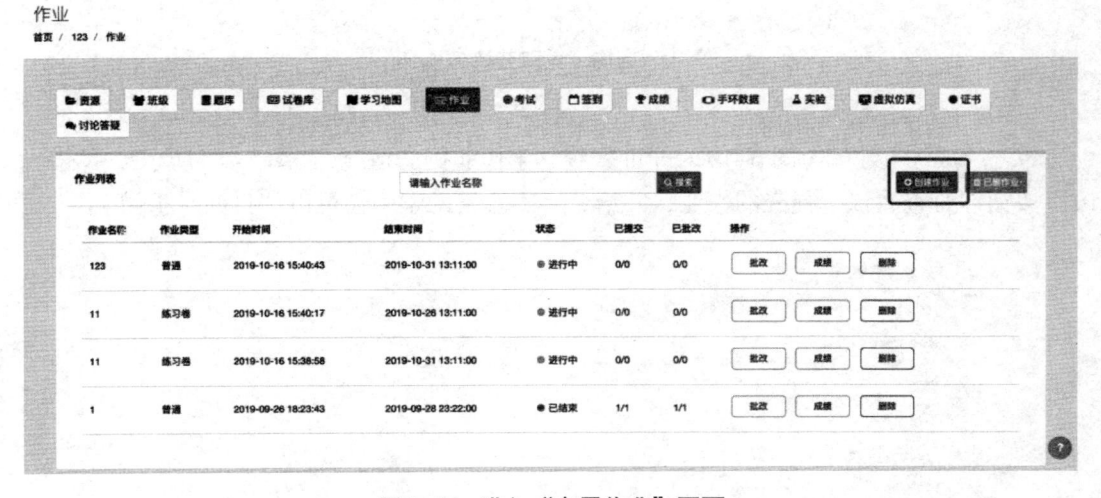

图5-17 进入"布置作业"页面

②设置作业"参数"，如图5-18所示。

图5-18 设置作业参数

③单击"发布"按钮，即可完成作业布置。

（2）开始作业

自动开始作业：达到设置的时间，自动开始作业。强制开始作业：单击如图5-19所示的"立即开始"按钮，即可立即开始作业，但作业的截止时间不变。

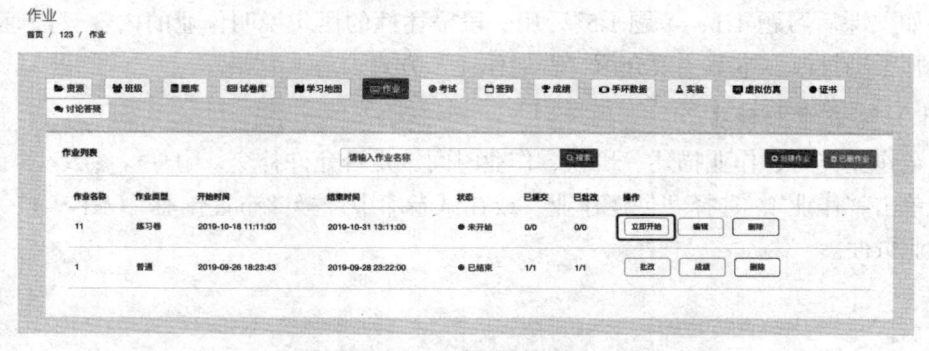

图 5-19 立即开始作业

（3）作业批阅

单击"成绩"按钮（图5-19），即可查看学生作业提交情况，如图5-20所示。单击"批改"按钮即可查看该生提交的作业，并给分。不合格的学生还可以"打回"重做。

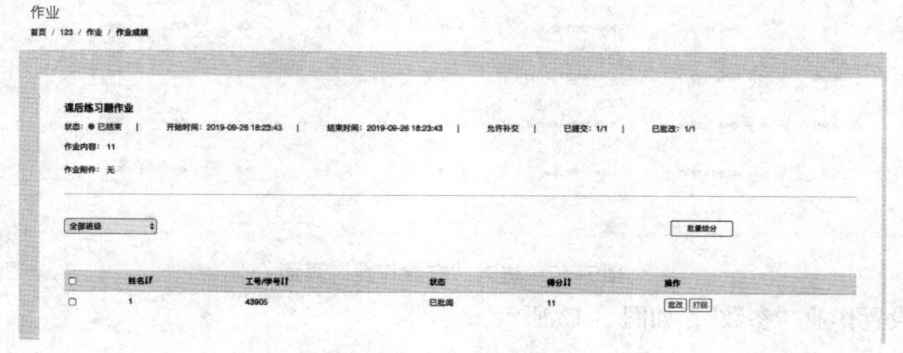

图5-20 作业完成情况

第5章 科创联合基地融合育人体系保障制度及管理系统建设

（4）补交作业

可以单击"补交"按钮（图5-21），并设置补交的截止时间。学生在补交截止时间之前，可以补交作业。

图5-21 补交作业

5.4.1.6 考试管理功能

（1）创建考试

①单击"考试"，选择"添加考试"（图5-22），或在试卷库中单击"添加考试"，进入添加考试页面（图5-23）。

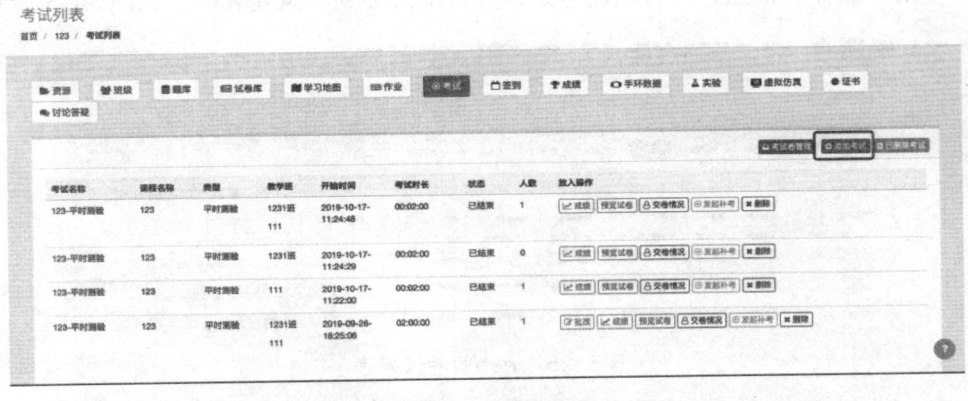

图5-22 添加考试

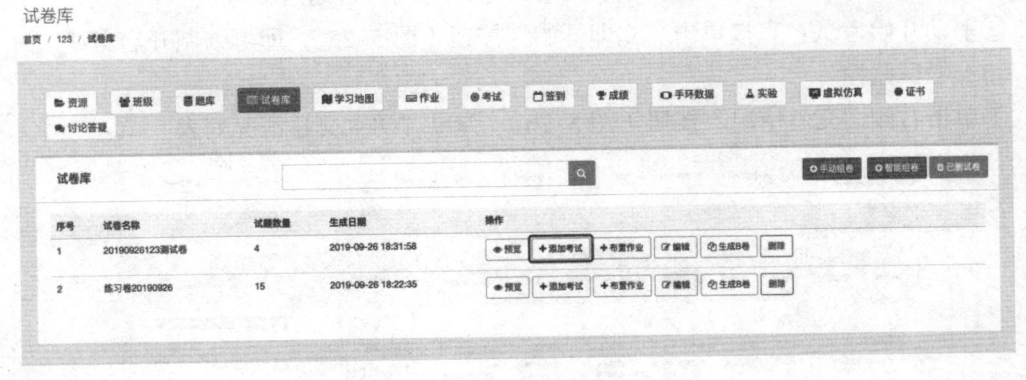

图5-23 从试卷库中添加考试

②设置考试参数，如图5-24所示。

-153-

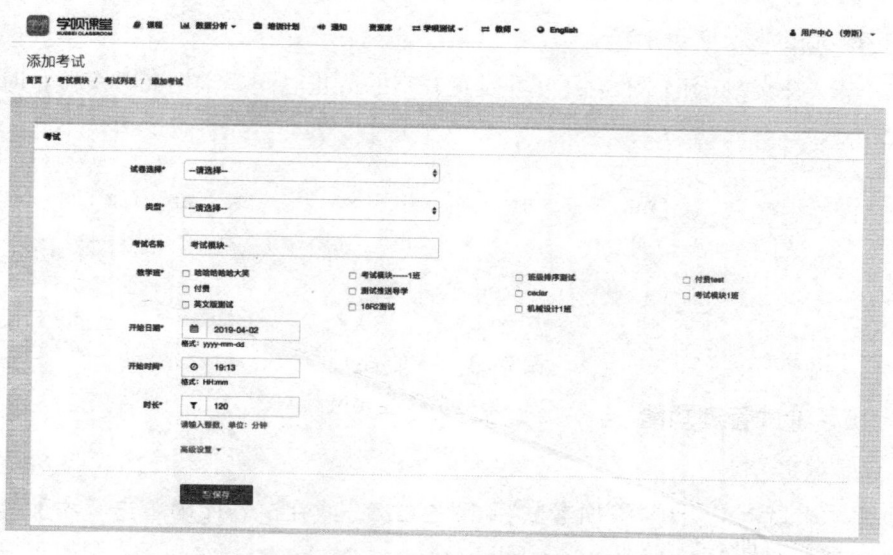

图5-24 web版设置考试参数

③单击"保存"按钮，即可创建考试，并自动添加到考试列表中，如图5-25所示。

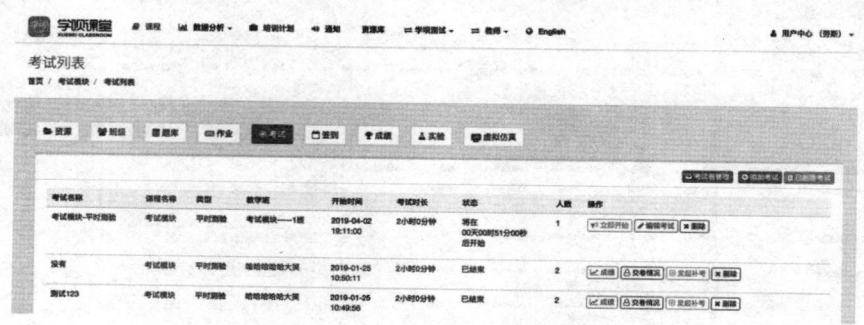

图5-25 web版考试列表

（2）开始考试
①自动开始考试：系统时间到达所设置的考试时间，自动启动考试。
②手动开始考试：直接单击"立即开始"按钮（图5-25），即可强制开启考试。
（3）考试监控
①单击右侧"交卷情况"按钮（图5-26），弹出"学生交卷情况列表"。

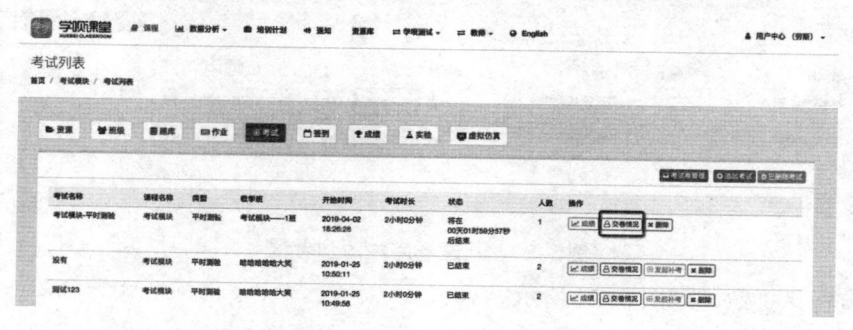

图5-26 进入"学生交卷情况列表"

②在"学生交卷情况列表"框中,可以查看考生的状态,包括:是否参加考试及是否交卷等(图5-27)。

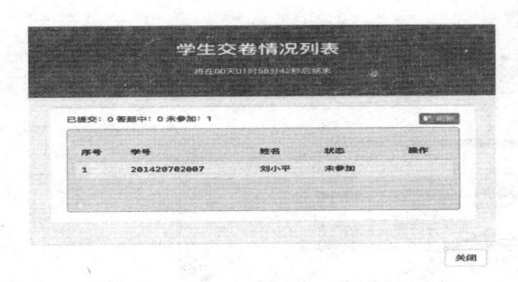

图5-27　web版学生考试情况

(4)试题批改

客观题由系统自动批改。主观题的批改采用人工批改。"学呗课堂"提供2种批改方式:按人批改和按题批改。填空题由系统自动批改,但教师可以进行审核。审核时,只显示自动批改为错误的填空题。

(5)试卷分析(以手机端为例)

通过试卷分析,发现教学死角,及时巩固。

①单击"考试"按钮,点击一项考试,在弹出的快捷菜单中选择"成绩分析"(图5-28),即可进入试卷分析页面。

②整体分析:如图5-29所示,以柱状图形式展示该次考试的成绩分布情况,可显示出每个成绩段的人员数。

③调阅学生的试卷:单击每个学生对应选项后,即可调阅学生的试卷。

④查看教学死角:单击"试题分析"(图5-30),即可查看试题得分率,得分率越低,说明学生掌握越差。

图5-28　试卷整体分析　　　　图5-29　试卷整体分析

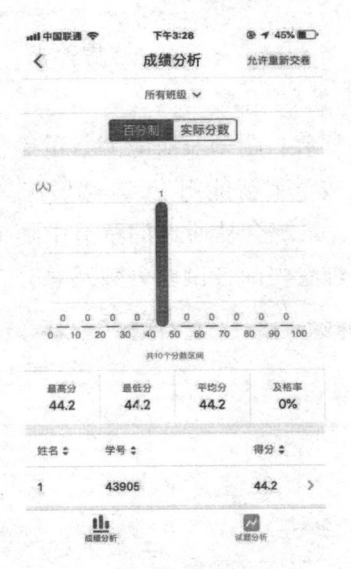

-155-

⑤查看课程考试动态变化情况：单击"趋势分析"，会用图表形式显示该课程历次考试的分数情况及变化情况（图5-31）。

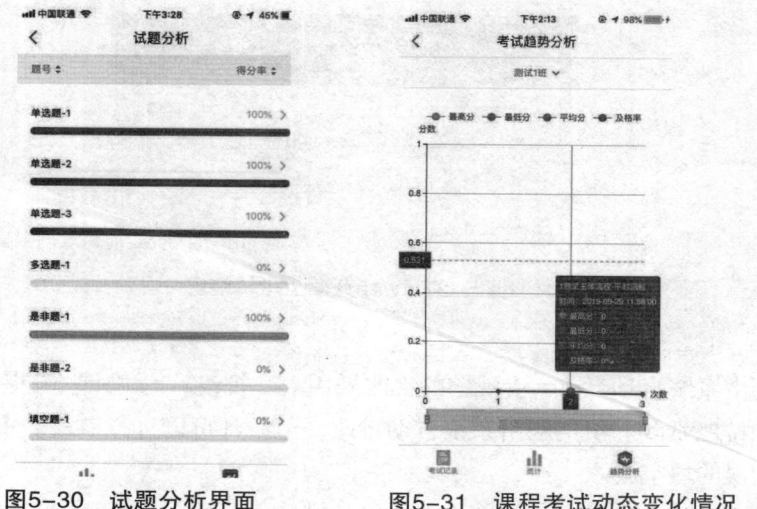

图5-30 试题分析界面

图5-31 课程考试动态变化情况

5.4.1.7 试卷管理功能

（1）试卷库

提供创建试卷、编辑等功能。单击"组卷"按钮，即可进入试卷库组卷页面（图5-32）。

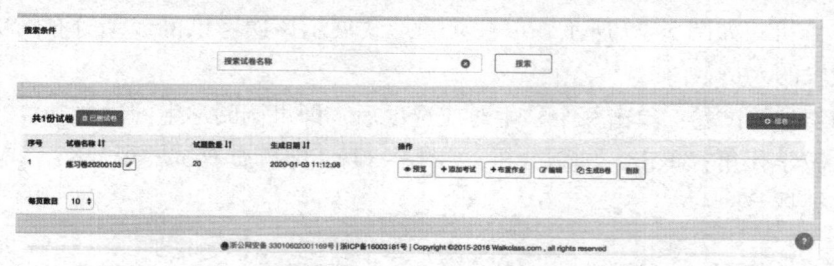

图5-32 进入"试卷库"

（2）根据意图出卷

通过指定章节、题型及对应的数量等，一键生成试卷。

①选择"按章节智能组卷"，然后选择出卷的章节范围、输入各章节各类题型出题数量（图5-33），系统会从所选的章节中随机抽取出试题，单击保存后，底部会展示出各题出题数量，可查看当前各试题分数及总分。

图5-33 按章节出题

②单击"预览试卷"（图5-34），可以查看到整张试卷的内容。如果试题不符合要求，可以点击底部的返回继续编辑题目。试卷会默认生成试卷名称，单击可修改名称。

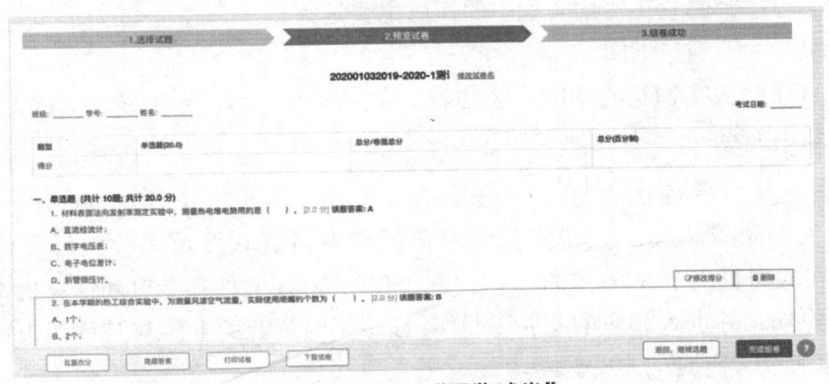

图5-34 进入"预览试卷"

③单击完"成组卷"后，即可完成智能组卷，试卷会保存到试卷列表中。

手动组卷：直接从题库中手动选择并添加试题，完成试题组卷。

A.单击图5-34中的"自由手动组卷"按钮，即进入选择试题页面。

B.添加试题。通过知识点、关键词等选择符合要求的试题，然后单击试题后面的"选题"按钮，即可将该题添加到试卷中，如图5-35所示。

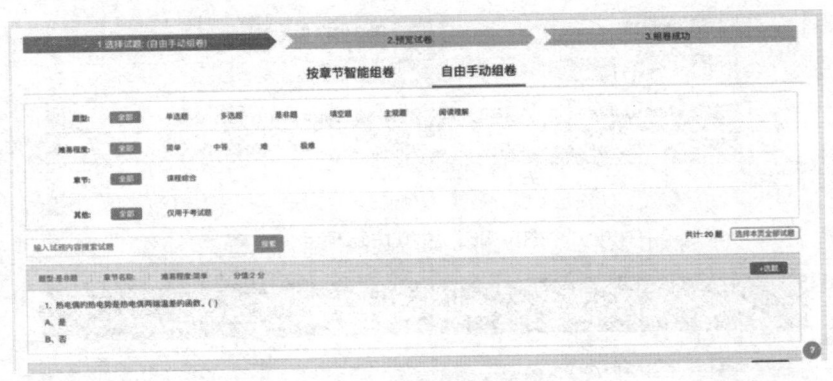

图5-35 手动添加试题

C.试题添加完成后，可以单击"预览试卷"，查看是否满足要求。

D.单击"完成组卷"，完成手动组卷。

生成B卷：单击"生成B卷"，即可根据母卷的配置，新生成一份试卷。B卷与母卷的出题范围完全相同。

5.4.2 活动管理

5.4.2.1 讲授实训课程管理

数字化学习平台课堂支持虚拟实验和实物实验。数字化学习平台课堂在虚拟实验中的作用主要是：

①用户身份认证，只要是教学班内的学生，任何时间、任何地点都可以进行虚拟实验，

而不局限于计算机机房。

②学生虚拟实验的成绩及痕迹记录。

数字化学习平台课堂在实物实验中的作用主要是：

①实验报告的管理与批阅。

②双向直播解决实物实验中的"老师教、学生观摩"与"学生做，老师监控与评价"两种教学场景的痛点。

（1）虚拟实验资源上传

①虚拟实验资源上传。虚拟实验资源包括虚拟仿真软件及实验项目文件（后缀为VFD，一个实验项目一个VFD文件，用户通过单击VFD文件，能启动计算机本地的虚拟仿真软件客户端，并进入相应的实验项目）。虚拟实验资源的上传与其他课程资源一样在"资源"页面通过"拖拽"方式上传。

②上传完成后，在"实验"|"实验项目"页面，可以看到已上传的虚拟仿真项目单击"实验安装包"（图5-36），可以在弹出的弹框中设置实验项目与安装包的对应关系（图5-37）。

图5-36 虚拟仿真项目

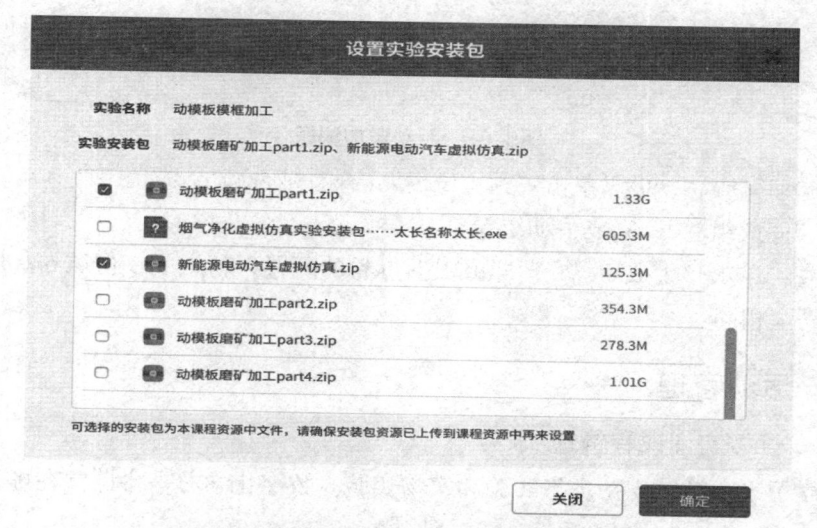

图5-37 设置实验项目与安装包的对应关系

（2）实验与上传实验报告（学生操作）

①学生在"课程资源"中，通过"虚拟仿真"标签，可以快速筛选出虚拟实验。

②单击一个实验名称，即可进入对应虚拟实验管理页面（图5-38）。

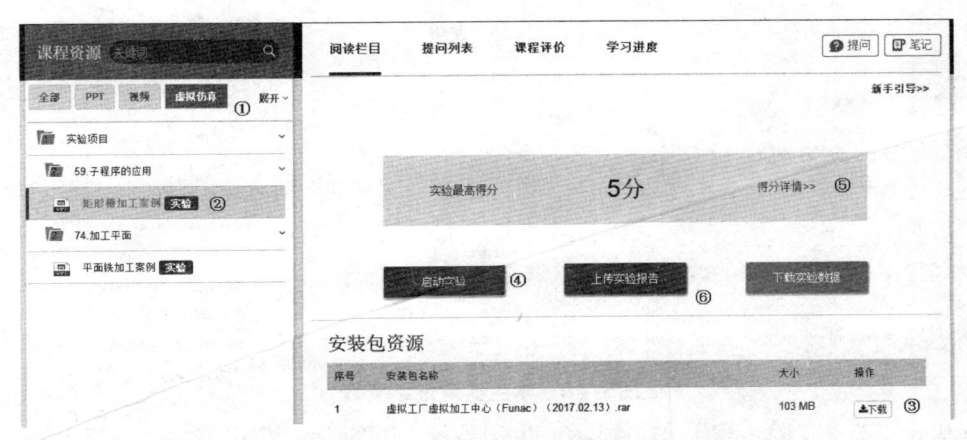

图5-38 学生虚拟实训启动页面

③下载并安装虚拟仿真软件（注意：虚拟仿真软件不要安装在系统盘）。

④单击"启动实验"按钮，即可启动计算机本地的实验仿真实验。

⑤可以查看虚拟实训的得分详情及下载虚拟实训产生的实验数据。

⑥撰写实验报告，然后单击"上传实验报告"按钮，选择实验报告文档，即可上传实验报告。

（3）查看学生虚拟实验成绩与详情

①在"实验""|实验项目"页面，单击实验项目名称，如"动模版磨框加工"（图5-39），即可进入该实验项目的成绩列表。

图5-39 进入实验项目

②选择班级，然后单击"查询成绩"按钮，即可列出班级中所有已经完成虚拟实验成绩的学生列表（图5-40）。

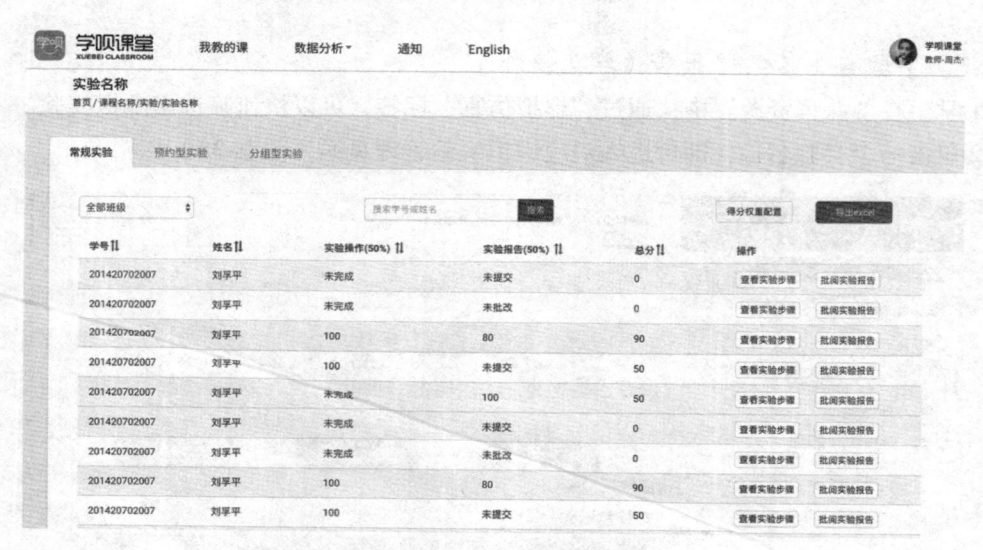

图5-40　学生实验成绩列表

③单击"查看实验步骤",即可显示该生实验各步骤的得分情况;单击"批阅实验报告",即可查看学生提交的实验报告,可以批注、给分等。

(4)实验预约

在可预约时间段内,预约教师安排的自选时段课程,或对已预约的时间段进行取消预约操作。单击实验预约,进入实验预约功能页。单击实验,查看该实验的开放时段,单击想要预约的某个时间段,弹出预约提示框,此时可进行预约实验操作(图5-41)。

图5-41　实验预约界面

（5）工位预约

预约现实实验室的工位，预约成功后前往实验室做实验。单击工位预约，进入工位预约功能页。此时显示可预约的实验室列表，单击实验室进入时间选择页面，设置好预约的时间后，单击搜索图标即可查询该时间段内可预约的工位，选择工位，单击预约进行预约工位操作，如图5-42所示。

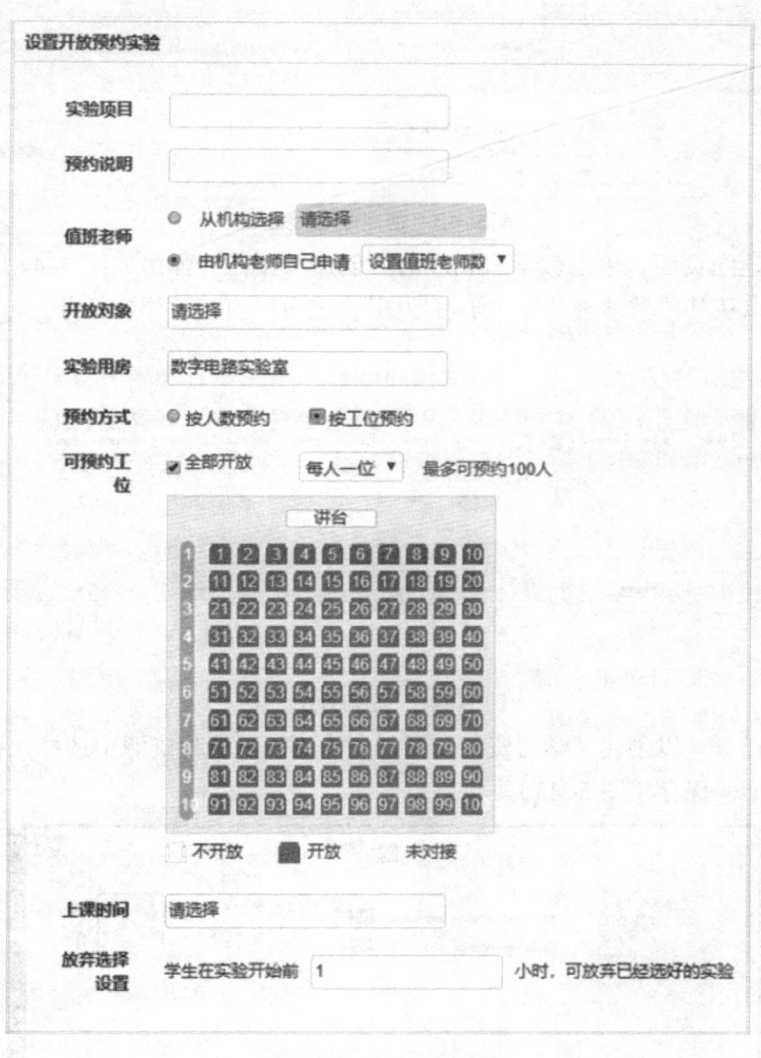

图5-42 工位预约界面

5.4.2.2 学习地图高效管理

学习地图是向学生提供自主学习的路径、内容及效果检测。学习地图采用"任务"形式，任务模式有：立即公开、闯关、定时公开、暂不公开四种模式（图5-43）。每个任务可以包括多个子任务。子任务类型主要有学习资源（指定学生需要学习的课件）、试题测试（指定学生需要完成的测试试题，主观题不批改）、虚拟仿真等。

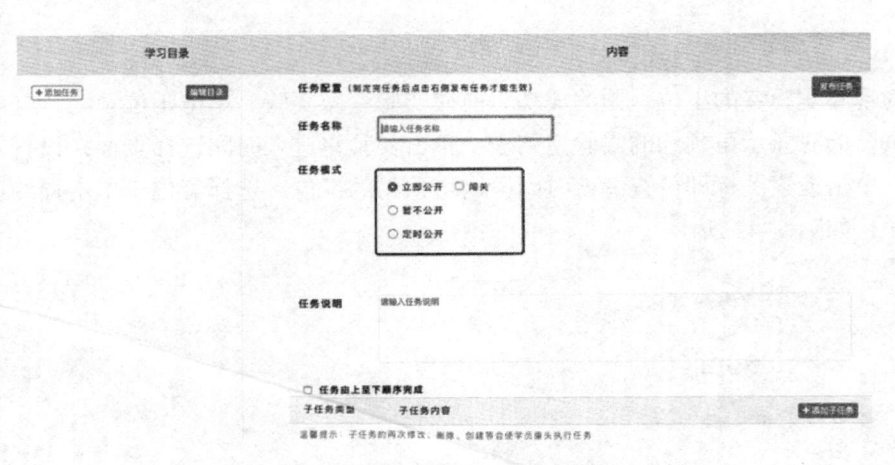

图5-43 创建学习地图

①在学习地图页面，单击教学班相应的"创建"按钮，弹出如图5-44所示创建学习地图页面。可以从其他教学班"导入学习地图"，也可以直接"添加任务"。

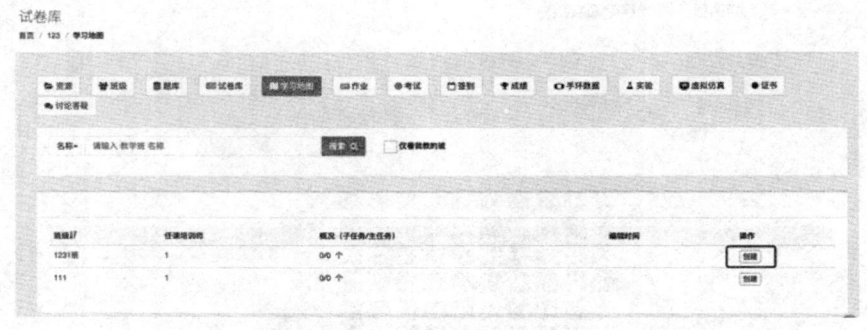

图5-44 "学习地图"

②添加子任务。以创建"学习资源"子任务为例：从课程资源中选择课程资源→设置要求的学习时间→保存（图5-45）。

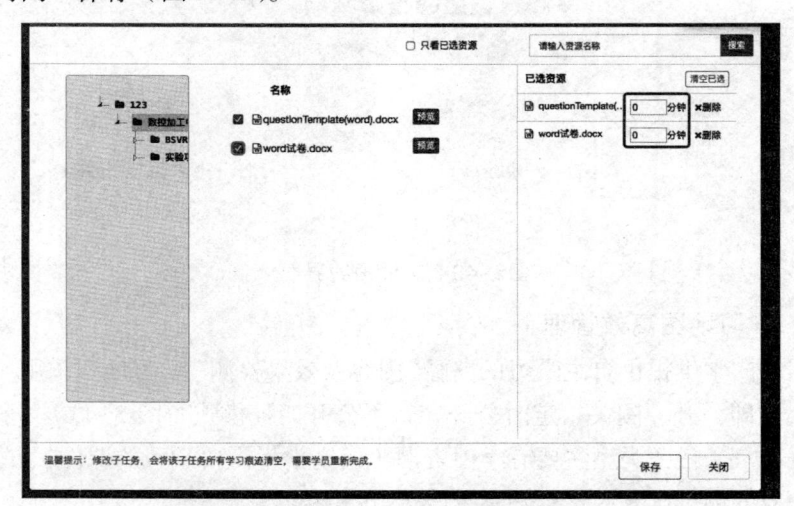

图5-45 创建"学习资源"子任务

③查看学生任务完成情况。单击"完成情况"按钮（图5-46）。即可查看该项任务的具体完成情况，包括任务完成率，每个学生的完成情况。

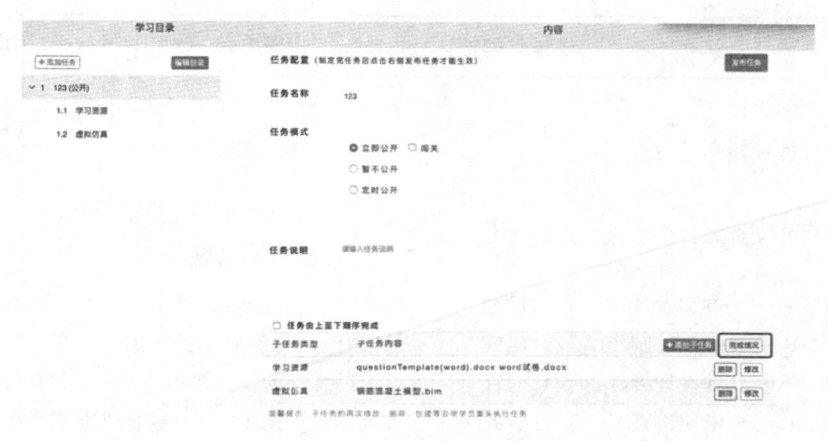

图5-46 查看任务完成情况

④在查看资源完成情况页面，单击"任务分析"，可以"按资源"还是"按人"查看完成情况（图5-47）。

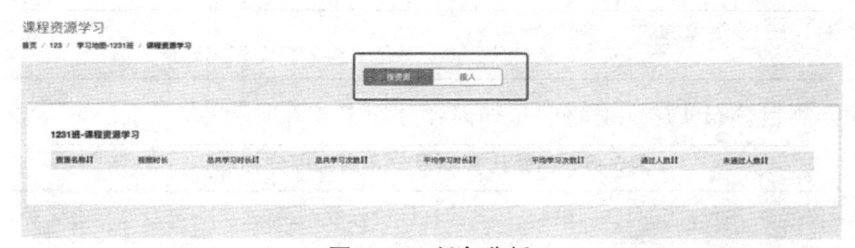

图5-47 任务分析

5.4.2.3 创新比赛项目管理

对于创新比赛项目，要在信息平台上管理，须在平台上新建一门课程（图5-48），然后根据比赛的进程，分别设定实验，每个实验就是项目的一个步骤。

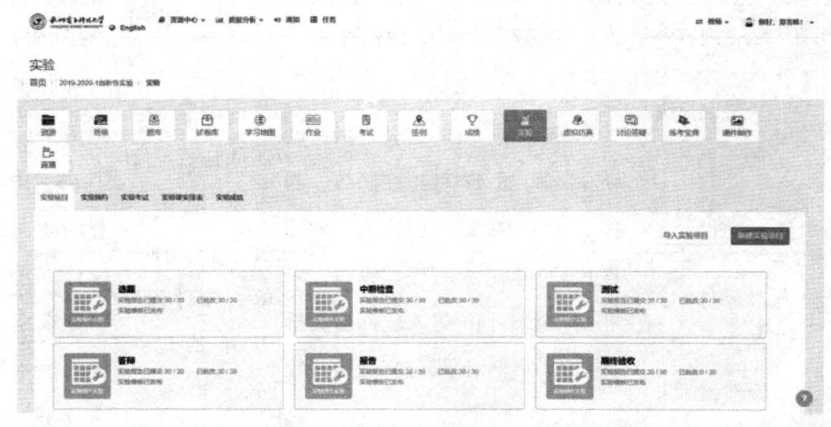

图5-48 新建一门课程用于比赛项目管理

创新比赛项目如表5-5所示，进行分步骤指导、监督。

表5-5 项目管理步骤清单

序号	项目名称	步骤类型	步骤内容	指导方法
1	创新项目——布置课程任务要求	综合研究	介绍创新途径方法、课程实施、分组等要求	讲授、讨论
2	创新项目——查资料报选题	设计研究	结合专业知识和实际应用，申报综合创新实验选题	学生讲解，讨论
3	创新项目——方案设计	设计研究	对项目进行合理的方案设计	自行设计，讨论
4	创新项目——硬件设计制作	设计研究	设计制作选题系统的硬件电路	自行制作，讨论
5	创新项目——软件设计编程	设计研究	设计选题系统的软件架构及流程	自行制作，讨论
6	创新项目——中期检查	设计研究	学生汇报阶段性完成情况，经验交流	学生讲解，讨论
7	创新项目——软件调试	设计研究	调试选题系统的软件程序	自行调试，讨论
8	创新项目——软硬件联调	设计研究	调试选题系统的软硬件	自行调试，讨论
9	创新项目——系统测试及完善	设计研究	对选题系统的软硬件进行完善	自行调试，讨论
10	创新项目——答辩及验收	综合研究	对最终结果进行测试验收，并让学生介绍整个制作完成过程	学生讲解，讨论

创新比赛项目分布实施，对每一步如何评分如表5-6所示。

表5-6 创新比赛项目分布实施评分标准

考核环节	基本要求	评价标准					成绩比例（%）
		90~100	80~89	70~79	60~69	0~59	
选题讨论	从选题应用性、创新性、工作量等方面考评	应用价值高；有创意，亮点多；难度大，内容多	应用价值较高；有创意，亮点较多；难度较大，内容较多	应用价值较高；有创意，个别亮点；难度适中，内容较多	应用价值一般；创意一般，无明显亮点；难度一般，内容不多	应用价值一般；无创意，重复前人工作；内容很简单	20
中期检查	制作进展情况，学生经验交流表现	进展很快：硬件制作完成，软件已编写，进入软硬件调试阶段分享经验：很多	进展较快：硬件开始焊接，软件主要程序已完成，进入软件仿真阶段分享经验：较多	进展一般：硬件正在制版，器件已采购，软件程序在编写，未进入软件仿真阶段分享经验：较少	进展较慢：硬件还在设计原理图未制版，器件刚下单，软件程序未开始编分享经验：很少	进展很慢：组员间协调不够，方案还有问题，还未设计原理图，器件未定，软件程序未开始编分享经验：几乎没有	10

续表

考核环节	基本要求	评价标准					成绩比例（%）
		90~100	80~89	70~79	60~69	0~59	
报告	内容完整性，自己写的比例，规范性	内容：自己写的很多，完整充实，总结到位；规范：结构合理，图表清楚，文字流畅	内容：自己写的较多，比较完整充实，总结比较到位；规范：结构比较合理，图表比较清楚，文字比较流畅	内容：自己写的不多，基本完整充实，总结单；规范：结构基本合理，图表基本清楚，文字基本流畅	内容：自己写的很少，不够完整充实，总结不到位；规范：结构不够合理，图表不够清楚，文字不够流畅	内容：大段拷贝，缺少章节，没有总结；规范：结构混乱，图表模糊，文字不通顺	10
答辩	参与程度，对项目的了解程度，贡献度	承担大部分任务；讲解清楚，回答问题准确	承担任务比较多；讲解比较清楚，回答问题基本正确	承担任务比较少；讲解不太清楚，回答问题有欠缺	承担任务很少；讲解有错误，回答问题错误	承担任务很少；不能讲解；不能回答问题	30
实物测试	功能指标；制作工艺	功能完整；指标达标；工艺很好	完成主要功能；指标基本达标；工艺较好	完成部分功能；部分指标达标；工艺一般	完成个别功能；指标不达标；工艺较差	没有实现功能；无法测试指标；工艺很差	30

分数的评分比例：采用百分制，按选题讨论、中期检查、报告、答辩、实物测试五个环节评分。

项目总评成绩 = 平时成绩 × 30% + 项目成绩 × 70%

平时成绩 = 选题讨论成绩 ×（2/3）+ 中期汇报成绩 ×（1/3）

项目成绩 = 实物测试成绩 ×（3/7）+ 报告成绩 ×（1/7）+ 答辩成绩 ×（3/7）

5.4.3 实践课程资源信息化管理体系实例

5.4.3.1 实验课建课

创建实践课程如图 5-49 所示。

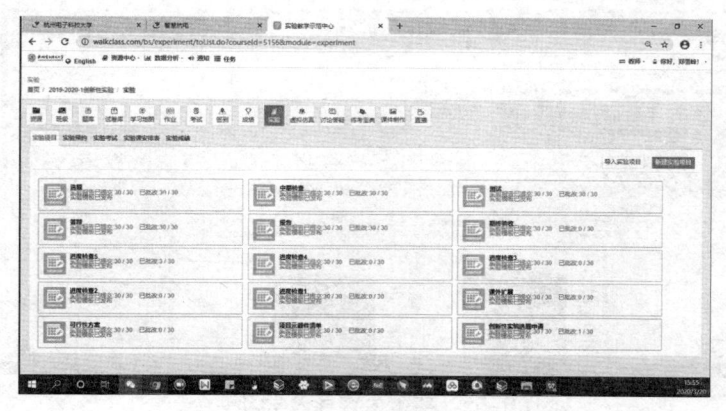

图5-49 新建实践课程

5.4.3.2 课程内容

将课程的内容如实验目的（图5-50）、实验原理（图5-51）、实验内容（图5-52）、实验记录（图5-53）等导入数字化学习平台。

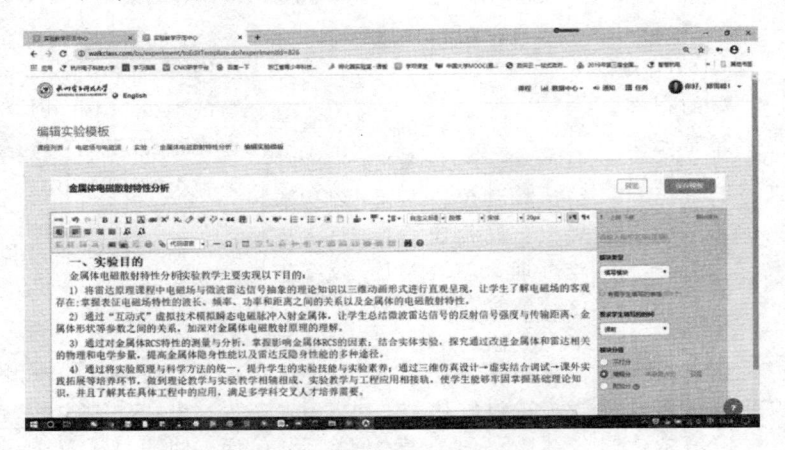

图5-50　实验目的导入学习平台

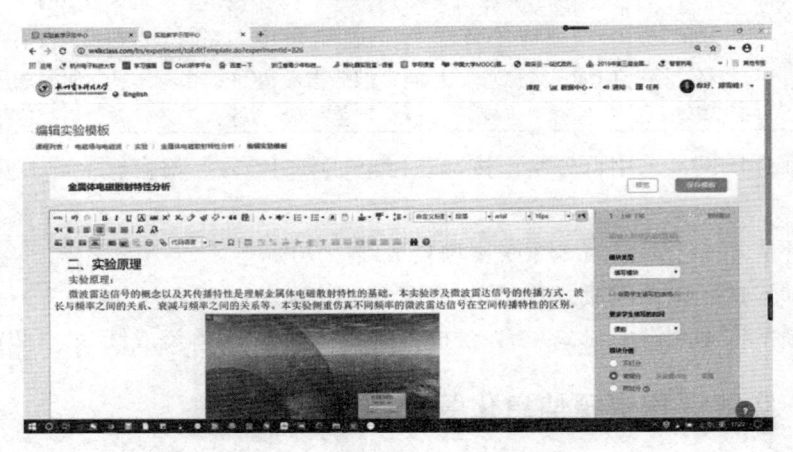

图5-51　实验原理导入学习平台

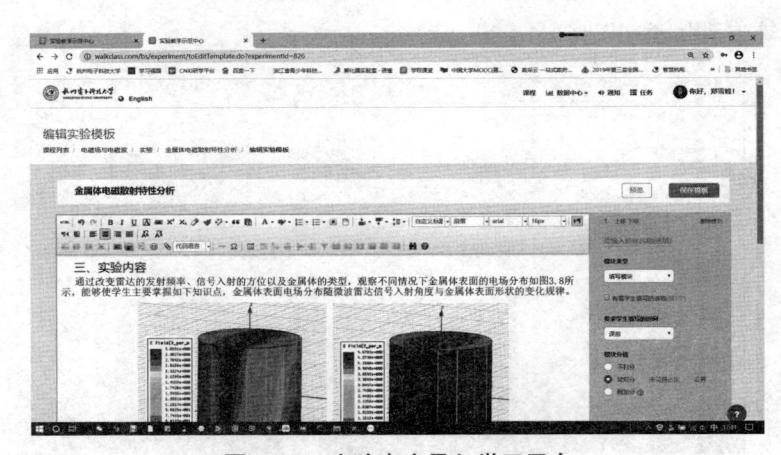

图5-52　实验内容导入学习平台

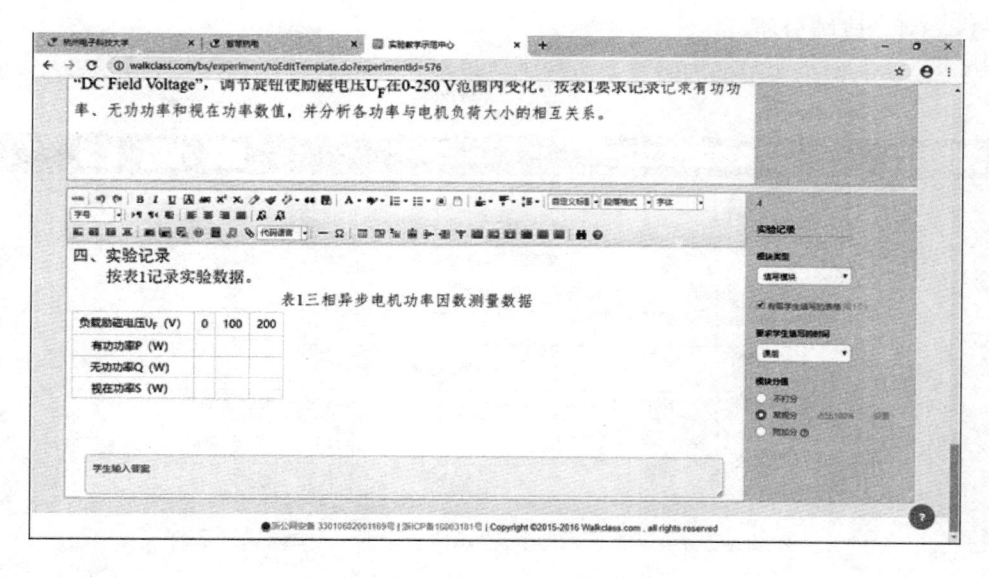

图5-53　实验记录导入学习平台

5.4.3.3　成绩导出

学期结束时，对教学班的同学的成绩进行导出（图5-54）。

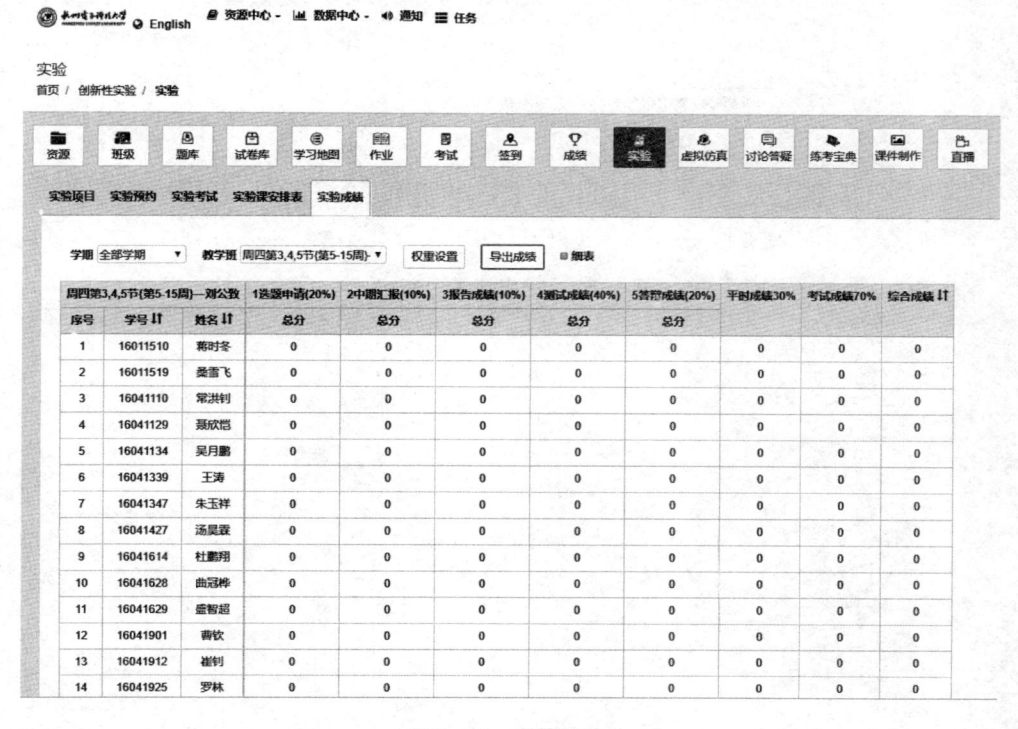

图5-54　成绩导出

5.4.3.4 成绩分析

学期结束时输出成绩的同时，对成绩进行小结，输出小结表（图 5-55）。

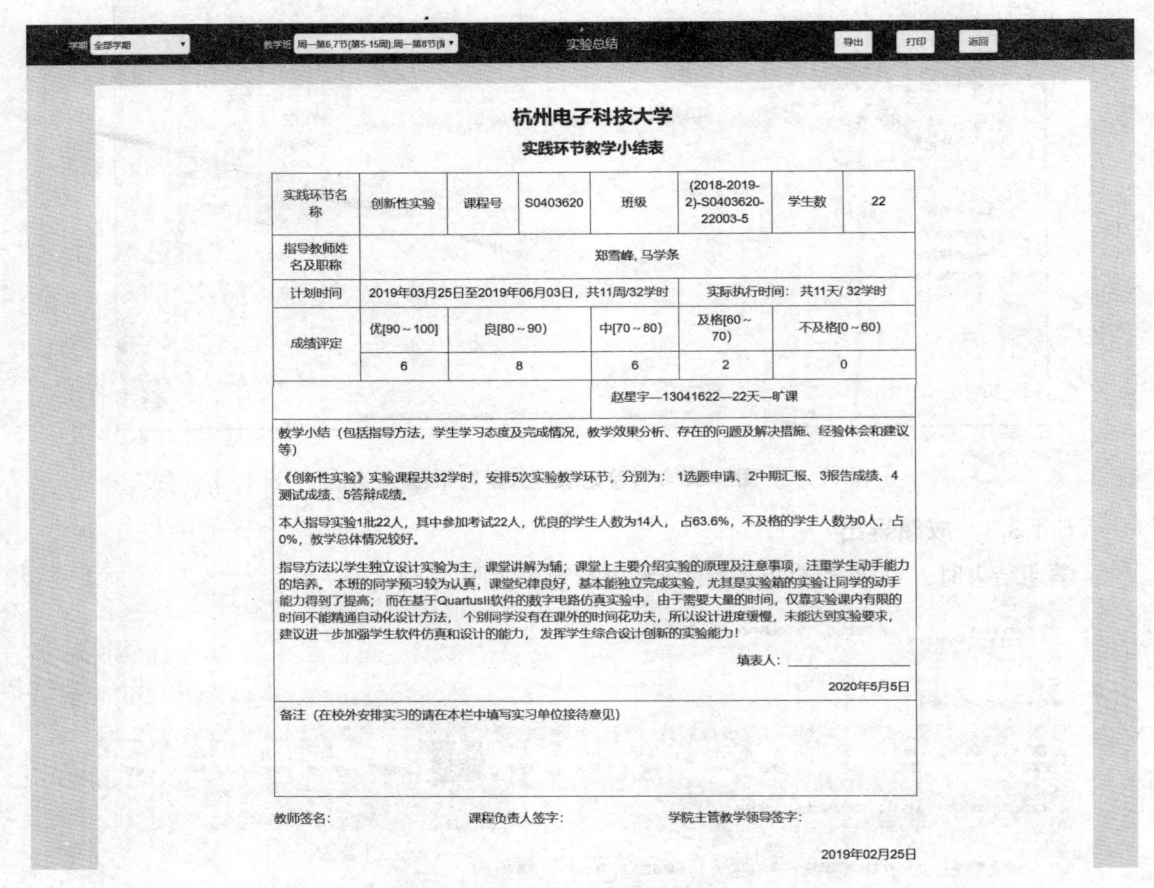

图5-55 输出成绩分析表

第6章 科技创新实践活动介绍

在科创联合基地融合育人体系的十年规划中，在"以赛促学"的方针下，最终以竞赛比拼科技创新能力和综合能力，是对参赛队从创意到作品，从设计到制作，从立项到答辩的全过程、全方位的考核，作为学员学习成绩的重要组成部分。下面介绍几个规划内的比赛，以供参考。

6.1 中学学员参加的竞赛

我们为高二年级同学规划的竞赛赛程主要是针对全国青少年科技创新大赛，如需参加其他竞赛可根基赛制和赛程进行编写规划，下面对全国青少年科技创新大赛作一个介绍。

全国青少年科技创新大赛是由中国科协、教育部、科技部、国家环保部、国家体育总局、共青团中央、全国妇联、国家自然科学基金委和承办地人民政府共同主办，英特尔（中国）有限公司领衔赞助的一项全国性的青少年科技竞赛活动。

全国青少年科技创新大赛的由来要追溯到我国改革开放之初的1979年。1979年11月，中国科协、教育部等在北京举办了"首届全国青少年科技作品展览"。这次展览得到了国家领导人的重视，邓小平同志为该活动题词："青少年是祖国的未来，科学的希望！"这就是"全国青少年科技创新大赛"的前身。在党和国家领导人以及众多老一辈科学家的重视、关心和大力支持下，中国科协牵头、联合教育部等相关部委从1982年开始举办了"全国青少年发明创造比赛和科学讨论会"，从1991年开始举办"全国青少年生物百项活动"，两项活动均为两年举办一届，交替在全国各地举行。为适应我国青少年科技活动的发展，也为了与国际青少年科技活动相接轨，加强国际间的青少年科技活动交流，主办单位于2000年开始对这两项全国性的青少年科技活动进行改革，将"全国青少年发明创造比赛和科学讨论会"更名为"全国青少年科技创新大赛"。2002年，主办单位将两项活动进行了整合，已举办届数相加，统一更名为"全国青少年科技创新大赛"，每年举办一届。

全国青少年科技创新大赛是中国科协深入贯彻落实《全民科学素质行动计划纲要》，进一步加强未成年人科学素质行动和科学教育与培训基础工程建设的一项具体工作，经过30年的不断发展和完善，全国青少年科技创新大赛紧扣时代脉搏，充分体现了时代精神，已经成为青少年创新精神和实践能力培养方面的特色品牌，是我国国内面向学校中小学生开展的规模最大、层次最高的一项具有示范性和导向性的青少年科技教育活动。全国青少年科技创新大赛的举办为全国青少年和科技辅导员搭建了一个科技创新活动成果展示交流的平台，强化和培养了广大青少年的科学道德、创新精神和实践能力，提高了他们的科学素质，为经济社会发展培养优秀科技创新型后备人才，推进建设创新型国家进程。

全国青少年科技创新大赛官网首页如图6-1所示。

图6-1　全国青少年科技创新大赛官网首页

全国青少年科技创新大赛分为青少年和科技辅导员两个板块，内容包括竞赛活动和展示活动两个系列，如图6-2所示。竞赛活动包括小学生科技创新成果竞赛、中学生科技创新成果竞赛、科技辅导员科技创新成果竞赛。展示活动包括少年儿童科学幻想绘画比赛、青少年科技实践活动比赛等。在全国青少年科技创新大赛终评期间，还设立了科技教育论坛，包括主旨报告、专题发言、参与式培训等。

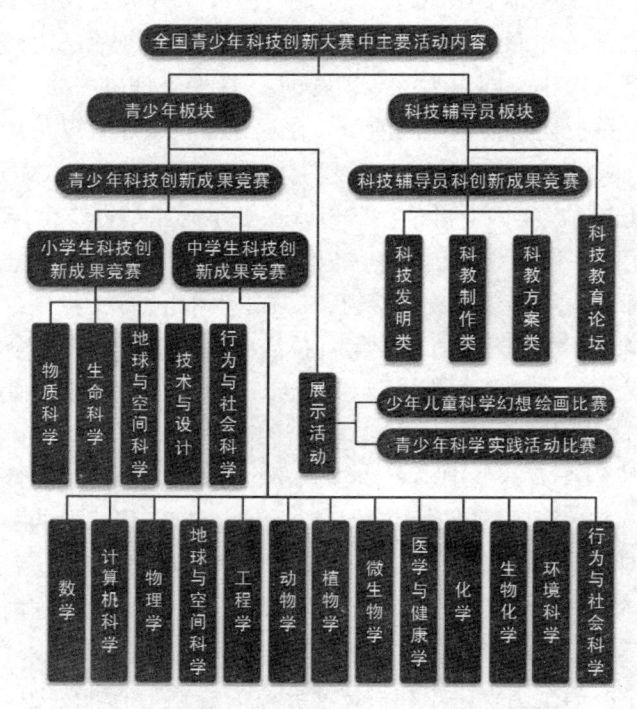

图6-2　全国青少年科技创新大赛主要竞赛活动图

6.2 大学学员参加的竞赛

对大学学员以电子信息专业的同学参加的比赛为例，主要规划有全国大学生电子设计竞赛，挑战杯、创青春、"互联网+"大学生创业三大赛，中国高校智能机器人创意大赛，浙江省"新苗人才计划"，全国大学生 FPGA 创新设计竞赛等。

6.2.1 全国大学生电子设计竞赛

全国大学生电子设计竞赛官网：http://nuedc.xjtu.edu.cn/，首页如图 6-3 所示。

图6-3　全国大学生电子设计竞赛官网

全国大学生电子设计竞赛（National Undergraduate Electronics Design Contest）是教育部与工业和信息化部共同发起的大学生学科竞赛之一，是面向大学生的群众性科技活动，目的在于推动高等学校促进信息与电子类学科课程体系和课程内容的改革。竞赛的特点是与高等学校相关专业的课程体系和课程内容改革密切结合，以推动其课程教学、教学改革和实验室建设工作。

竞赛特点与特色：全国大学生电子设计竞赛的特点是与高等学校相关专业的课程体系和课程内容改革密切结合，以推动其课程教学、教学改革和实验室建设工作。竞赛的特色是与理论联系实际学风建设紧密结合，竞赛内容既有理论设计，又有实际制作，以全面检验和加强参赛学生的理论基础和实践创新能力。

指导思想与目的为全国大学生电子设计竞赛是教育部倡导的大学生学科竞赛之一，是面向大学生的群众性科技活动，目的在于推动高等学校促进信息与电子类学科课程体系和课程内容的改革，有助于高等学校实施素质教育，培养大学生的实践创新意识与基本能力、团队协作的人文精神和理论联系实际的学风；有助于学生工程实践素质的培养、提高学生针对实际问题进行电子设计制作的能力；有助于吸引、鼓励广大青年学生踊跃参加课外科技活动，为优秀人才的脱颖而出创造条件。

组织运行模式：全国大学生电子设计竞赛的组织运行模式为"政府主办、专家主导、学生主体、社会参与"十六字方针，以充分调动各方面的参与积极性。

竞赛时间和竞赛周期：全国大学生电子设计竞赛从 1997 年开始每二年举办一届，每逢单数年的 9 月举办，赛期四天三夜（具体日期届时通知）。在双数的非竞赛年份，根据实际需要由全国竞赛组委会和有关赛区组织开展全国的专题性竞赛，同时积极鼓励各赛区和学校根据自身条件适时组织开展赛区和学校一级的大学生电子设计竞赛。

竞赛方式：竞赛采用全国统一命题、分赛区组织的方式，竞赛采用"半封闭、相对集中"的组织方式进行。竞赛期间学生可以查阅有关纸介或网络技术资料，队内学生可以集体商讨设计思想，确定设计方案，分工负责、团结协作，以队为基本单位独立完成竞赛任务；竞赛期间不允许任何教师或其他人员进行任何形式的指导或引导；竞赛期间参赛队员不得与队外任何人员讨论商量。参赛学校应将参赛学生相对集中在实验室内进行竞赛，便于组织人员巡查。为保证竞赛工作，竞赛所需设备、元器件等均由各参赛学校负责提供。

竞赛题目：竞赛题目是保证竞赛工作顺利开展的关键，应由全国专家组制定命题原则，赛前发至各赛区。全国竞赛命题应在广泛开展赛区征题的基础上由全国竞赛命题专家统一进行命题。全国竞赛命题专家组以责任专家为主体，并与部分全国专家组专家和高职高专学校专家组合而成。全国竞赛采用两套题目，即本科生组题目和高职高专学生组题目，参赛的本科生只能选本科生组题目；高职高专学生原则上选择高职高专学生组题目，但也可选择本科生组题目，并按本科生组题目的标准进行评审。只要参赛队中有本科生，该队只能选择本科生组题目，并按本科生组题目的标准进行评审。凡不符合上述选题规定的作品均视为无效，赛区不予以评审。

赛题分析：

①电源类：简易数控直流电源、直流稳压电源。

②信号源类：实用信号源的设计和制作、波形发生器、电压控制 LC 振荡器等。

③高频无线电类：简易无线电遥控系统、调幅广播收音机、短波调频接收机、调频收音机等。

④放大器类：实用低频功率放大器、高效率音频功率放大器、宽带放大器等。

⑤仪器仪表类：简易电阻、电容和电感测试仪、简易数字频率计、频率特性测试仪、数字式工频有效值多用表、简易数字存储示波器、低频数字式相位测量仪、简易逻辑分析仪。

⑥数据采集与处理类：多路数据采集系统、数字化语音存储与回放系统、数据采集与传输系统。

⑦控制类：水温控制系统、自动往返电动小汽车、简易智能电动车、液体点滴速度监控装置。

6.2.2 挑战杯、创青春、互联网+大学生创业三大赛概述

创新创业大赛可以培养大学生综合能力，在六大领导力模型中，管理、组织、协调、沟通、领导、控制能力，在带团队比赛的过程中，这六方面能力都可以得到锻炼与提升。

训练能力的道路千丝万缕，重要的是坚守自己的人品、定位自己的层次，明确自己的目标，了解自己的需求，寻找最适合自己的道路与资源，持之以恒地走下去。拥抱"互联网+"时代，共筑创新创业梦想。

大学生创新创业大赛分为两大类，一类是创新类，另一类是创业类。创新类如挑战杯比赛，创业类包括"互联网+"、创青春两个比赛。

"挑战杯"竞赛是由共青团中央、中国科协、教育部和全国学联共同主办的全国性的大学生课外学术实践竞赛。这项活动坚持"崇尚科学，追求真知，勤奋学习，迎接挑战"的宗旨，被誉为中国大学生科技创新创业的"奥林匹克"盛会，是目前国内大学生最关注最热门的全国性竞赛，也是全国最具代表性、权威性、示范性、导向性的大学生竞赛。挑战杯竞赛两个并列项目："挑战杯"中国大学生创业计划竞赛和"挑战杯"全国大学生课外学术科技作品竞赛。

"互联网+"旨在深化高等教育综合改革，激发大学生的创造力，培养造就"大众创业、万众创新"的生力军；推动赛事成果转化和产学研用紧密结合，促进"互联网+"新业态形成，服务经济提质增效升级；以创新引领创业、创业带动就业，推动高校毕业生更高质量创业就业，颜色更多更出彩。"互联网+"大学生创新创业大赛首次举办于2014年，第一届到第三届大赛累计有225万名大学生、55万个团队参赛。目前大赛已经成为覆盖全国所有高校、面向全体高校学生、影响最大的赛事活动之一（图6-4）。

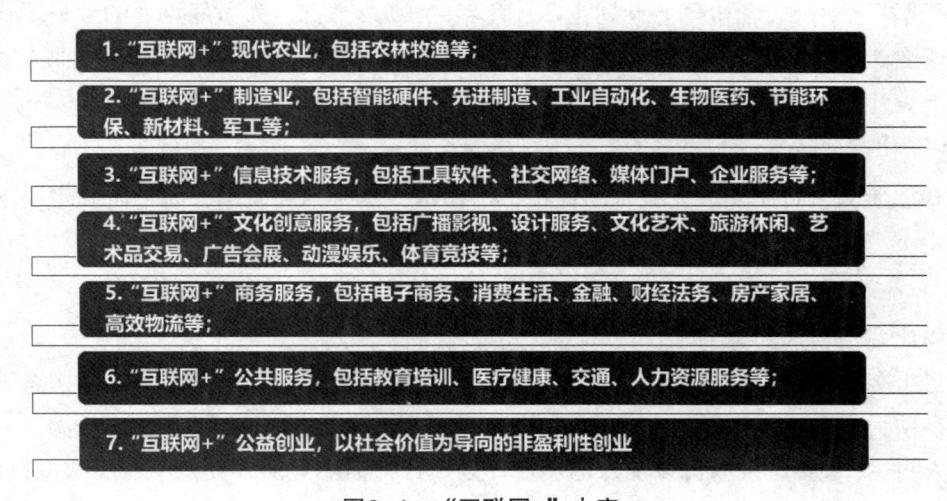

1. "互联网+"现代农业，包括农林牧渔等；
2. "互联网+"制造业，包括智能硬件、先进制造、工业自动化、生物医药、节能环保、新材料、军工等；
3. "互联网+"信息技术服务，包括工具软件、社交网络、媒体门户、企业服务等；
4. "互联网+"文化创意服务，包括广播影视、设计服务、文化艺术、旅游休闲、艺术品交易、广告会展、动漫娱乐、体育竞技等；
5. "互联网+"商务服务，包括电子商务、消费生活、金融、财经法务、房产家居、高效物流等；
6. "互联网+"公共服务，包括教育培训、医疗健康、交通、人力资源服务等；
7. "互联网+"公益创业，以社会价值为导向的非盈利性创业

图6-4 "互联网+"内容

创青春是由共青团中央、教育部、人力资源社会保障部等部联合主办的全国性的大学生创业竞赛。以"中国梦，创业梦，我的梦"为主题，以增强大学生创新、创意、创造、创业的意识和能力为重点，以深化大学生创业实践为导向，着力打造权威性高、影响面广、带动力大的全国大学生创业大赛。"创青春"全国大学生创业大赛，是"挑战杯"中国大学生创业计划竞赛的改革提升（图6-5）。

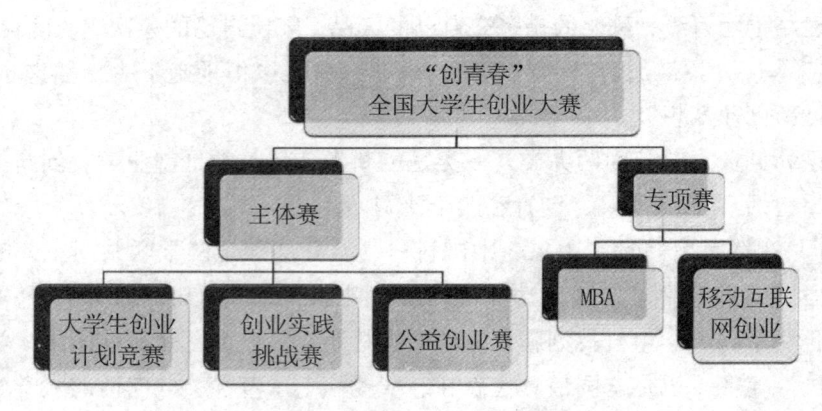

图6-5 创青春大赛组成

三大比赛作为高校深化创新创业教育改革的重要抓手，积极开展教学改革探索，把创新创业教育融入人才培养；推动赛事成果转化和产学研用紧密结合；以创新引领创业、创业带动就业，推动高校毕业生更高质量创业就业。加入大众创新，万众创业的浪潮。

6.2.2.1 "挑战杯"中国大学生创业计划竞赛

"挑战杯"中国大学生创业计划竞赛是由共青团中央、中国科协、教育部、全国学联主办的具有群众性、导向性和示范性的全国竞赛活动，被誉为中国大学生科技创新的"奥林匹克盛会"。

"挑战杯"中国大学生创业计划竞赛于每年的10月举行，为做好竞赛的筹备工作，以竞赛为平台进一步培养学生创新意识，提高创业能力，发现并培养优秀创新创业人才，开展相关参赛作品的选拔工作。

（1）选拔对象

正式注册的全日制非成人教育的在校中国籍本、专科生和硕士、博士研究生（不含在职研究生）。

（2）选拔要求

本届比赛报名形式分为项目报名、个人报名两类。

项目报名：参赛者应已有创业计划项目，但不一定拥有完整的竞赛团队（如需要招募人员请在项目报名表中说明）。

个人报名：参赛者没有可以加入的创业计划项目，但愿意加入其他项目团队进行比赛。

同时，大赛要求参赛者尽量自行组成学科优势互补、专业配备科学、人员结构合理的创业计划团队，以团队的形式参赛。一个项目的参赛团队主要成员人数原则上不超过6人，可以跨学院、跨校区、跨学历组队参赛（但团队成员务必事先协商明确作品申报单位）。建议项目团队人员由相关技术人员及企业管理、财务管理、市场营销、法律专业学生组成。参赛团队可视实际情况邀请一名指导老师。

参赛作品应该是一份针对一项发明创造、技术专利或服务类创意的创业计划书。具体内容来源有：参赛团队成员参与的发明创造、专利技术或课外制作；经授权的发明创造或专利技术（此种情况下，参赛团队须向组委会提交具有法律效应的发明创造或专利技术所有人的书面授权许可），引用其产品；或是一项可能研究发现的概念产品或服务。

参赛团队应在认真参加学校举办的创业知识与技能培训的基础上，针对本组的核心技术或服务内容，广泛进行市场调研、认真进行企业分析的基础上，完成一份把产品或服务推向市场的完整、具体、有实施可能的商业计划书。同时创造条件，吸引风险投资家和企业家注入资金，推动商业计划走入市场。

日程安排：

10月至第二年3月中旬 作品征集与选拔

3月下旬 确定省参赛作品

3月下旬至4月上旬 省参赛作品深化

4月上旬 省参赛作品报送，参加省赛，确定全国参赛作品

4月下旬至5月上旬 全国参赛作品深化

5月中旬 全国参赛作品报送

5月下旬至10月 全国参赛作品赛前准备

10月 参加全国决赛

6.2.2.2 中国互联网大学生创新创业大赛

中国"互联网+"大学生创新创业大赛，以"'互联网+'成就梦想，创新创业开辟未来"为主题，由教育部与有关部委和吉林省人民政府共同主办。大赛旨在深化高等教育综合改革，激发大学生的创造力，培养造就"大众创业、万众创新"的生力军；推动赛事成果转化，促进"互联网+"新业态形成，服务经济提质增效升级；以创新引领创业、创业带动就业，推动高校毕业生更高质量创业就业。

大赛采用校级初赛、省级复赛、全国总决赛三级赛制。在校级初赛、省级复赛基础上，按照组委会配额择优遴选项目进入全国决赛。全国共产生300个团队入围全国总决赛，其中创意组100个团队，实践组200个团队。全国总决赛由吉林大学承办。

大赛以"'互联网+'成就梦想，创新创业开辟未来"为主题，参赛项目主要包括"互联网+"传统产业、"互联网+"新业态、"互联网+"公共服务和"互联网+"技术支撑平台四种类型。

总决赛期间，还将同步举办深入推进高校创新创业教育改革座谈会，举行"互联网+"产学合作协同育人报告会、创业项目团队与投资机构对接洽谈会和高校创新创业成果展等活动。大赛结束后将出版优秀创新创业成果案例、大学生创新创业政策解读，促进大赛成果转化。

中国"互联网+"大学生创新创业大赛首次举办于2014年，第一届到第三届大赛累计有225万名大学生、55万个团队参赛。近年来大赛每年都会吸引31个省份及新疆生产建设兵团的近2000所高校的近6000支团队报名参加，提交项目作品比例超过50%，参与学生超过20万人，带动全国上百万大学生投入创新创业活动。大赛已经成为覆盖全国所有高校、面向全体高校学生、影响最大的赛事活动之一。

6.2.2.3 浙江省"互联网+"大学生创新创业大赛

浙江省"互联网+"大学生创新创业大赛官网首页如图6-6所示。

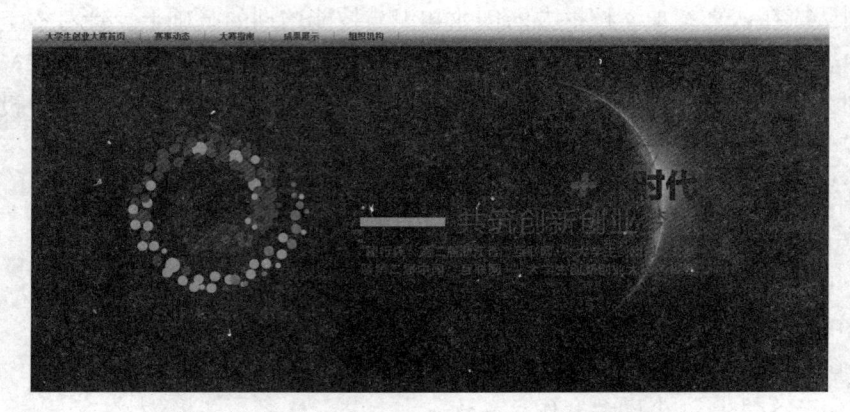

图6-6 浙江省"互联网+"大学生创新创业大赛官网

（1）大赛主题

拥抱"互联网+"时代共筑创新创业梦想。

（2）大赛目的和任务

大赛旨在深化高等教育综合改革，激发大学生的创造力，培养造就"大众创业、万众创新"的生力军；推动赛事成果转化和产学研用紧密结合，促进"互联网+"新业态形成，服务经济提质增效升级；以创新引领创业、创业带动就业，推动高校毕业生更高质量创业就业。

重在把大赛作为深化创新创业教育改革的重要抓手，引导各地各高校主动服务创新驱动发展战略，积极开展教学改革探索，把创新创业教育融入人才培养，切实提高高校学生的创新精神、创业意识和创新创业能力。

（3）参赛项目要求

参赛项目要求能够将移动互联网、云计算、大数据、物联网等新一代信息技术与经济社会各领域紧密结合，培育基于互联网的新产品、新服务、新业态、新模式。发挥互联网在促进产业升级以及信息化和工业化深度融合中的作用，促进制造业、农业、能源、环保等产业转型升级。发挥互联网在社会服务中的作用，创新网络化服务模式，促进互联网与教育、医疗、交通、金融、消费生活等深度融合。参赛项目主要包括以下类型：

①"互联网+"现代农业，包括农林牧渔等；

②"互联网+"制造业，包括智能硬件、先进制造、工业自动化、生物医药、节能环保、新材料、军工等；

③"互联网+"信息技术服务，包括工具软件、社交网络、媒体门户、数字娱乐；

④"互联网+"商务服务，包括电子商务、消费生活、金融、旅游户外、房产家居、高效物流等；

⑤"互联网+"公共服务，包括教育文化、医疗健康、交通、人力资源服务等；

⑥"互联网+"公益创业,以社会价值为导向的非盈利性创业。

参赛项目须真实、健康、合法,无任何不良信息。参赛项目不得侵犯他人知识产权;所涉及的发明创造、专利技术、资源等必须拥有清晰合法的知识产权或物权;抄袭、盗用、提供虚假材料或违反相关法律法规,一经发现即刻丧失参赛相关权利并自负一切法律责任。

参赛项目涉及他人知识产权的,报名时需提交完整的具有法律效力的所有人书面授权许可书、专利证书等;已完成工商登记注册的创业项目,报名时需提交单位概况、法定代表人情况、股权结构、组织机构代码复印件等相关证明材料。

(4)赛程安排

①报名阶段(3~5月)。参赛团队登录"全国大学生创业服务网"(cy.ncss.org.cn)进行报名,也可以通过大赛移动端报名(大赛APP,名称为"大创空间"或大赛微信公共号,名称为"大学生创业服务网")报名。报名截止日期为5月31日。

②校赛阶段(5~6月)。由高校组织,校赛阶段的参赛材料、比赛环节、评审方式由各高校自行决定。请各高校于6月16日前完成本校项目的评审遴选和推荐工作,并登录"全国大学生创业服务网",提交参加省赛的项目。

③省赛阶段(6月16日~7月3日)。省赛分初赛和决赛两个阶段。

6月16~30日,初赛,网络评审形式,遴选前25%的团队参加省级决赛。

7月2~3日,决赛,现场答辩形式,决出金、银、铜奖。

8月28~30日全国赛。

6.2.2.4 "创青春"全国大学生创业大赛

2013年11月8日,习近平总书记向2013年全球创业周中国站活动组委会专门致贺信,特别强调了青年学生在创新创业中的重要作用,并指出全社会都应当重视和支持青年创新创业。党的十八届三中全会对"健全促进就业创业体制机制"做出了专门部署,指出了明确方向。为贯彻落实习近平总书记系列重要讲话和党中央有关指示精神,适应大学生创业发展的形势需要,在原有"挑战杯"中国大学生创业计划竞赛的基础上,共青团中央、教育部、人力资源社会保障部、中国科协、全国学联决定,自2014年起共同组织开展"创青春"全国大学生创业大赛,每两年举办一次。

(1)大赛名称

"创青春"全国大学生创业大赛。

(2)总体思路

以党的十八大和十八届二中、三中全会精神为指导,以"中国梦,创业梦,我的梦"为主题,以增强大学生创新、创意、创造、创业的意识和能力为重点,以深化大学生创业实践为导向,着力打造权威性高、影响面广、带动力大的全国大学生创业大赛。

以此为带动,将大学生的创业梦与中国梦有机结合,打造深入持久开展"我的中国梦"主题教育实践活动的有效载体;将激发创业与促进就业有机结合,打造整合资源服务大学生创业就业的工作体系和特色阵地;将创业引导与立德树人有机结合,打造增强大学生社会责任感、创新精神、实践能力的有形工作平台。

（3）大赛内容

①大赛下设3项主体赛事：第九届"挑战杯"大学生创业计划竞赛、创业实践挑战赛、公益创业赛。

其中，大学生创业计划竞赛面向高等学校在校学生，以商业计划书评审、现场答辩等作为参赛项目的主要评价内容。

创业实践挑战赛面向高等学校在校学生或毕业未满5年的高校毕业生，且已投入实际创业3个月以上，以经营状况、发展前景等作为参赛项目的主要评价内容。

公益创业赛面向高等学校在校学生，以创办非盈利性质社会组织的计划和实践等作为参赛项目的主要评价内容。

以上3项主体赛事需通过组织省级预赛或评审后进行选拔报送。有关具体安排将另行通过书面通知、官方网站等形式和渠道进行公布。

②大赛将在符合大赛宗旨、具有良好导向的前提下，设立MBA、移动互联网创业等专项竞赛，由共青团湖北省委协调相关地方人民政府及高校负责具体组织，组织执行机构另设，奖项单独设立。

MBA专项赛：a.组织形式：由赛事承办方会同部分高校发起，组织和邀请国内设有MBA专业的各高校参加。b.参赛对象：就读于MBA专业的在校学生。c.参赛形式：通过申报创业项目计划书（是否已投入创业及创业领域不限，申报不区分具体组别）参加该项赛事。d.参赛名额：每所高校只能组成1支团队参赛。e.赛事组织开展时间：每年3月启动，9月进行决赛。

移动互联网创业专项赛：a.组织形式：由赛事承办方直接面向国内各高校开展。b.参赛对象：高校在校学生。c.参赛形式：通过提交基于移动互联网领域的创业项目计划书（是否已投入创业不限，鼓励申报已创立小微企业、科技企业的项目，申报不区分具体组别）或APP应用程序等移动互联网作品说明书参赛。d.参赛名额：每所高校最多可申报3项。e.赛事组织开展时间：每年3月启动，9月进行决赛。

（4）工作要求

高度重视，加强领导。举办"创青春"全国大学生创业大赛是落实党的十八大和十八届二中、三中全会精神，推进高校就业创业教育、促进大学生创业实践的有力举措，对于引导和帮助大学生转变就业观念、培养创新意识、提高创业能力具有重要意义和积极作用。各地各高校要在继承和发展原有的"挑战杯"中国大学生创业计划竞赛举办多年来形成的有效经验和做法的基础上，结合各自实际，成立组织机构，完善全国、省、高校三级赛制，切实抓好大赛的组织工作。

建章立制，把握导向。全国组委会制定了《"创青春"全国大学生创业大赛章程》及3项主体赛事的具体规则，并将在今后的竞赛中不断加以完善和改进。各地各高校要结合大赛的新改革、新要求，进一步做好机制建设工作；在对参赛项目和个人的奖励支持上，要注重与原有的"挑战杯"中国大学生创业计划竞赛的衔接和延伸。鼓励各地各高校依托大赛平台建立大学生创业就业服务体系,健全完善促进大学生创业的政策体系,注重引入风险投资和联合社会有关方面为大赛提供资金、资源、智力等方面支持,努力推动参赛项目的成果转化。

广泛动员,密切配合。大赛开展时间长、内容多、任务重,各个阶段又各有侧重。各级共青团、教育部门、人社部门、科协组织和学联组织要密切配合,加强协调,切实做好大赛各项工作。各地各高校要广泛动员,认真选拔,既要保证参赛项目质量,也要扩大和提升大赛的参与面、受益面、影响力,努力为实现大赛的目标发挥积极作用、提供有力保障。

加强宣传,营造氛围。各地各高校要将大赛宣传作为工作重点,摆上日程,列入计划。一方面借助电视、报刊杂志、广播等传统媒体;另一方面注重运用互联网、手机等新媒体手段,在学生中和社会上营造关注、理解、支持大学生投身创业的社会氛围,同时提升赛事的社会影响力与品牌传播力,为大学生创业就业创造良好的环境和平台。

6.2.2.5 "创青春"全国大学生创业大赛

(1)举办单位

主办单位:共青团中央、教育部、人力资源社会保障部、中国科协、全国学联、浙江省人民政府。

承办单位:浙江大学、共青团浙江省委、金华市人民政府、浙江师范大学。

(2)参赛内容和对象

大赛下设 3 项主体赛事:"挑战杯"大学生创业计划竞赛、创业实践挑战赛、公益创业赛。

其中,大学生创业计划竞赛面向高等学校在校学生,以商业计划书评审、现场答辩等作为参赛项目的主要评价内容。

创业实践挑战赛面向高等学校在校学生或毕业未满 3 年的高校毕业生,且已投入实际创业 3 个月以上,以经营状况、发展前景等作为参赛项目的主要评价内容。

公益创业赛面向高等学校在校学生,以创办非营利性质社会组织的计划和实践等作为参赛项目的主要评价内容。

以上 3 项主体赛事需通过组织省级预赛或评审后进行选拔报送。有关具体安排将另行通过书面通知、官方网站等形式和渠道进行公布。

在符合大赛宗旨、具有良好导向的前提下,大赛设立 MBA、网络信息经济等专项竞赛,由共青团浙江省委协调相关单位负责具体组织,组织执行机构另设,奖项单独设立。

① MBA 专项赛。

组织形式:由赛事承办方会同部分高校发起,组织和邀请国内设有 MBA 专业的各高校参加。

参赛对象:就读于 MBA 专业的在校学生。

参赛形式:通过申报创业项目计划书(是否已投入创业及创业领域不限,申报不区分具体组别）参加该项赛事。

参赛名额：每所高校只能组成1支团队参赛。

赛事组织开展时间：3月启动，7月进行决赛。

②网络信息经济专项赛。

组织形式：由赛事承办方直接面向国内各高校开展。

参赛对象：高校在校学生。

参赛形式：通过提交基于网络信息经济领域的创业项目计划书（是否已投入创业不限，鼓励申报已运营的项目）参赛。

参赛名额：每所高校最多可申报3项。

赛事组织开展时间：3月启动，7月进行决赛。

以上2项专项竞赛无需组织省级预赛，有关具体事项另行通知。具体参赛内容及参赛规则详见大赛官方网站（http://www.chuangqingchun.net）中的"创青春"全国大学生创业大赛章程。

（3）推进步骤

大赛的3项主体赛事分预赛、复赛和决赛三个阶段进行。各阶段比赛具体事宜参见大赛官方网站通知。

4月至5月，各省（自治区、直辖市）针对各高校评审推报的作品，按照大赛下设的3项主体赛事，组织本地预赛或评审，并在大赛官方网站进行校级、省级参赛项目网络报备和申报。其中，大学生创业计划竞赛实行项目分类申报，即分为已创业与未创业两类（具体标准另行通知）。各省（自治区、直辖市）在推报复赛项目时，两类项目的比例不作限制。评委会将在复赛、决赛阶段，针对两类项目实行相同的评审规则；计算总分时，将视已创业项目实际运营情况，在其实得总分基础上给予1%~5%的加分。

6月8日前，各省（自治区、直辖市）汇总经预赛产生的参加复赛项目，对项目申报表及相关材料的填写情况进行把关，按照统一要求，报送至组委会办公室（浙江大学团委）。在3项主体赛事中，组委会不接受学校或个人的申报。报送项目的数量不得超过项目名额分配表（附件）中规定的数量。

7月至8月，举行全国大赛复赛。评委会对项目进行评审，选出若干优秀项目进入决赛，并书面通知各省（自治区、直辖市）及相关高校。

11月，举行全国大赛决赛。评委会将通过相应评审环节，对3项主体赛事分别评出若干金奖、银奖、铜奖。

6.2.3　中国高校智能机器人创意大赛

中国高校智能机器人创意大赛官网：http://www.robo-maker.org/，首页如图6-7所示。中国高校智能机器人创意大赛下设三个主题和一个专项。

图6-7　中国高校智能机器人创意大赛官网

6.2.3.1　主题一（创意设计）M 家用智能机器人——让生活更美好

创意设计服务于未来家庭日常生活的智能机器人，该智能机器人的用途限定为以下 9 种用途中的一种：家庭日常管理；家务劳动；居家娱乐、居家健身、居家文体活动；个人卫生；居家健康、保健；居家情感交流、陪伴；家庭安全与防护；家庭用园林机器人；其他与日常生活作息息相关的家庭智能服务机器人。

本次竞赛的智能机器人限定为人们居家生活（家庭）环境条件下使用，且符合上述用途范围的智能机器人，所有参加决赛的作品必须与本届大赛的主题和内容相符，与主题及限定范围不符的作品不予评奖。

探索者专项组：使用"探索者"模块化机器人组件作为统一的创意设计平台，设计制作出家庭智能服务机器人，作品必须符合本届大赛的主题。探索者器材、技术参数等内容可访问 www.Robottime.cn 了解咨询。

6.2.3.2　主题二（创意竞技）——挑战更快

魔方机器人：参照人类魔方竞速规则，设计制作魔方机器人，综合运用机械、电子、信息和自然科学知识，实现比人"计算"更快、"翻动"更加灵活迅速的目标。魔方机器人限采用双手臂，手指限采用二指或五指的形式，手腕容许有转动和摆动，手臂为固定。魔方机器人的外廓尺寸要求不超过 480mm×480mm×480mm，总重量不超过 20kg，摄像头数量不限，允许自行在机器人上增设光源。竞赛采用标准三阶魔方，决赛用魔方由组委会统一提供。

6.2.3.3　主题三（创意格斗）"IRFC"智能机器人格斗大赛——挑战更强

（1）智能机器人格斗大赛

智能机器人格斗大赛（Intelligent Robot Fighting Competition, 简称 IRFC）将中国武术、竞技运动与人工智能、机器人等技术结合，融技术性、对抗性、挑战性、观赏性于一体，参赛队伍进行一对一、多对多等不同项目的角逐，大赛分统一部件组及开放部件组两大类别。

①统一部件组：参赛队伍选用统一标准和性能的控制器、传感器、动力模块、供电模块等部件，设计、制作符合规则要求的智能机器人参赛，通过策略的制定及程序的设计，参赛双方的机器人在擂台上对抗，依据竞赛内容与评分规定由裁判进行裁决，采取小组循环赛及淘汰赛相结合的赛制。统一部件组根据比赛形式不同，设置轮式自主格斗、仿人格斗、仿人视觉对抗等三个项目组别。

②开放部件组：在重量限制的范围内，参赛队自主选择购买或自制机器人相关部件，设计、制作符合规则要求的智能机器人参赛，通过策略的制定及程序的设计，参赛双方的机器人在擂台上自主对抗，采取小组循环赛及淘汰赛相结合的赛制。

③具体规则要求，请访问网站 www.robo-maker.org 了解咨询。

（2）专项竞赛：ROS机器人与无人机挑战赛

设有两类共4个赛项，第一类是地面机器人挑战赛，第二类是空中机器人挑战赛。

A 组：ROS 机器人迷宫探险夺宝赛

B 组：ROS 机械臂智能抓取赛

C 组：智能无人机挑战赛，基于ROS机器人操作系统的应用Slam的自主建图导航避障、目标识别等人工智能技术完成任务；

D 组：智能无人机挑战赛，基于Python编程，体现无人机视觉应用技术能力。

报名时间：每年的2月10日~3月9日；

作品递交截止日期：4月1~7日；

初赛（省赛）评审：4月7日（10%晋升国赛）；

决赛（国赛）：5月初。

6.2.4 浙江省"新苗人才计划"案例

浙江省大学生科技创新活动计划
（新苗人才计划）实施办法（试行）

为深入实施科教兴省和人才强省战略，加快培养我省高校大学生的实践能力和创新创业能力，造就一大批经济社会发展急需的紧缺人才和拔尖创新人才，为"创业富民、创新强省"总战略的实施提供人才支撑，省教育厅、省科技厅、团省委与省财政厅决定在全省高等学校联合实施浙江省大学生科技创新活动计划（新苗人才计划）。

一、建设目标

以大学生科技创新项目、大学生科技成果推广项目、大学生创新创业孵化项目为载体，不断加大对大学生创新创业的扶持力度。积极倡导和鼓励大学生进行自主性学习和创新性研究，开展多种形式的创新创业实践，努力增强大学生的创新意识和创新精神，切实提高大学生的创新创业能力和实践动手能力，为大学生创新创业提供良好的环境，培育和发现优秀的创新创业项目和人才。

二、管理机构

为加强管理，省成立实施办公室、项目专家委员会，学校成立相应管理机构。

（一）实施办公室

省教育厅、省科技厅、团省委、省财政厅四家主办单位联合成立浙江省大学生科技创新活动计划（新苗人才计划）实施办公室（简称"实施办公室"）。省教育厅、省科技厅负责协调与指导工作，省财政厅负责项目经费管理，团省委负责具体组织和日常管理工作。

（二）项目专家委员会

大学生科技创新项目、大学生科技成果推广项目、大学生创新创业孵化项目分别成立项目专家委员会，成员由有关高校、院所、行业、企业的代表组成，负责具体项目的评审、中期检查和验收等。

（三）学校管理机构

各高校成立相应的管理机构，制定大学生科技创新活动计划（新苗人才计划）项目实施细则及切实可行的管理办法和配套政策，负责本单位项目的指导工作，为项目的开展提供包括人才、技术、法律、资金、设备和实验场地等综合资源支持。

三、资金使用原则

（一）项目导向原则

以项目为载体，引导大学生积极开展多种形式的创新创业活动，提高大学生创新创业能力。

（二）以学生为本原则

科技创新资金的支持对象为在校大学生，积极鼓励大学生申请科技创新资金开展创新创业活动。

（三）鼓励创新原则

为鼓励大学生大胆进行创新创业活动，允许创新创业活动失败，重在考核创新创业实践过程。

四、申报条件及对象

（一）申报条件

1. 项目申报人必须是浙江省高校全日制在校大学生，项目必须在本省的行政区域内实施。项目可采取个人或团队形式申报，团队每组人数不超过5人。鼓励专业交叉融合。

2. 项目实施周期原则上不超过一年（大学生创新创业孵化项目期限一般为两年）。项目完成时间必须在项目申报人毕业离校前。

3. 申报项目必须包含实质性的科技成果，或者具有一定应用价值和商业潜力的创新创业创意。项目无知识产权归属纠纷。

（二）申报对象

1. 大学生科技创新项目。申报对象为在校本专科生及其团队。旨在培育一批大学生创新研究成果。

2. 大学生科技成果推广项目。申报对象为在校本专科生、研究生及其团队。旨在培育一批具有一定应用价值和商业潜力的科技成果推广项目。

3. 大学生创新创业孵化项目。申报对象为在校研究生及其团队。旨在搭建大学生创新创业实践的指导、服务、交流平台，为研究生创业提供良好的场地环境、创业指导和培训等相关服务，培育和发现优质的科技经济项目和高素质的创新人才。

五、项目申报与管理

（一）项目申报与审批

1. 学生申报，学校初审

（1）采取限额申报，申报指标由浙江省大学生科技创新计划（新苗人才计划）实施办公室确定。

（2）每个项目均应有指导老师，团队指导老师由1~3人组成，指导老师须有中级以上职称。学校应将指导学生科研列为教师考核的一项内容，计算相应的工作量。

（3）各高校负责组织有关专家对本单位大学生科技创新活动计划（新苗人才计划）项目进行初审。

2. 学校上报，项目专家委员会评审，实施办公室审定

申报单位须提交项目申报书及相关辅助证明材料。申报资料经学校有关部门签署意见后报送实施办公室。实施办公室组织项目专家委员会进行评审，并确定年度立项项目。

（二）项目立项与管理

1. 项目下达

实施办公室将当年度立项项目下达给承担学校，由省教育厅、省科技厅、团省委和省财政厅联合发文公布。

2. 项目实施与管理

项目申报人为主要负责人，项目负责人原则上不得更换，对研究项目负全责，组织协调项目组全体成员认真执行实施办公室和学校的管理条例，按期保质保量完成项目研究的各项任务。

3. 项目检查

各高校定期组织专家和管理人员对项目进行中期或阶段性检查，对取得的阶段性成果和存在问题要高度重视，及时提出整改意见和措施，并不定期向实施办公室汇报项目的进展情况。实施办公室将组织项目专家进行抽查。

（三）项目结题与验收

（1）项目组在项目结束后，需及时向学校相关管理部门提出验收申请，填写验收申请报告，并提交成果报告、相关技术资料等辅助材料。

（2）根据项目研究期限，学校成立项目结题验收工作小组，对申请验收的项目参照项目申报书及验收申请报告，组织专家对项目实施情况、取得成效和存在问题等进行检查验收，撰写项目验收报告提交实施办公室。

（3）实施办公室组织项目专家委员会进行抽查，抽查结果分为优秀、合格和不合格，并作为下一期计划安排的重要依据。对无正当理由，自行中断的项目，实施办公室将取消该项目计划，追回已拨项目专项经费。对项目管理不力的单位，实施办公室将酌情减少该单位下一期申报指标。

（四）推广与奖励

经验收通过后的大学生科技创新成果由实施办公室颁发证书。成果作为学生评优、推荐就业的重要依据。实施办公室适时组织成果展或成果交流会。

六、项目经费管理

大学生科技创新活动计划（新苗人才计划）的每个项目的资助额度一般为 5000 元，对重点项目给予重点支持。项目经费实行国库集中支付，省财政厅根据实施办公室资助项目立项情况，将项目预算下达到相关高等学校。学校要合理确定每个项目的经费，并给予项目不低于 1∶1 的配套经费支持，由承担项目的学生使用，教师不得使用学生科研经费，学校不得提取管理费。

各高等学校要加强对大学生科技创新资金的管理，专款专用，专账核算。实施办公室对资助经费使用情况进行监督。如发现项目负责人弄虚作假，一经查实，中止项目资助，由省财政厅追回资助经费，取消其今后申请本计划的资格，情节严重者给予通报批评，并按《财政违法行为处罚处分条例》进行查处。

6.2.5 全国大学生FPGA创新设计竞赛

全国大学生 FPGA 创新设计竞赛官网：http://www.fpgachina.cn/，首页如图 6-8 所示。

图6-8 全国大学生FPGA创新设计竞赛官网

为了加强全国高校学生在数字系统设计领域尤其是可编程逻辑器件应用领域创新设计与工程实践能力，培养大学生积极主动寻找工作任务并利用先进技术平台进行创新设计的能力，丰富和活跃校园创新创业学术氛围，推进高校与企业的人才培养合作共建，为社会培养具有创新思维、团队合作精神、解决复杂工程问题能力的优秀人才，由教育部电子信息类专业教学指导委员会及国家级实验教学示范中心联席会联合组织面向全国大学本科学生及研究生的第三届全国大学生 FPGA 创新设计竞赛（以下简称"竞赛"）。

竞赛以"创意发挥、规范设计、突破自我、快乐竞赛"为原则，采用统一开发平台、开放式自主设计、统一评审评奖的形式。竞赛主题方向如下：

（1）本科生组

本次竞赛的引导性应用方向有高速信息处理、信息安全、测量控制系统、"互联网+"、智慧物联网终端、娱乐游戏等。

各参赛队在必须采用组委会指定的FPGA的核心板开发平台作为设计核心的前提下，由参赛队自行选择参赛项目，并可以在指定的FPGA开发平台之外自行设计扩展搭建其他电路构成应用系统。

组委会向参赛队提供一套指定FPGA开发平台，详情见竞赛官网选题指南。竞赛期间FPGA开发平台损坏，可通过技术支持方协调购买。

（2）研究生组

本次竞赛的引导性应用方向有机器视觉、高端仪器仪表、智能工业制造等；各参赛队在必须采用组委会指定的FPGA的核心开发平台作为设计核心的前提下，由参赛队自行选择参赛项目，并可以在指定FPGA开发平台之外自行设计扩展搭建其他电路构成应用系统，详情见竞赛官网选题指南。

参赛队应选择有特色、有创意的项目参赛，设计方案应适宜对应FPGA产品的技术特点，最大限度地发挥指定FPGA开发平台能力，拓展思路、精心构思、仔细论证、创新设计，完成参赛作品。

①竞赛报名及参赛资格确认。竞赛组委会于每年8月上旬向各学校发出竞赛通知，8月初启动竞赛系列宣传活动。各高校应组织校内报名与选拔工作。建议可依据项目的创新性、科学性、工程性、设计难度等因素选拔参加竞赛的队伍。竞赛协办及技术支持方将在8~9月在国内数个参赛高校相对集中的城市举办技术辅导培训活动。

竞赛官方网站（www.fpgachina.cn）在每年9月开放报名，各高校务必于报名截止时间前通过竞赛网站完成报名工作，逾期截止。随后竞赛组委会将确认各参赛队参赛资格。

②竞赛培训。8~9月，竞赛组委会将组织各协办单位开展相关线上、线下技术培训。

③竞赛初赛。竞赛分初赛及复赛两阶段。初赛由参赛队根据竞赛指南自主选题开展项目设计；完成硬件设计、软件编程和系统调试，各参赛队须在每年11月24日下午18:00之前按指定要求通过竞赛网站提交设计文档和演示视频；未按时提交文档和视频的参赛队，视为自动放弃。11月25日开始进行初赛评审，复赛资格名单于11月30日公布。

④竞赛复赛。12月上旬举办竞赛复赛，获得复赛资格的参赛队需携带展示文档及参赛作品实物来复赛现场进行项目作品现场演示。演示形式包括专家质询和实物演示等。不参加复赛的参赛队视为自动放弃。

为保证竞赛的公正与公平性，作品复审期间将安排FPGA基础设计能力考核，通过测试的参赛队获得评奖资格。

竞赛专家组将根据参赛队演讲汇报、专家质询和作品PPT演示等环节表现出的创意发挥、完成程度、专业难度等情况进行评奖。

竞赛设立特等奖、一等奖及二等奖。其中，特等奖1~2项，一等奖不超过15%，二等奖不超过30%。其他部分优秀作品经专家评审可获优胜奖。

竞赛还将设立最佳创意奖、最佳工程奖各1~2项，可从特等奖、一等奖中选出。特等奖、最佳创意奖、最佳工程奖将根据实际情况评选，可空缺。协办单位可根据需要自行评选企业特别奖。

第7章 科创联合基地融合育人体系成果

7.1 大学学员科技创新比赛成果

科创联合基地运行三年来，大学学员共计获得国家级奖项 10 项，省级奖项 4 项，获奖作品举例如下。

7.1.1 全国大学生电子设计大赛国奖实例

多旋翼自主飞行器（C题）

【摘要】

本作品以 R5F100LE 作为图像处理 MCU，以 STM32F429IGT6 作为姿态控制 MCU，以四旋翼飞行器为平台，MPU9150 传感器、摄像头传感器、超声波传感器为主要模块，以串级 PID 为姿态控制算法，构成了具有航拍功能的四旋翼自主飞行器。经测试表明，此作品工作稳定，可靠性高，大部分功能指标均满足题目的设计要求。

一、方案论证与比较

分析题目要求，本设计关键要实现飞行器的航拍、循迹飞行、定高飞行、负重飞行，所以在方案实现上主要需要如下传感器：摄像头传感器、角度传感器以及超声波高度传感器。考虑到 R5F100LE 资源有限，故把系统实现分为两部分，分别是图像的采集与处理和姿态控制，R5F100LE 实现图像的采集与处理，STM32F429IGT6 实现姿态控制。

循迹传感器方案选择如下：

方案一：采用线性 CCD 循迹。线性 CCD 采集数据量少，软件易于处理，但在飞行器循迹飞行的三维空间中，每次采集的一行的数据很难对飞行器所处位置做出明确判断，且很容易丢线，故不采用此方案。

方案二：采用 OV7620 黑白摄像头。黑白摄像头采集到的数据量小，并且可以直接对数据进行二值化，方便处理，缺点是航拍获得的图片是黑白的。综合考虑后决定采用 OV7620 黑白摄像头模块。

二、理论设计与系统实现

1. 四旋翼飞行器飞行原理

四旋翼飞行器基本飞行动作均通过调整四个螺旋桨转速，产生不同大小上升力或产生水平方向扭矩完成。根据这个原理可以使飞行器实现垂直起降、俯仰飞行和偏航飞行等。电机默认的旋转方向如图7-1所示。

通过控制4个电机转速相等并且升力大于重力，可以实现垂直起飞，升力小于重力时可以实现垂直降落，如图7-2所示。

在悬停状态中，保持2,4号电机转速不变，增大1号电机转速，减小3号电机转速，可以使飞机获得斜向上的力，使飞机实现俯仰飞行，如图7-3所示。

在悬停状态中，增大1,3号电机转速，减小2,4号电机转速可以获得顺时针的扭矩力，使飞机实现偏航运动，如图7-4所示。

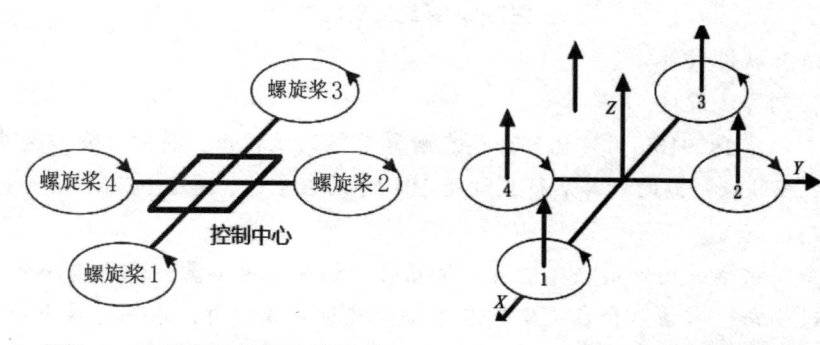

图7-1 四旋翼飞行器结构图　　　　图7-2 垂直起降运动

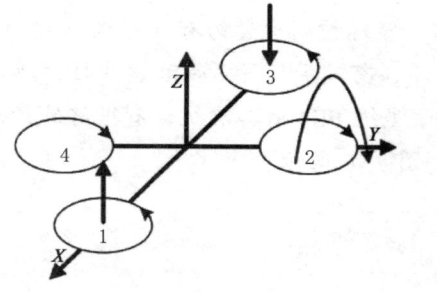

图7-3 俯仰飞行运动　　　　图7-4 偏航飞行运动

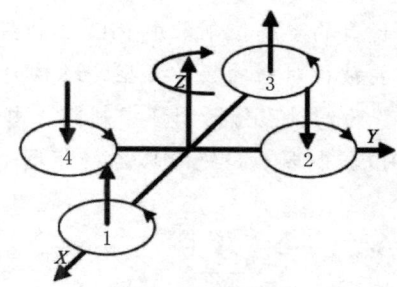

2. 系统实现框图

本系统以R5F100LE为图像处理的核心，采集并处理图像数据，并且将读取到的图片通过文件系统以gif的格式存储到SD卡中，以实现航拍功能。

以STM32F429IGT6为姿态控制的核心，通过MPU9150读取飞机当前的姿态角，通过超声波传感器读取当前高度，经过串级PID计算之后得到4路PWM占空比的值，控制4个电机的转速以实现飞行控制。同时它还负责按键、屏幕等人机交互功能。系统实现框图如图7-5所示。

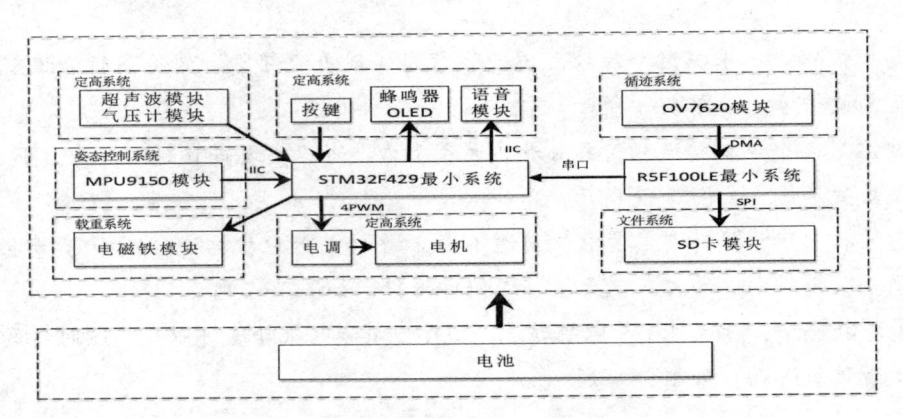

图7-5 系统实现框图

三、算法及软件设计

1. 姿态控制算法设计

姿态控制以 MPU9150 为传感器，姿态解算后得到欧拉角，将欧拉角作为串级 PID 控制器的输入，经过控制器的计算后得到 4 路 PWM 的占空比，通过 PWM 控制电机的转速，从而达到姿态的稳定。

欧拉角是用来唯一确定定点转动物体位置的一组独立角参量，就是构件在 3 个轴的相对转角，即进动角、章动角和自旋角。这 3 个角统称为欧拉角，在飞行器中分别对应偏航角（YAW）、俯仰角（ROLL）和横滚角（PITCH）。姿态解算即计算出飞机的欧拉角。通过读取 MPU9150 的加速度、角速度，得到四元数后即可计算出欧拉角。

四轴飞行器的姿态控制采用 PID 控制器。闭环控制中大约有 90% 都采用 PID 控制器，由于其不需要被控对象的数学模型，结构简单，有较强的灵活性和适应性，所以这里采用 PID 控制器作为四轴飞行器闭环控制器。由于串级 PID 对二次扰动有很好的抑制作用这里使用串级 PID 控制器。串级 PID 系统框图如图 7-6 所示。

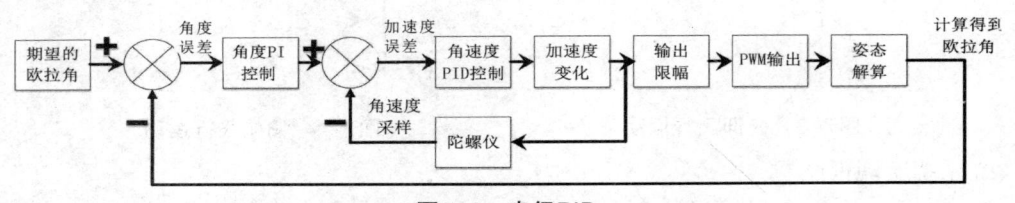

图7-6 串级PID

串级 PID 采用了 2 级控制器，分别称为主控制器和副控制器，这两级控制器串在一起工作，主控制器的输出作为副控制器的输入。主控制器采用 PI 的控制方式，控制对象为角度。副控制器采用 PID 的控制方式，控制对象为角速度，控制输出为 PWM 占空比，控制电机转速。

2. 图像处理算法设计

（1）图像的采集及预处理

由于单片机处理速度以及内存有限，如果采用分辨率 320×240 的图片来进行处理会耗费很大的内存并且占用很多时间，所以这里采用分辨率 60×80 的图像来处理。OV7620

每次输出分辨率240×320的一帧灰度图像，单片机通过DMA的方式每隔4个像素读取一个像素，每4行数据采集一行数据，从而得到分辨率大小为60×80的灰度图像。将灰度图像二值化后进行腐蚀膨胀滤波，滤除噪点。

（2）圆心寻找算法

圆心的提取是飞行控制的重要环节。根据圆中2条弦垂直平分线的交点是圆心这条定理可以确定圆心坐标，同时根据圆上任意一点到圆心距离相等这条定理验证这个形状是不是圆。

圆心寻找及判断算法如下：判断图像中心是否为黑点，如果是则可能是圆心，从这点开始依次向上下左右寻找到黑色的边界线，依次记录为 (x_1,y_1)、(x_2,y_2)、(x_3,y_3)、(x_4,y_4)，圆心为 $[x_3+(x_4-x_3)/2, y_2+(y_1-y_2)/2]$，判断这4点到圆心距离是否相等，是则输出圆心坐标。如果图像中心不是黑点或者图像中心不在圆内则将图像等分为4份，依次判断1,2,3,4幅图像中心是否在圆内，如果都不符合要求，则继续划分成16份，直到找到圆心。图像不能再分割时，认为这幅图像中没有圆，输出(0,0)。

（3）黑线中心提取算法

提取黑线中心算法也是循迹控制中的重要环节，这关系到飞行器飞行状况的好坏。黑线提取方法为：先判断每行的第一个点是否为白点，如果是白点则依次对白点进行计算（计数值为 a），当遇到黑点时则统计黑点的个数（计数值为 b），再次遇到白点时退出该行计数，此时黑线中心所在位置列为 $(a+b)/2$。如果第一个点为黑点且不是噪声点，则对黑点进行计数，遇到白点时退出该行计数，此时黑线中心所在位置列为 $b/2$。最后将黑线中心的位置存入一维数组中，根据中心的位置对飞行器进行飞行控制。

3. 程序设计

四旋翼飞行器软件设计的流程图如图7-7所示。飞行模式设置之后等待一键起飞，起飞后判断飞行模式，AB模式下如果出现倒T形，则为起点，开始循迹，识别的正T形则降落。为绕圈模式则依次循右方、前方、左方、后方直线，识别到倒T形后降落，超过3秒则降落。投重物模式与AB模式类似，当识别到正T形后降落。

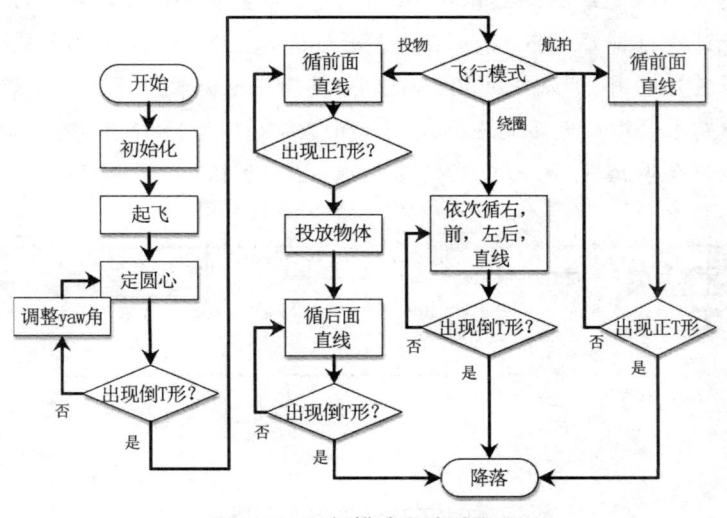

图7-7 飞行模式程序流程图

四、电路设计

1. 姿态解算电路设计

本四旋翼飞行器姿态结算传感器采用融合型九轴芯片 MPU9150，一颗芯片内部及包含了三轴数字陀螺仪、三轴惯性传感器、三轴磁场传感器，外部电路简单。其应用电路如图 7-8 所示。

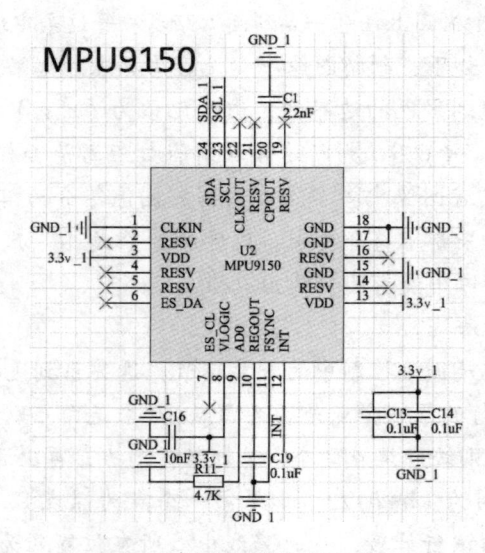

图7-8 姿态结算MPU9150

2. 电源电路设计

电源系统由控制系统电源、语音模块电源、姿态解算系统电源、摄像头模块电源、超声波模块电源、人机交互系统电源构成。

电源系统中所有子系统电源均来自飞行器锂电池稳压所得。各个子系统所需电源不一样，有的需要 3.3V 供电，有的需要 5V 供电。考虑到锂电池电压与电源系统所需电压压差较大，若直接通过线性稳压芯片稳压效率过低，飞机整体续航能力会减弱。故先用开关型稳压芯片将锂电池电压降压至 5.3V 左右，再通过线性 LDO 稳压至各个模块所需电压。

开关型稳压芯片选用 TI 公司的 TPS562200，其输出电流最大可达 2A，效率在 90% 以上，满足本电源系统需求。输出电压满足公式：$V_{out}=0.765\times[1+(R4+R5)]/R7$。本电源系统要求其稳压至 5.3V，故近似取值 $R7$ 为 56K，$R5$ 为 3.9K，$R7$ 为 10K。其应用电路如图 7-9 所示。

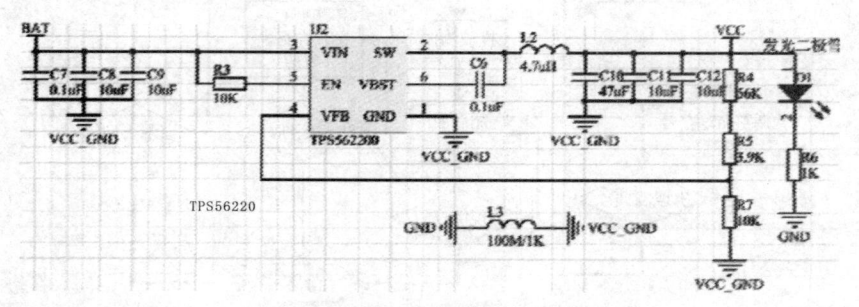

图7-9 TPS562200应用电路

五、测试结果与分析

1. 测试方案及测试条件

（1）测试方案

将飞行器摆放在 A 区，设置飞行模式为 AB 飞行和飞行高度后按下一键起飞键，并开始计时。降落在 B 点后记录飞行情况、飞行时间并将 SD 卡取出，在 PC 机上播放视频。

将飞行器摆放在 A 区，设置飞行模式为矩形飞行和飞行高度后按下一键起飞键，并开始计时。飞行结束后记录飞行情况、飞行时间、飞机落点距离。

设置电子示高装置的上下距离为 60cm 和 100cm。设置飞行模式为 ABA，飞行并携带 20g 重物。记录飞行情况、飞行时间、飞机落点距离和重物落点距离。

（2）测试仪器

秒表、卡尺、电子秤。

2. 测试结果

（1）基础部分

要求一：记录数据如表 7-1 所示。

表7-1　要求一记录数据表

组别	1	2	3
飞行情况	高度大于30cm	高度大于30cm	高度大于30cm
飞行时间	15s	18s	19s
航拍情况	黑白图像，图像小	黑白图像，图像小	黑白图像，图像小

要求二：记录数据如表 7-2 所示（以飞机最远点距圆心的距离为落点距离，下同）：

表7-2　要求二记录数据表

组别	1	2	3
飞行情况	到第二个角	到第三个角	到第四个角
飞行时间	40s	37s	42s
飞机落点距离	45cm	30cm	40cm

（2）发挥部分

要求：记录数据如表 7-3 所示。

表7-3　发挥部分要求一记录数据表

组别	1	2	3
飞行情况	无触碰，可返航	有触碰，可返航	无触碰，可返航
飞行时间	25s	28s	23s
飞机落点距离	45cm	40cm	42cm
重物落点距离	20cm	30cm	33cm

3. 数据分析

基础部分要求一完成得比较好，但是航拍数据是黑白的且图像较小。基础部分要求二完成得不太理想，主要在拐角处容易偏离轨道，导致飞行器无法继续循迹飞行。飞机和重物落点情况不太理想，主要原因是飞行器在下降过程中不能很好的垂直降落以及重物在投放过程中不受控制。

六、赛后体会

比赛后学员通过自己的切身体会,以及比赛过程重存在的问题和不足,进行自我总结,通过总结为后面的学员留下宝贵的经验,书面记录如下:

关于电赛四旋翼四天三夜经验总结

本次电赛与自动化四旋翼团队进行交流调试比较后,有以下几方面问题:

(一)调试手段

飞机在自动飞行时设定倾角保护,在自动飞行、操控等代码中加入环角保护,倾角过大直接使飞机停转,这样可以直接用手去保护飞机,可以很精准地看出飞行轨迹、飞行数据,在飞行过程中可以多次手动调整飞机飞行地点、方向,可以在一次飞行过程里面调试出多种情况下的飞机飞行情况,同时可以提升飞行安全性。

另外每个人都要对四旋翼的基本控制有了解,一个团队里至少要有两名操作调试手,如果调试压力在一个人身上,效率会非常低下。

(二)飞机组装能力

对于飞机上的各个组件了解程度,各个组件、横纵向杆的放置位置,组装方式,CAD画图设计等,可以针对自己的飞机进行一系列的优化设计,飞机需要考虑到的几种情况有:摄像头架出机身;罗盘、陀螺仪的支架;水平垂直转接板;碳纤维杆的组装;机翼保护圈;机底电池保护装置。首先要满足对于各种传感器的组装,做到整洁、干净、拆解快速,机身外的线要尽可能少,飞机旋翼范围内不保留任何的传感器和线。

(三)摄像头调试广度与深度

本次四旋翼场地对于摄像头、光流的要求非常高,对于四旋翼题目,需要保证团队内都会图像处理,都能懂图像处理,并且最好能有两组同时参加,有讨论的余地和互补的方案,可以极大地提升调试进度。

对于摄像头广度:团队内最好能有了解 pix、优像、jxl 等光流、OpenMV、树莓派及 OpenCV 等摄像头及图像处理的成员。使用 FPGA 作为四旋翼摄像头时只能在固定场地中,对于有路径规划的题目很难进行 FPGA 的使用,并且 FPGA 开发较难,慎重使用。

对于摄像头深度:团队中每个人至少要有对一种摄像头或是好几种光流的开发能力,图像处理算法了解广度要大,对于其使用的能力要快,但是不需要去运用很复杂的图像算法,基本图像处理的方式就能满足飞行需求。

对于最佳团队配置:6人参加比赛,分为2支队伍;2名四旋翼代码手+调试手,有一定的图像编写能力(飞机+调试+图像);2名专精图像代码手+调试手,要了解一定的四旋翼性能,组装知识(图像+调试);2名专精图像代码手(专精图像)。

其中飞机组装部件的设计需要大量训练中找出飞机需求再慢慢积累才行。

(四)对于飞机性能控制

对于飞机性能的控制,在飞行前要保证能在自己场地上稳定飞行(目标:能做到高度基本不会变化,能稳定巡线飞完全程,在特殊地面上也能稳定定点),对于飞机上各类传感器及延伸物件都要有一定了解，对于各类飞机装配能力要做到快速、实用，对于大小机架都要有一定的操控能力。

模拟电磁曲射炮设计报告

【摘要】

本电磁曲射炮由机械系统和控制系统两部分组成。通过在 PVC 管上缠绕线圈并将其固定于电动云台上，完成机械结构的设计。控制系统以 STM32F407VET6 单片机最小系统为核心，由 2200uf 高压电解电容放电为电磁炮供能，通过 9013 三极管控制继电器进而控制电容充放电。线圈电源由数字可调电源输出 12V 经过升压模块至 100V 供电，OpenMV 摄像头负责采集位置信息。单片机收到 OpenMV 的信息指令，通过控制云台改变 PVC 管朝向，发出发射指令。本系统还含激光测距模块、自制单片机最小系统板拓展板以及 OpenMV 液晶显示模块。

一、系统方案的论证

1. 系统结构

电磁曲射炮由机械系统和控制系统两部分组成，如图 7-10 所示。控制系统主要由单片机最小系统、升压模块、测距模块、角度控制模块等组成。

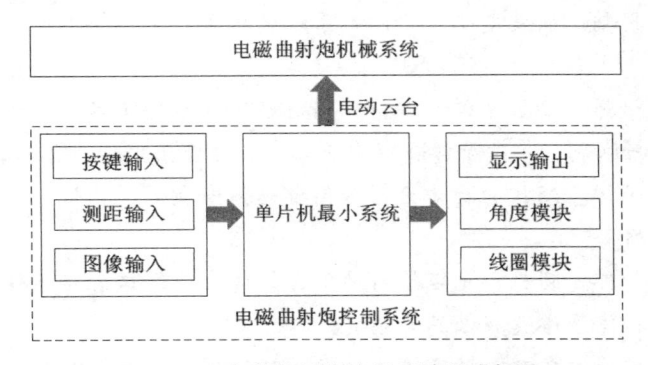

图 7-10 电磁曲射炮控制系统组成框图

同时本次系统设计还考虑了很多因素，如子弹形状、线圈匝数以及 PVC 管（即曲射炮炮管长度）等。以下为方案论证：

2. 单片机最小系统

方案一 STM32F103ZET6：最高工作频率 72MHz，112 个的快速 I/O 端口，片上集成 32-512KB 的 Flash 存储器。

方案二 STMF407VET6：最高工作频率 168MHz，192KB SRAM：128KB 在总线矩阵上，64KB 在专为 CPU 使用的数据总线上高级外设与 STM32F2 兼容。

由于本题多处有时间要求，我们采用方案 2 能够更快地计算，节约时间，达到更好的效果。

3. 升压模块

我们在本次竞赛中，尝试了学生电源串联 62V 供电，12V 升至 60V 升压模块，12V 升至 100 ~ 220V 升压模块，12V 升至 220 ~ 400V 升压模块。由于线圈的局限性，60V

驱动力对我们来说有所不足，而后两者都可达我们的要求，但出于安全考虑，选择 100～220V 升压模块。

4. 测距模块

方案一：超声波测距。由于超声波是发散的，我们难以将其转化为对我们的固定标识进行测距。

方案二：摄像头测距。由于摄像头精度不够，在 3m 处对标识移动 2cm 左右距离则难以识别。

方案三：激光测距。由于墙面和标识距离不同，在激光测定距离骤变至 3m 以内时，就能明确得知我们距标识的距离。

综合考虑激光测距能更精确地得到数据，所以我们采用方案三激光测距。

5. 角度控制模块

方案一：步进电机控制，由于步进电机是开环系统，无法自动校准误差，易受到外界因素的影响，在本系统中使用略显精度不足。

方案二：舵机控制，舵机采用了闭环系统，在环境改变时，也能自行进行校准，具有较高的精度。

由于舵机闭环控制，误差更小，所以本系统采用了方案二舵机控制。

6. 子弹形状

方案一：伞状子弹。伞状子弹在进行弹射时在同等条件下具有较好的动力，能弹射得更远，但是由于材料限制，导致子弹在空中下落时，可能出现弹身偏转，于是精度会下降。

方案二：球形子弹。球状的物体无论如何翻转依旧相同，精度上有所提升，且在发射时的动力也比较良好。

方案三：圆柱子弹。圆柱形可以较好地贴合炮管，使得炮管对子弹的影响最小。但是由于工艺限制，圆柱体子弹没有很高的精度。

综合考虑我们采用方案二，精度较为精准，且能为球形子弹提供充足的动力。

7. 线圈的缠绕

一开始我们采用 0.8mm 口径的线圈缠绕，经多次缠绕实验发现，圈数较多缠得较密时，则因为线圈电阻较大无法产生大电流，动能提供不足。但是圈数过少，则电磁感应的产生的安培力不稳定，且无法稳定加载在子弹之上。后改用 2mm 口径线圈，当缠绕线圈接近管子内径的 2 倍时，且线圈圈数较多，能给子弹提供良好动力，因 2mm 口径电阻远小于 0.8 口径电阻，提供的安培力足够。

8. 自制曲射炮

方案一：采用高电压供电，小电容放电。能够很快地充电，并且放电时提供的能量也能足够提供子弹的动能。

方案二：采用低电压供电，大电容放电。由于大电容以 F 为单位，耐压都在 27V 以下，但是 27V 电压不足以支撑子弹所需的动力。

由于方案一能够很好地提供子弹动能，所以采用方案一进行系统设计。

9. 控制炮弹距离

方案一角度控制：根据实验的角度和炮弹距离是成线性关系，能更好地控制距离。控制起来更加便利，速度不快。

方案二电压控制：采样速度快，精度高，但是电压控制的距离是非线性的，要经过大量测试，且电压控制要增加电路模块不利于系统稳定性。

由于本题时间要求不高，故采用方案一。

10. 靶标的角度位置识别方案

使用 OpenMV 对靶标识别，传输位置坐标给控制主机，主机调节水平方向的自由度，使靶标在 OpenMV 图像的中间位置，同时让摄像头方向和电磁炮发射方向一致。这样就可以控制电磁炮水平方向追踪标靶。

方案一：通过霍夫变换检测标靶的圆形轮廓。

方案二：通过颜色检测识别标靶的红色。

由于霍夫变换复杂度较高，而且运算量大，方案二虽然准确度没有方案一高但是误差在可接受范围之内，因此选用方案二。

二、系统状态测量及运动控制

电磁曲射炮控制程序由模式选择、按键输入打靶、自动搜索打靶、扫描打靶等组成，如图 7-11 所示。

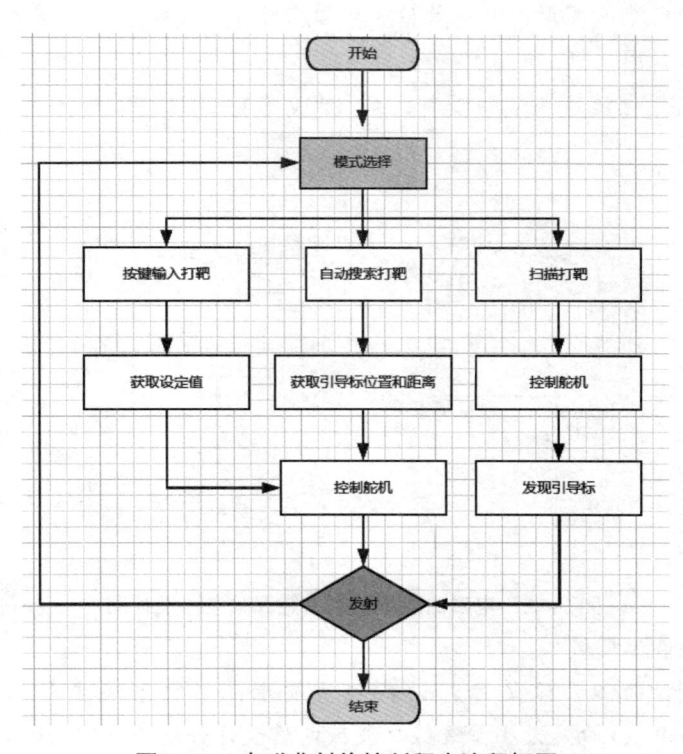

图 7-11　电磁曲射炮控制程序流程框图

三、系统理论设计

1. 软件控制算法

（1）基本部分

根据调试时拟合出来的发射距离和垂直控制角度的关系以及发射水平角度与舵机控制角度的关系，直接根据键盘输入值计算出两个舵机PWM输出值。

（2）发挥部分

自动搜索打靶是根据摄像头获取的引导标位置和距离，使用PD算法和拟合曲线来控制电磁炮的发射角度和距离。扫描打靶，实时检测激光测距模块的输出值，当发现引导标时立刻发射弹丸。

2. 电路设计

（1）开关电路

将继电器右边6脚两两相连，当成一个单刀双掷开关使用。用单片机IO口控制9013三极管的状态，用以驱动继电器开关，当继电器开关向左偏置时，则电源接通大电容给电容充电。

水泥电阻：防止电容充电电流太大，导致烧毁系统，使用20Ω水泥电阻限流。当9013状态改变，则电容与接线端子接通，接线端子连接线圈，电容放电，使线圈内部产生电流，一瞬间的电流改变产生电磁效应，给管中物体一个向外的安培力，使得电磁炮得以实现。开关电路如图7-12所示。

限流电阻：由于电流有5A的限制，则100V/5A=20Ω，添加一个20Ω的水泥电阻限流。

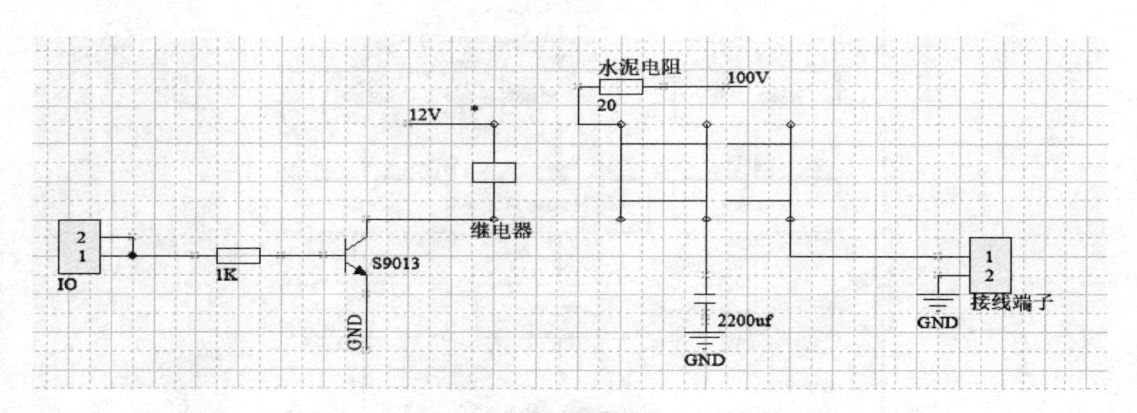

图7-12 电磁曲射炮控制系统开关电路设计图

（2）最小系统板拓展板

引出单片机的IO口，满足外扩设备接线要求；本次系统主要用到按键、串口、OLED以及一些普通IO口。最小系统板拓展板电路设计如图7-13所示。

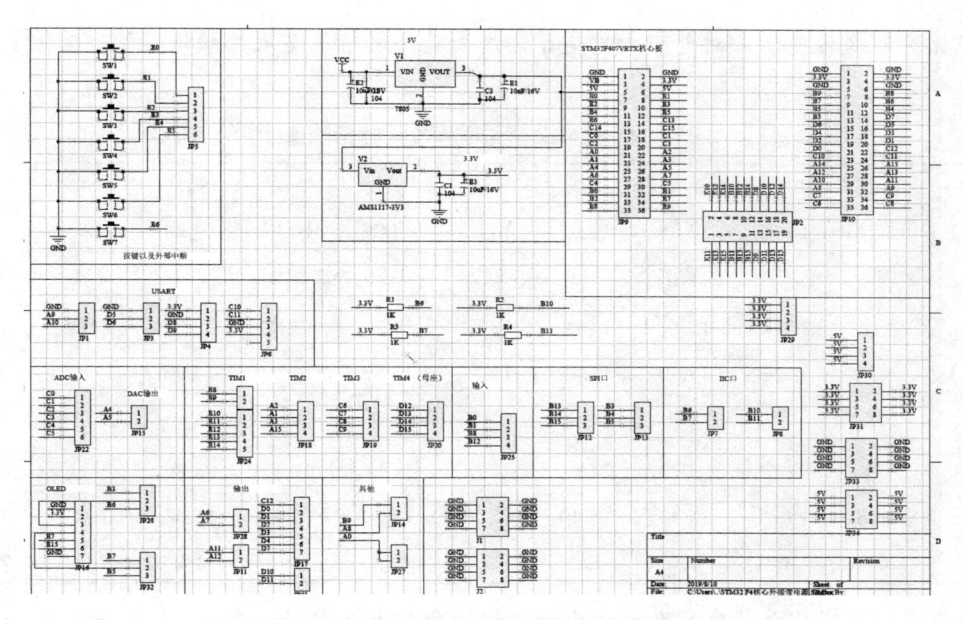

图7-13 电磁曲射炮控制系统最小系统板拓展板设计图

3. 电磁炮参数计算

将发射速度按照图 7-14 进行速度分解，设定速度 V 和水平方向速度 V_x 夹角为 a，重力加速度为 g，运动时间为 t，水平位移为 x。

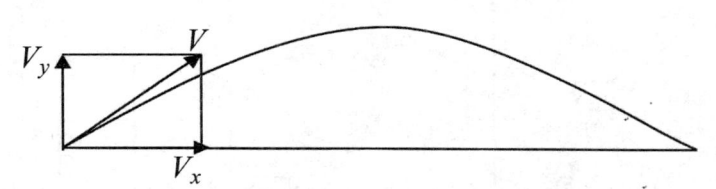

$x = 2 \times V_x \times t \quad V_y = g \times t \quad$ 所以：$x = 2 \times V \times V \times \sin(a) \times \cos(a) / g$

图7-14 电磁曲射炮子弹发射轨迹分解图

当初速度相同时，x 正比于 $\sin(a) \times \cos(a)$。由于当 a 在 14°～26° 范围内就可以达到题目要求的距离范围，根据图 7-15 可知 a 在 14°～26° 范围 a 与 $\sin(a) \times \cos(a)$ 近似正比，因此位置与角度可近似看为线性关系。

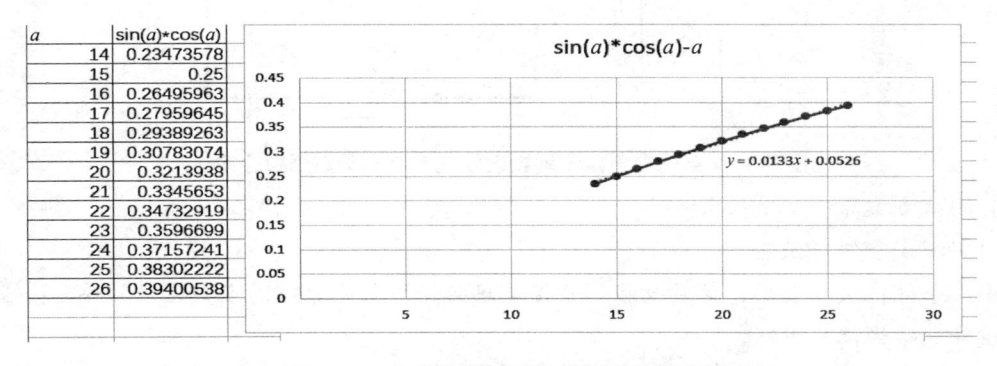

a	$\sin(a)*\cos(a)$
14	0.23473578
15	0.25
16	0.26495963
17	0.27959645
18	0.29389263
19	0.30783074
20	0.3213938
21	0.3345653
22	0.34732919
23	0.3596699
24	0.37157241
25	0.38302222
26	0.39400538

图7-15 电磁曲射炮子弹发射轨迹拟合图

根据竞赛题目要求，对电磁曲射炮子弹发射轨迹进行了多次的数据测量，实测数据如表7-4所示。

表7-4 电磁曲射炮子弹发射数据测量

次数	1次	2次	3次	4次	5次	6次	7次	8次	9次	10次
w（度）	13.73	13.80	13.88	13.95	14.02	14.09	14.17	14.24	14.31	14.38
d（cm）	199	203	208	211	212	2126	219	221	224	224
次数	11次	12次	13次	14次	15次	16次	17次	18次	19次	20次
w（度）	14.46	14.53	14.60	14.67	14.75	14.82	14.89	14.96	15.04	15.11
d（cm）	228	230	234	240	248	249	250	252	255	260
次数	21次	22次	23次	24次	25次	26次	27次	28次	29次	30次
w（度）	15.18	15.25	15.33	15.40	15.47	15.84	15.91	15.98	16.05	16.13
d（cm）	269	265	266	272	273	279	280	282	282	286

根据电磁曲射炮子弹发射数据测进行曲线拟合，如图7-16所示。发射角度w与距离d基本成线性关系。拟合曲线，计算得直线的斜率k，以及常量b。根据拟合的曲线可知改变定量仰角就可以改变定量子弹轨迹。所以由数据得，距离改变1cm，则仰角参数需要改变1.64°。

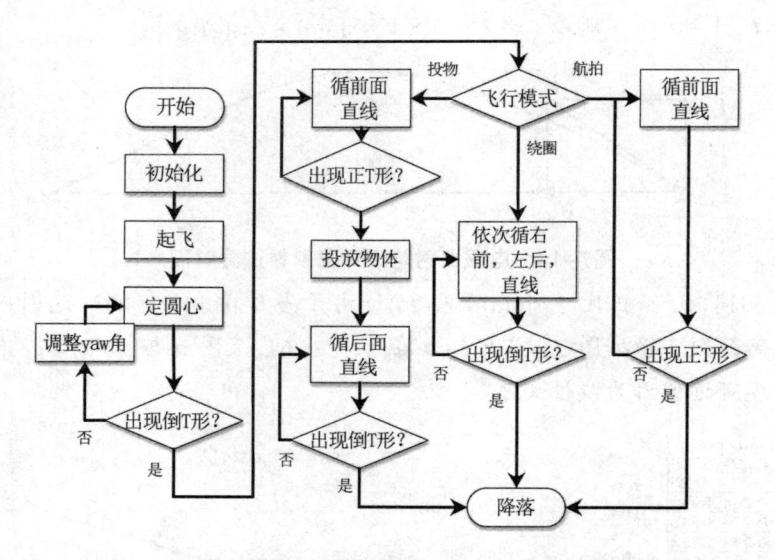

图7-16 电磁曲射炮子弹发射轨迹实际测量数据拟合图

4. 测试方案与测试结果

（1）测试条件与仪器

测试条件：检查多次，仿真电路和硬件电路必须与系统原理图完全相同，并且检查无误，硬件电路保证无虚焊。

测试仪器：OLED、串口调试小助手、秒表、学生电源、量角器、米尺。

（2）测试方法及数据

①电磁炮能够将弹丸射出炮口。用单片机 IO 控制三极管，继电器开关改变方向，电容放电产生电流，通过电磁感应效应将弹珠弹出。

②环形靶放置在靶心距离定标点 200~300cm 间，且在中心轴线上的位置处，键盘输入距离 d 值，电磁炮将弹丸发射至该位置，距离偏差的绝对值不大于 50cm。对 d 进行多次输入，根据写好的程序，对 PVC 管口径仰角进行改变，而后打出炮弹。不断改变靶心的位置，给系统不同的设定 d 值，测试数据如表 7-5 所示。

表7-5 电磁曲射炮子弹发射距离数据测量

次数	1次	2次	3次	4次	5次	6次
设定 d（cm）	200	210	220	230	240	250
实际 d（cm）	199	211	221	230	240	250
次数	7次	8次	9次	10次	11次	12次
设定 d（cm）	260	270	280	290	300	—
距离 d（cm）	260	272	280	292	303	

③用键盘给电磁炮输入环形靶中心与定标点的距离 d 与中心轴线的偏离角度 a，一键启动后，电磁炮自动瞄准射击，按击中环形靶环数计分；若脱靶则不计分。设定 d 与 a，根据实验所得函数，通过单片机控制舵机的偏角与仰角，打出炮弹。不断改变靶心的位置，给系统不同的设定 d 值与 a 值，测试数据如表 7-6 所示。

表7-6 电磁曲射炮子弹发射距离与角度数据测量

次数	1次	2次	3次	4次	5次	6次	7次	8次	9次	10次
设定 d（cm）	200	200	200	200	200	230	230	230	230	230
角度 a（度）	0	15	30	−15	−30	0	15	30	−15	−30
环数	9	9	8	9	9	10	9	8	9	8
次数	1次	2次	3次	4次	5次	6次	7次	8次	9次	10次
设定 d（cm）	260	260	260	260	260	300	300	300	300	300
角度 a（度）	0	15	30	−15	−30	0	15	30	−15	−30
环数	9	9	9	9	9	9	9	9	9	8

除上述测试之外，我们利用不规则的数据，如 d，238cm，a，11° 来测试，测试结果也在 8 环之内。综上，能较好地实现本题效果。

（3）发挥部分测试

①在指定范围内任意位置放置环形靶，一键启动后，电磁炮自动搜寻目标并炮击环形靶，按击中环形靶环数计分，完成时间 ≤30s。任意放置标靶位置，根据标靶位置改变标识位置，摄像头识别标识返回数据，系统根据数据自动改变 PVC 管偏角与仰角，打出炮弹。测试数据如表 7-7 所示。

表7-7　电磁曲射炮子弹发射距离与角度数据测量

次数	1次	2次	3次	4次	5次	6次	7次	8次	9次	10次
设定 d (cm)	200	200	200	200	200	230	230	230	230	230
角度 a (度)	0	15	30	−15	−30	0	15	30	−15	−30
环数	9	8	9	8	9	9	8	9	10	8

次数	11次	12次	13次	14次	15次	16次	17次	18次	19次	20次
设定 d (cm)	260	260	260	260	260	300	300	300	300	300
角度 a (度)	0	15	30	−15	−30	0	15	30	−15	−30
环数	8	9	9	9	9	10	9	9	9	8

②与基础部分第三题比较精度略有下降但依旧控制在 8 环之内，时间也都符合要求，总体上还是较好实现了题目要求。测试数据如表 7-8 所示。

表7-8　电磁曲射炮子弹发射时间与环数数据测量

次数	1次	2次	3次	4次	5次	6次	7次	8次	9次	10次
时间（s）	9	8	7	9	8	9	9	8	7	8
环数	8	8	9	8	8	9	10	9	9	8

次数	11次	12次	13次	14次	15次	16次	17次	18次	19次	20次
时间（s）	8	8	8	8	7	8	8	8	8	7
环数	9	9	9	8	8	8	8	9	9	9

时间都符合要求，环数也都在 8 环以内，较好地实现了功能。

四、结果分析

通过多次测量，得出 PVC 管仰角与子弹射出距离基本成线性关系，通过实验所得的数据，可得直线 k，b 值，通过此值可以较为精准地把控子弹射出距离，并且根据摄像头数据，改变 PVC 管偏角，较为精准。能较好地达到题目的要求。

五、结论和总结

1. 对设计的小结

此电磁炮装置，总体结构简洁、大方，其炮管稳固，有利于系统性能的发挥。检测出来的数据显示，其总体性能比较好，机械性能不错，如果在条件允许的情况下，换上更加优质的元器件，其性能会更加完美。

2. 设计收获体会

通过这次比赛，我们收获匪浅。学到了很多全新的知识，比如摄像头与单片机双向控制，更加了解摄像头和激光测距模块的使用和性能；在制作的过程中遇到了很多困难，但我们相互安慰、鼓励，从不言弃，努力找出原因、突破难点，一步一步走向目的地；最重要的是这四天三夜的奋战增强了我们的合作精神，促进了我们的友谊！

7.1.2 浙江省"新苗人才计划"获奖实例

基于毫米波雷达的室内人员定位和跌倒检测系统研究

【第一部分】项目简介

该项目利用毫米波雷达的无距离盲区、高距离分辨、低发射功率且在任何光照条件下性能保持稳定的优点,通过分析雷达回波,滤除背景杂波,构建人体回波模型,实时感知人体运动信息,实现人员定位;改变雷达天线方向测量目标俯仰角,获取人体高度信息,设置高度动态变化门限,实现人员的跌倒检测。

【第二部分】申请理由(包括自身具备的知识条件、自己的特长、兴趣、已有的实践创新成果等)

本团队成员均来自杭州电子科技大学杭电——Microchip 科技创新孵化器实验室(曾获得"2016 年度全国大学生'小平科技创新团队'"的荣誉称号),成员均是品学兼优,学有余力,有较强独立思考能力,有创新意识和研究探索精神,对科学研究、科技活动有浓厚兴趣的同学。经多年积累,我们已经具备了电子系统设计的基本知识,能够使用 STM32 系统微控制器以及 Microchip(微芯科技)控制器进行编程开发。

团队成员曾参与完成"多功能盲人电子拐杖"、"大学生科技创新智能实训平台"等省级科技创新项目,具有扎实的理论基础和实际工程经验,能保证本项目的顺利实施和完成。

【第三部分】项目方案

3.1 项目研究背景

3.1.1 项目背景及已有基础

近年来,随着 5G 通信技术的发展,由 5G 衍生的各项技术研究成果逐步进入商用领域。根据 3GPP 38.101 协议的规定,5G NR(New Radio,新空口)主要使用的两段频率为 FR1 频段和 FR2 频段,其中 FR2 频段即为毫米波频段。毫米波作为 5G 的核心技术,一直以高带宽、高速率、穿透能力强而备受研究人员瞩目。自 20 世纪开始发展到今天,毫米波雷达技术已经逐渐步向成熟。

基于毫米波雷达的室内人员定位和跌倒检测方法具有较强的穿透能力、非介入式传感、良好的隐私保护性,不易受环境因素(如天气、温度、光照等)影响等优点,具备与传统室内定位方法和视频监控、穿戴式传感器竞争的能力,近年来已受到国内外学者的广泛关注。但是目前该方法仍处于起步阶段,雷达回波信号处理方法尚未成熟,市场前景广阔。

目前,TI(TexasInstruments,德州仪器公司)已研制出用于车载雷达的毫米波 CMOS 单芯片传感器,将射频前端与 DSP(Digital Signal Processing,数字信号处理)、MCU(Micro Controller Unit,微控制单元)集成在一起,在减小尺寸的同时明显提升数据处理速度与精度。

3.1.2 研究意义

在无人监护领域,比如跌倒检测,市场常见解决方案为可穿戴设备或摄像头监控。可穿戴设备易遗忘佩戴,且一定程度上增加不适感,特殊场合下如洗浴或睡眠时不利于用户生活,影响用户体验;监控摄像头难以保护用户隐私,特殊场合如厕所不利于使用,但因厕所湿滑的环境,更易发生跌倒事故,这是此方案的一大漏洞。

毫米波雷达设备检测精度高，受环境影响小，且很好地保护用户隐私，具有明显优势。

3.1.3 与本项目有关的研究积累和已取得成绩

本团队已针对此项目设计了较为完备的解决方案。无论是硬件架构或是软件算法，本团队已经有了丰富的准备和积累。

项目成员已授权的软著基础：基于无线自组网协议的控制系统 V1.0；基于用户行为分析的智能家居节能系统 V1.0；电器识别可视化系统 V1.0；基于语音识别的智能老人看护系统 V1.0。

3.1.4 尚缺少的条件及方法

一方面，因室内环境复杂，毫米波雷达信号本身属极高频段信号，特殊物质如金属，其反射性能比一般物质更强，对人体识别可能有较大干扰，产生误判；又如水等液体，其对电磁波吸收作用较强，反射性能较差，也可能令定位造成较大误差。

另一方面，复杂的环境也对雷达信号处理提出了更高的要求，对于信噪比较低的场景提取有用信号需要更复杂的算法支撑，不同场景不同算法的表现也不尽相同，在实际使用中还需考虑系统的实时性。

拟解决的关键问题：

（1）减少背景杂波干扰，提高目标物体识别率。

（2）LFMCW 参数设置以折中雷达目标性能与实际硬件条件。

（3）单一线性调频方式产生距离—速度耦合现象，导致测量误差增大，雷达性能降低。

（4）算法复杂度较高，实时性较差。

（5）跌倒检测时由于相似动作引起的高虚警率，房间内其他物体引起的信号漫反射、弱多普勒信号的检测、多目标检测等。

3.2 项目研究目标及主要内容

3.2.1 项目研究目标

在硬件方面，毫米波雷达是一种具有高频带、窄波束、高抗干扰、成像良好的雷达系统；多通道雷达系统在对目标进行探测时，因其天线摆放位置具有多样性，可以获取目标更为全面的状态信息。本项目希望能够通过将毫米波雷达与多通道雷达系统结合，综合了两者高距离分辨、无光照限制、多角度、全方位等优点，构建更细致、更全面、更安全的室内人员位置监控及跌倒检测。

在算法方面，旨在解决环境内一些特殊物质回波对目标回波的干扰，滤除背景杂波及静止物体回波以达到对目标的精确监测。

3.2.2 主要内容

毫米波雷达的发射波具有多种类别选择，其中包括连续波和脉冲波形。对脉冲波形毫米波雷达而言，其发射的高频脉信号传输速度极快，使得接收机系统接收信号的时间间隔极短。这对系统信号处理速度提出了很高的要求，同样也对硬件设备的规格有一定的规定。因此脉冲毫米波雷达的实际应用通常受到一定限制。与脉冲毫米波雷达不同，毫米波连续波雷达发射一系列已调连续信号，易于调制，在车载毫米波雷达中应用最为广泛，最常用的发射波为 LFMCW（线性调频连续波）。

（1）目标距离和速度估计。基于上述原因，我们决定采用毫米波连续波雷达通过发射机发送调频连续波信号这一方案实现目标距离和速度估计。发射信号经目标反射得到回波，该回波被接收机接收并与发送信号进行混频滤波处理变为差拍信号，即中频信号。对该中频信号的信号强度以及相位信息进行分析可以实现对目标的距离以及速度的检测。

（2）目标方位估计。为了实现对目标物体的检测和定位，除了目标的距离和速度信息，还要求了解目标的方位信息。对毫米波雷达而言，为达到角度估计的目的，通常采用 MIMO（Multiple-InputMultiple-Output，多输入多输出）技术，即在毫米波雷达发射端和接收端同时安装多根发射天线和接收天线。对同一发射天线而言，其发射信号经目标反射被不同接收天线接收处理后会得到不同的接收信号。通过提取各个通道的相位信息，计算各通道间相位差，将其换算成为角度来估计目标方位。

（3）跌倒检测。我们实现跌倒检测的方案是通过改变收发天线朝向，采用类似收发天线水平放置时解算目标方位角的方法，将天线方向改为垂直放置，解算目标俯仰角，获取目标高度信息。设置高度动态变化门限，检测高度变化率与阈值的关系，判断是否发生跌倒事故。

3.3 项目创新特色概述

3.3.1 定位更准确

目前传统室内定位技术如电红外、蓝牙和 WiFi 等传感器结合 TOF 和 AOA 等技术进行定位，但它们在准确性、误报和环境变化（如黑暗、亮度和烟雾）方面存在局限性，多通道毫米波雷达主要是通过对不同场景中的车辆、行人等目标进行检测和定位来实现上述的各种功能，可以精确地测量人员和其他物体的相对速度及距离。

3.3.2 使用环境限制更低

多通道毫米波雷达对诸如雨水、灰尘或烟雾等环境条件相对免疫。它们也可以在完全黑暗或明亮的白天工作。

3.3.3 提高用户使用舒适度

在跌倒检测方面，市场常见解决方案为可穿戴设备或摄像头监控。但可穿戴设备易遗忘佩戴，并且会增加用户的不适感。特殊场合下如洗浴或睡眠时不利于用户生活，影响用户体验。

多通道毫米波雷达的非接触式检测可以让用户免于因佩戴设备而带来的不便。

3.3.4 保护个人隐私

监控摄像头也可以解决穿戴设备的麻烦，但它难以保护用户隐私。特殊场合如厕所不利于使用。但因厕所湿滑的环境，更易发生跌倒事故，这是摄像头方案的一大漏洞。而多通道毫米波雷达可以仅通过分析回波带回的信息来判断目标是否跌倒，不会侵犯目标的隐私。

综上所述，毫米波雷达设备检测精度高，受环境影响小，且能很好地保护用户隐私，具有明显优势。

3.4 项目研究技术路线（见图7-17）

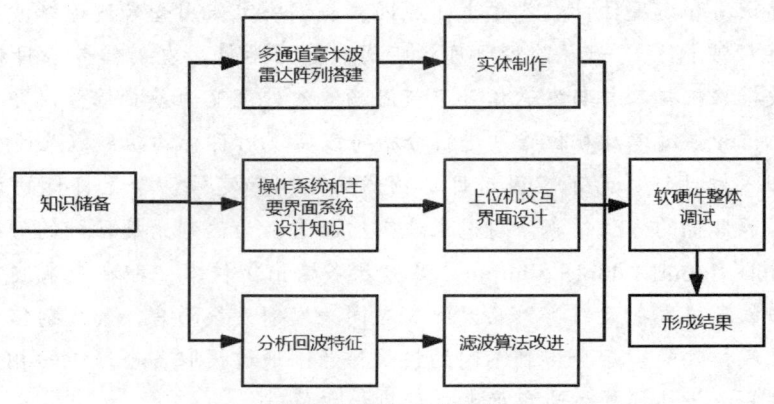

图7-17 技术路线图

3.4.1 传感器

本项目采用基于 FMCW 雷达技术的集成单片毫米波传感器 IWR6843AOPEVM，如图 7-18 所示，其可在 60～64GHz 频段工作。它采用低功耗 45nm RFCMOS 工艺制造的，能够在一个非常小的体积下实现高集成度，是工业领域低功耗、自我监控、超精确雷达系统的理想解决方案。

图7-18 IWR6843AOPEVM毫米波雷达模块

3.4.2 目标距离和速度估计技术实现

目标的距离和速度信息对应的是回波的强度和相位信息，所以我们需要分析回波信号。其信号处理结构框图如图 7-19 所示。

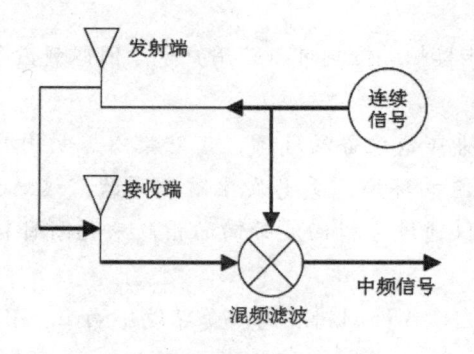

图7-19 毫米波雷达收发信号处理框图

发射信号经处理后，得到的中频信号中包含目标的距离以及速度信息。对于传统的周期性的连续调频波信号，如图 7-20 所示，其经发射端发射，在传播过程中经过目标物体并反射，被接收端接收。最终输出的中频信号形式为 $X(t,1)$，t 表示某周期内信号持续的时间，1 代表接收到的中频信号所处周期段。

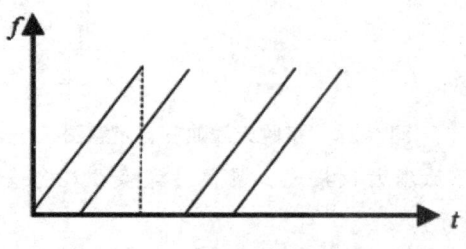

图7-20　连续调频波信号示意图

对于所得到的输出中频信号，其相位中包含目标的距离及速度信息。离散后的中频信号可分为快时间维度和慢时间维度，即距离维度和多普勒维度。此时，对该信号矩阵使用二维傅里叶变换可以得到 RDM（Range Doppler Map，距离多普勒图）。对于所得 RDM，采用 CFAR（Constant False-Alarm Rate，恒虚警率）算法可筛选出真实目标的距离和速度。目标距离和速度检测流程具体如图 7-21 所示。

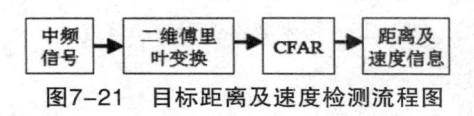

图7-21　目标距离及速度检测流程图

目标距离检测和多普勒图实验效果如图 7-22、图 7-23 所示。

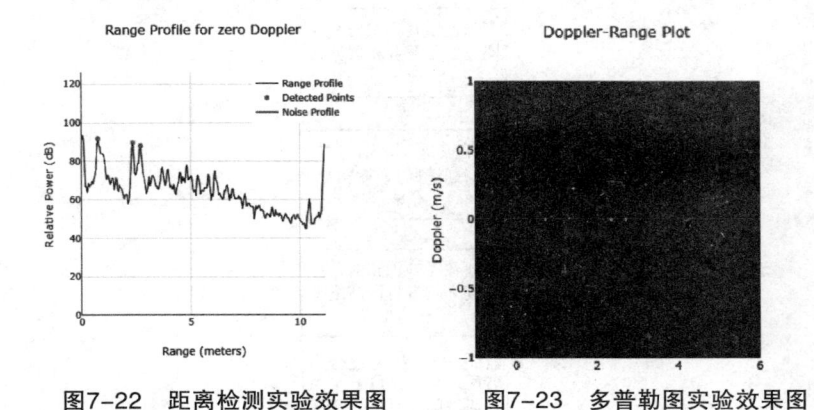

图7-22　距离检测实验效果图　　图7-23　多普勒图实验效果图

3.4.3　目标方位估计技术实现

在远场条件下，由于目标与接收天线之间的距离远比接收天线间隔长，反射信号可假设为平行直射入接收天线，因而不同接收天线之间的接收信号幅度基本不变，而仅存在由于波程差而引起的相位差。该相位差中包含目标的方位角度信息，其示意图如图 7-24 所示，其中，d 表示接收天线的之间的间隔，θ 表示目标与接收天线的相对方位角。因而，在远场条件下对接收信号向量采用一维傅里叶变换可以得到目标的方位角信息。

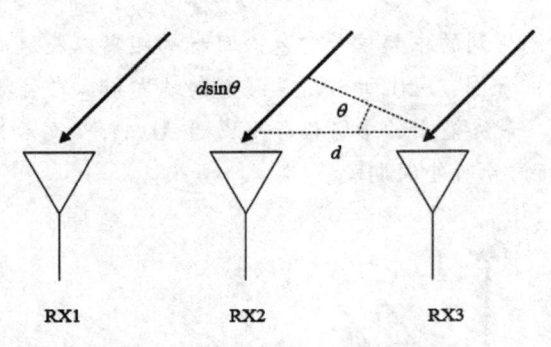

图7-24 接收天线波程差示意图

以上为毫米波雷达定位原理大致描述，具体方案实施还包含背景去噪、目标凝聚等算法，总体方案如图7-25所示。

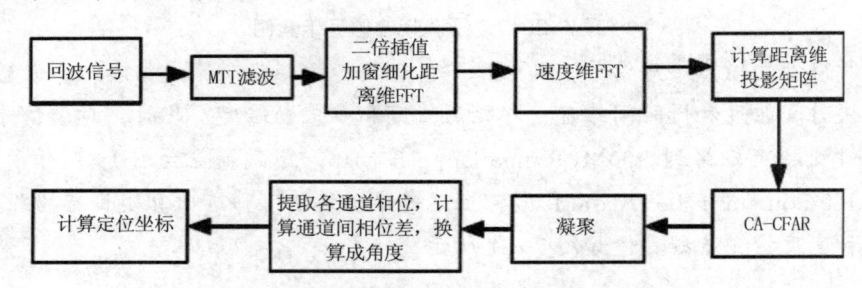

图7-25 毫米波雷达定位总体方案

3.4.4 跌倒检测实现方案

跌倒检测方案流程如图7-26所示。

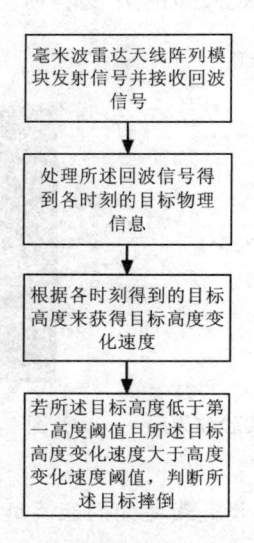

图7-26 跌倒检测方案流程图

【第四部分】学校提供条件（包括项目开展所需的实验实训情况、配套经费、相关扶持政策等）

本项目依托杭电——美国微芯科技创新孵化器实验室。该实验室是杭州电子科技大学与美国微芯公司联合建立的大学生创新实验室,参与的同学均有参加电子竞赛的经验,动手能力较强,学习成绩优异,具有严格的自律精神和浓厚的创新实践的积极性。并且该学生实验室也凭借着多年来优秀的科研竞赛成绩在 2015 年获得了"小平科技创新团队"的称号。该项目组成员均是该实验室正式成员,给本项目的研发提供了场地,以及各种电子和计算机所需器材和设备的支持。

配套经费方面,正式立项后将有教育厅的 1 万元的项目支持资金来完成本项目的设计实现。

【第五部分】预期成果

本项目成果必须符合下列情况之一,且至少有一名项目组成员为主要参与人:
(1)开发并研制室内人员定位及跌倒检测系统。
(2)发表科技论文 1~2 篇,申请专利 1~2 项。
(3)培养实用性人才 3 名。

7.1.3　全国大学生FPGA创新大赛国奖实例

基于FPGA的图像处理实时调节系统设计文档

【第一部分】设计概述

1.1　设计目的

当今社会不断发展,计算机技术与其各项理论在不断地完善,而衍生于计算机技术的数字图像处理技术也在计算机发展的大浪潮中逐渐兴起并发展。通过借助图像信息理论与通信理论,并将二者紧密联系,数字图像处理技术在处理现代生活、工程中的大信息量图像的综合性方面显示出了处理精度高、灵活性强、再现性好、适用面广、信息压缩潜力大等优势,现已成功地应用在了各个领域。

在数字图像处理的领域中,数字图像的实时处理调节一直是热门的话题。在数字图像的处理过程中,用户对视频处理效果的需求会产生变化,而传统的一些方法需要用户不断地更改与调试代码,操作步骤烦琐复杂,给使用者带来了巨大的不便。

本项目以 FPGA 为核心技术载体,结合 STM32 核心板、VGA 输出模块、LCD 显示模块以及 OV5640 摄像模块等技术手段,设计制作出能够对图像处理进行实时调节的控制系统。通过提取图像的各项处理参数,并将处理参数转化为多种模型在图形交互界面上显示,项目的最终作品可帮助使用者在不改变原有图像处理代码的情况下,只需简单调节处理参数便可快速预览数字图像的处理效果。同时本产品还具有通过图像的交互窗口界面对图像处理顺序进行调节的功能,操作过程简单方便,极大地优化了使用者实时处理数字图像的体验感。

1.2　应用领域

本作品在实践教育、工程训练建设等领域中具有极大的实用价值。在教育教学过程中,作品以更方便更快捷的方式将 FPGA 的应用效果可视化,从而改善教学者的教学体验、优化教学水平;在工程训练建设中,作品可简化工程师探究图像模型参数范围的过程,从而帮助项目节省大量人力物力并缩短开发时间；在数字媒体领域中，本作品能给新媒体制作人在数字图像处理方向上提供更直观高效的选择。

1.3 适用范围

本作品适用于对数字图像处理效果需求较大的受众群体。本作品可帮助使用者进行图像处理的实时调节，既能简化使用者的操作步骤，也能节约使用者调试代码的时间，极大地优化了使用者进行数字图像实时处理的体验感。

【第二部分】系统组成及功能说明

2.1 系统介绍

项目由摄像头驱动、串口数据接收、视频流图像处理以及综合各路信号的 VGA 显示模块所构成。

2.1.1 图像处理

如图 7-27 所示，图像处理主要由三部分完成。第一部分是串口接收：它负责将控制端发送回来的参数数据拆分成能够被使用的数字参数，传递给显示模块和各个图像处理模块；第二部分是图像处理模块：每个图像处理模块都是独立的，根据串口返回的参数，选择不同的图像处理模式以及相应的参数，处理完毕的视频流会一边传递给下一个图像处理模块，一边传递给综合显示模块来显示本阶段的完成进度；第三部分是参数显示模块：它根据当前显示的图像处理模式，节选来自串口的数据，显示对应的参数，最后由综合显示模块将多个画面组合起来合并输出。

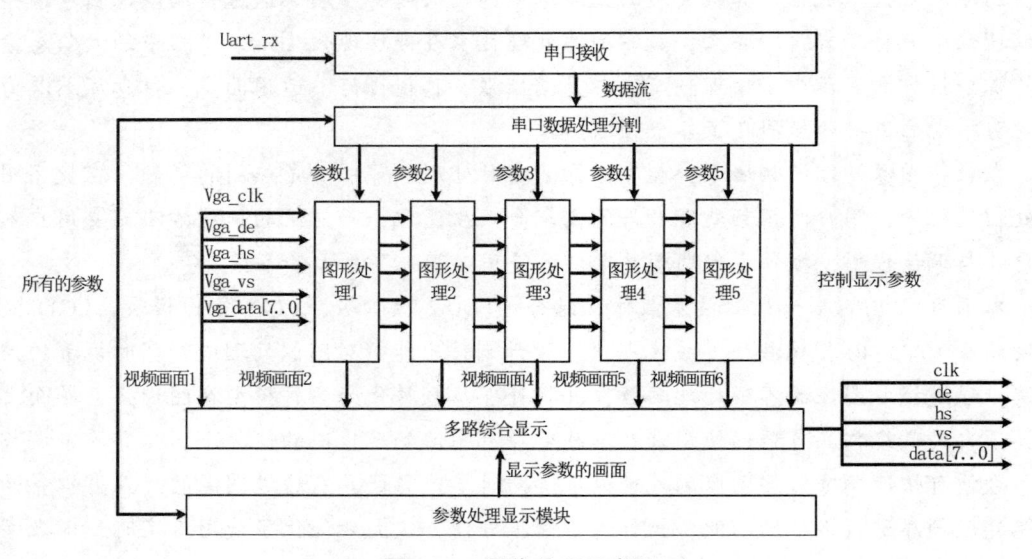

图7-27 图像处理示意图

2.1.2 摄像头驱动

如图 7-28 所示为摄像头的驱动图。上电时 IIC 会对摄像头进行相关数据（分辨率、曝光、帧数等）的配置。控制状态机监测输入摄像头数据信号并对 VGA 的读取信号进行处理。

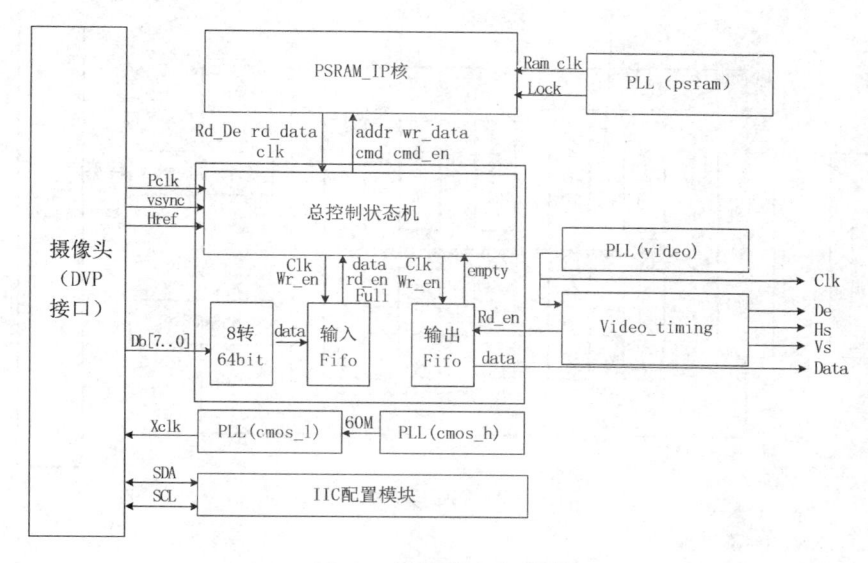

图7-28 摄像头驱动图

PSRAM 主状态机：监测输入 FIFO 的 full 信号以及输出 FIFO 的 empty 信号。当输入的 FIFO 填满并得到 full 信号后，立即将其填入到 PSRAM 对应的地址中；当监测到输出的 FIFO 的 empty 信号后，根据当前位置，读取 PSRAM 相应地址的数据填入输出的 FIFO 中。

摄像头输入：等待有效 vsync 信号以及 href 信号的过程中，PSRAM 所具有的特点将提高带宽的利用率，同时将 8bit 的数据串转并为 64bit 并转移到输入的 FIFO 里，直到填满后输入 FIFO 返回一个 full 信号。

VGA：输出在一定的时序代码中生成 VGA 的标准时序，在合适的时间段里，VGA 给输出的 FIFO 一个读取的信号，读取输出 FIFO 的数据，再通过 64bit 转为 16bit，每当一行数据读取完毕以后，输出的 FIFO 返回一个 empty 信号。

2.1.3 控制端

控制端如图 7-29 所示。

①上电时通过 IIC 对 LCD（GT9147 电容触摸屏）进行相关参数配置。

②采用双线控制状态机监测电容屏中断信号及 LCD 屏幕显示，通过区域划分来处理中断信号，并通过蓝牙串口发送。

ARM 模式状态机：监测输入的触控中断信号，并判断中断信号 INT 发送的区域进行状态机转换，进而实现不同的模式组合。

ARM 参数状态机：等待模式状态机切换，过程中等待有效的模式状态机信号，进入不同的参数状态机，对应调节各类模式内部参数构架。

GT9147 电容屏：将不同模式状态机显示在屏幕上，与 VGA 显示进行对应，同时监测不同的模式、调节输入信号，传输到 ARM 双线状态机中进行处理。

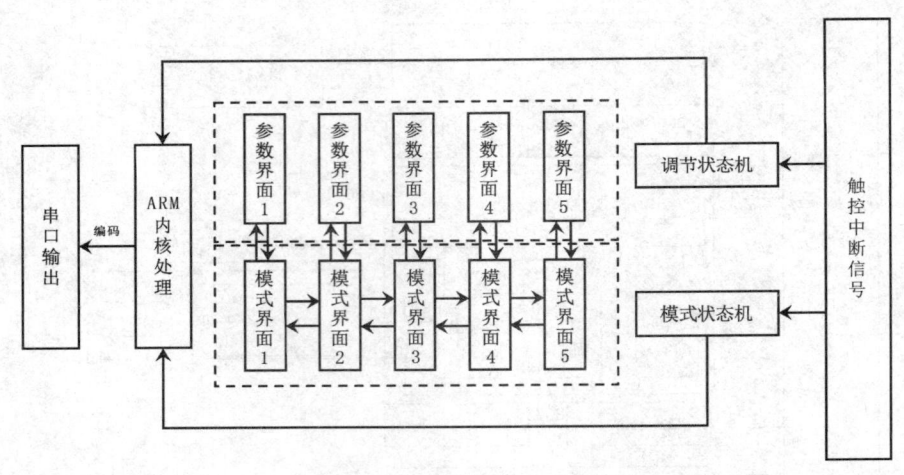

图7-29 控制端示意图

2.2　各模块介绍

2.2.1　摄像头模块

项目使用 OV5640 摄像头模块如图 7-30 所示，其原理图如图 7-31 所示。该模块使用感光芯片 OV5640，500 万像素，分辨率 2592×1944，同时采用 1.4μm×1.4μm 像素 OmniBSI 技术，具有高灵敏度、低串扰、低噪音的特点。模块支持自动曝光、自动白平衡、自动消除灯光条纹、自动黑电平校准和自动带通滤波器等功能，支持色饱和度调节、色调调节、gamma 校正、锐度和镜头校准等，支持图像缩放、平移和窗口设置。

图7-30　OV5640摄像头模块

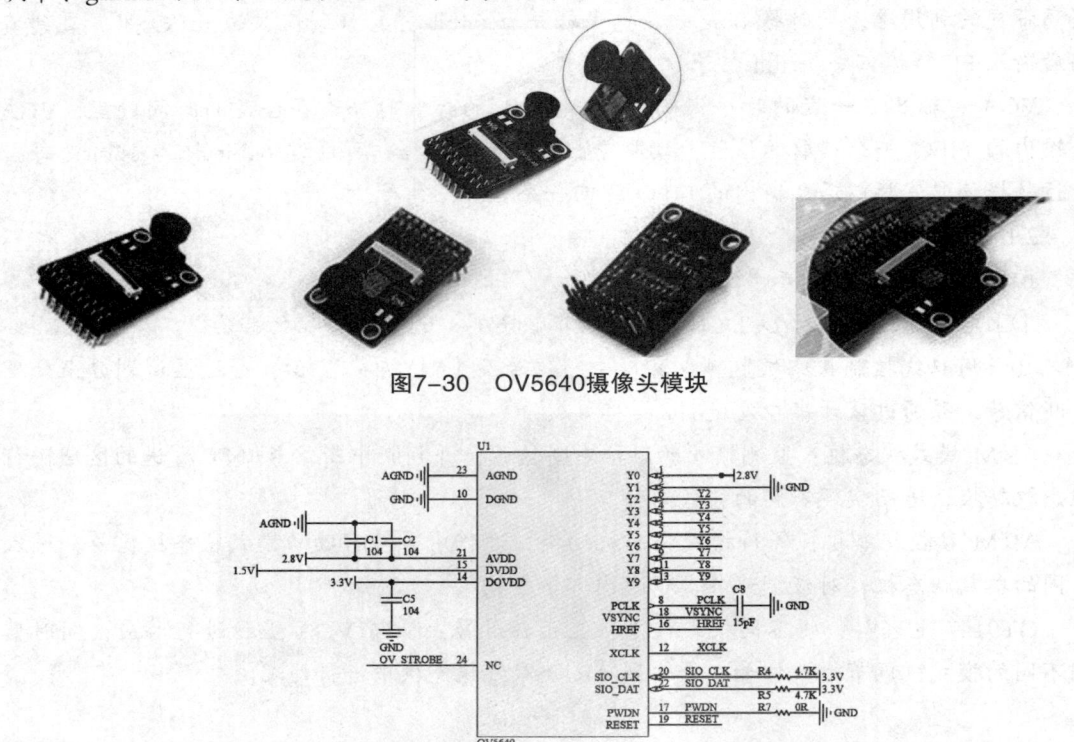

图7-31　原理图

2.2.2 图像输出模块

项目使用 VGA 模块，如图 7-32 所示。该模块具有视频图像处理与视频采集功能，正面带有 VGA 模块 16 位真彩色（支持 65536 色）电阻网络，背面带有 SD 卡电路，此模块可接 VGA 显示器，配合摄像头可采集图像，并于显示器上显示。

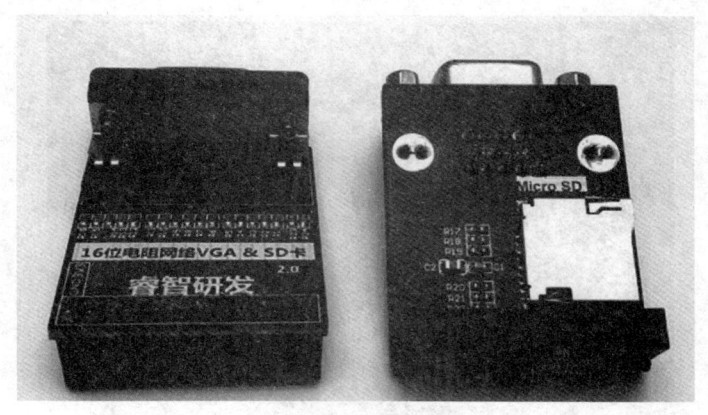

图7-32　VGA模块

2.2.3 蓝牙模块

项目使用 HC-05 蓝牙模块如图 7-33 所示。HC-05 蓝牙串口通信模块，是基于 Bluetooth Specification V2.0 带 EDR 蓝牙协议的数传模块。无线工作频段为 2.4GHz ISM，调制方式是 GFSK。模块最大发射功率为 4dBm，接收灵敏度 -85dBm，板载 PCB 天线，可以实现 10m 距离通信。模块自带 LED 灯，可直观判断蓝牙的连接状态。模块采用 CSR 的 BC417 芯片，支持 AT 指令，用户可根据需要更改角色（主、从模式）以及串口波特率、设备名称等参数，使用灵活。

图7-33　HC-05蓝牙模块

【第三部分】完成情况及性能参数 /Final Design & Performance Parameters

项目实物如图 7-34 所示，由摄像头模块、图像采集模块、图像显示模块、FPGA 开发板共同组成项目作品实现功能如下：

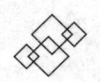

（1）不改变原有图像处理代码的情况下，只需简单调节处理参数便可快速预览数字图像的处理效果；

（2）通过图像的交互窗口界面（图7-35），对图像处理顺序进行调节的功能。

目前，以上两个功能均已实现，各模块运作稳定，模块间功能已连接。

图7-34 作品实物

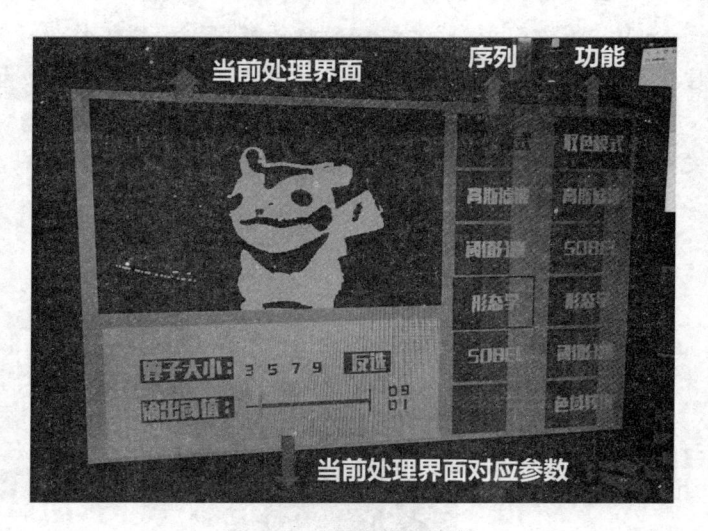

图7-35 显示界面介绍

3.1 摄像头模块

（1）该模块执行过程中，SCCB（IIC协议）能够正确配置摄像头的分辨率、曝光、角度等相关寄存器，上电自动配置，重置键可重复配置。

（2）信号输入转化缓存无错位、冲突等问题，图像显示效果噪声小，频率稳定，色彩失真小，无明显像素点丢失。

3.2 图像输出模块

图像颜色显示准确，信号稳定，无偏色、漏光、闪烁等现象。

3.3 蓝牙模块

（1）蓝牙模块信号稳定，数据无丢失、延迟小、反应快，效果良好。

（2）蓝牙模块已通过 AT 指令配对，上电能够自动匹配接收端和控制端。在规定的通信协议内，该模块可以接受第三方控制程序的信号。

3.4 FPGA 主板

（1）实现了算子大小为 3 的高斯滤波，效果明显。

（2）实现了三通道的阈值分割，可实时调节上下限以及输出效果反转现象。

（3）实现了算子尺寸为 3、5、7、9 大小的无差别腐蚀膨胀，可实时调节上下限以及输出效果反转。

（4）实现了单通道算子大小为 3 的 sobel 滤波，可实时调节阈值上下限、处理通道以及输出效果反转。

（5）实现了以上算法的综合处理，最多可接受 5 个图像处理算法同时工作，并且可以实时调节参数以及预览画面。

【第四部分】总结 /Conclusions

4.1 主要创新点

（1）本作品融合了多种常见 FPGA 图像处理算法。通过将多种算子（腐蚀、膨胀、sobel 等）综合处理，作品实现了图像参数的实时调节，并且能够快速预览图像处理的不同效果。

（2）作品使用 HC-05 蓝牙模块进行参数的实时调节，无线控制，节省资源，同时简化了操作。

（3）作品实现了多种图像处理功能一体化，集成度高，简化使用者的修改调试代码的操作步骤与时间。

（4）控制端采用 ARM 双线状态机的编程架构，方便模式的添加和修改，可以通过外部触控信号进行不同模式的组合匹配以达到不同的效果。

4.2 可扩展之处

（1）作品还可融合更多的图像处理算法，实现更多的图像处理效果的一体化。同时作品还可以增加视频的输入方式、素材与参数，展示出更多的图像显示效果。

（2）作品还需要进一步增加图像调节的精细度，使最终显示的图像效果更加细腻。

（3）由于条件限制，当前摄像头分辨率不够高，图像采集不够完善，项目可进一步改善摄像头的分辨率，优化图像显示效果。

4.3 心得体会

在这一次的竞赛中，我们通过 FPGA 这一技术实现了数字图像处理实时调节的控制系统。在准备比赛的过程中，我们深入地了解并学习到了很多关于 FPGA 的知识，包括它的多项性能与使用方法，借此也拓宽了我们对 FPGA 这一技术的认知，打开了我们研究学习的另一扇大门。

这次设计中，我们独立编写与调试完成了摄像头驱动及多种算子的综合处理，虽然目前作品还存在图像处理精度不够高、显示效果有点不稳定的问题，但我们也会不断调试，争取做出更完善的作品。

在学习的过程中，我们发现 FPGA 不是一门简单的技术，我们在探索中不断地跌倒，一次次地被系统的 BUG 阻挡在成功之外，也曾因为不知道怎么解决的问题想要过放弃，但我们坚持了下来，我们在这一次次的困难和问题中，不断积累、不断进取，最终完成了我们的设计作品。

7.2 中学学员科技创新比赛成果

科创联合基地运行三年来，以全国青少年创新大赛为例，中学学员共计获得浙江省二等奖 1 项、三等奖 1 项、杭州市一等奖 2 项、三等奖 1 项、杭州市江干区一等奖 2 项、二等奖 1 项，部分获奖作品如下：

7.2.1 浙江省二等奖——基于FPGA的激光光斑识别投影交互系统

第三十四届浙江省青少年科技创新大赛优秀科技创新项目

题 目：基于 FPGA 的激光笔识别与投影控制交互系统

学科类别：计算机科学与信息技术

【摘要】

本论文设计一种基于 FPGA 的激光笔光斑识别技术并模拟鼠标控制计算机达到在投影上完成交互的嵌入式系统。采用 FPGA 为主控芯片，分为主机和接收机两个部分。主机由摄像头摄取投影场景图像，FPGA 通过其内部光斑定位电路处理图像，并识别激光笔光斑位置，并将其坐标通过蓝牙传送至接收机。接收机通过蓝牙接收光斑坐标和遥控器送来的按键信息，通过 HID 模拟鼠标来控制计算机，以达到用激光笔实现与投影系统的交互控制。构建一套能定位投影幕布上的激光笔光斑位置，同时读取按键信息，进而转化成对鼠标的控制指令，最终达到在投影上完成交互的系统。该系统兼具了实时性、准确性、方便性，图像处理过程不需要在电脑上处理，在电脑上不用安装驱动程序或运行处理程序，即插即用，使用方便，对多种操作系统有较好的兼容性，该系统拓展了投影交互场景中激光笔的作用，提升演讲者的演讲体验。

【关键词】FPGA 图像处理、激光轨迹识别、USB-HID

【研究背景】

暑假期间我参加了一场培训会，观察到老师通过投影仪进行培训时，我发现几个不方便的地方：

（1）演讲时需要用到两个以上的软件如 PPT 和 DEVC，老师需要频繁地在这两个软件之间切换，每次切换都必须回到电脑面前操作；

（2）在演示 DEVC 的编程时，老师无法在 DEVC 的界面上进行圈点勾画，需要截图后放到 PPT 里，才能圈点勾画；

（3）老师对 PPT 所展示的内容进行圈点勾画时，需要在电脑面前用鼠标或键盘切出画笔功能，用鼠标才能操作。

以上情况一旦出现，老师就只能被限制在电脑面前用操作键盘鼠标，这使得老师一会儿在我们桌前指导，一会儿到讲台上讲解，与我们的互动性降低，不利于提高培训的效果。我想如果通过激光笔远距离既能做到多个软件之间任意切换，又能对 PPT 内容圈点勾画，最好能在任何软件界面上圈点勾画，这样就能非常方便的使用了。然后，我通过淘宝查找这样功能的产品，没有发现类似产品；通过万方数据资源系统和中国专利信息网查找到了一些资料，通过资料询问了老师，了解到要实现我的功能，现有的方法需要具备两个条件来实现：

（1）摄像头采集的图像信息通过嵌入式器件高速传输给电脑；
（2）通过电脑上安装功能强大的图像识别软件来识别激光笔光斑，才能实现与投影之间的交互，这些软件对电脑的配置相对较高。

由于现有系统要求较高，是否能有更加方便、成本较低的系统来实现呢？

【设计思想】

为了解决图像高速传输的困难和电脑配置成本较高的问题，我想是否可以不传输图像直接处理，传给电脑的直接就是键盘和鼠标的信息，这样就可以大大降低电脑的配置，也不需要安装软件，就能实现我想要的功能了！于是再找老师咨询，老师让我去找了电子信息工程专业的老师请教，于是了解到现代数字逻辑技术可以替代一些软件对简单图像进行一些本地化的高速处理。这种数字逻辑技术是在 FPGA 的芯片上编写 HDL 语言，实现某种功能的技术。其中 FPGA 是 Field Programmable Gate Array 的缩写，意思是现场可编程逻辑门阵列。而 HDL 是 Hardware Description Language 的缩写，意思是硬件描述语言。用 HDL 编写代码，下载到 FPGA 中，就可以实现代码所描述的电路，从而实现电路功能。于是我就产生了研发基于 FPGA 的激光笔光斑识别与投影控制交互系统的想法。图 7-36 为我在调试这套新型的交互系统。

图7-36 新型交互系统调试场景

【研究过程】

1. 工作原理

本系统的工作原理如图 7-37 所示，激光笔发射激光在屏幕上产生红色光斑，摄像头捕捉屏幕图像（包含光斑）发送到 FPGA，FPGA 通过内部的光斑定位电路识别激光笔光斑，得到其在屏幕上的坐标，通过蓝牙传送至 HID 模拟器，HID 模拟鼠标来控制电脑，实现用激光笔与投影系统的交互控制。

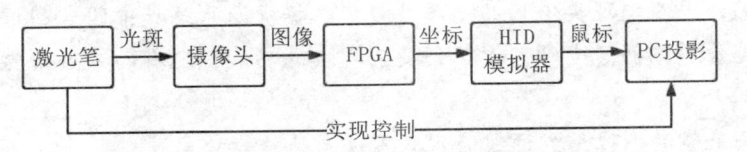

图7-37 系统工作原理

2. 系统组成

基于 FPGA 的激光笔识别与投影控制交互系统包括两个部分：主机部分和接收机部分，如图 7-38 所示。主机部分以 FPGA 芯片为核心，作为计算与控制模块，完成对激光光斑图像信号的识别、坐标校正定位以及向电脑发送相关的指令，实现控制投影仪的功能；主机部分还包括摄像头电路、VGA 显示电路、蓝牙模块。接收机部分包括单片机最小系统和蓝牙模块。接收机通过 HID 方式控制电脑或平板电脑的鼠标键盘，通过蓝牙接收主机的控制信息。进一步地，接收机通过模拟 HID 设备，控制电脑鼠标跟随激光笔光斑运动。主机实物如图 7-39 所示，接收机实物如图 7-40 所示，整个系统实物图如图 7-41 所示。

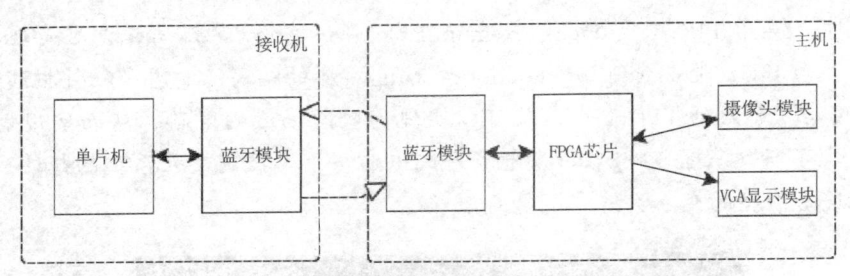

图7-38 系统主要构成

图7-39 主机实物　　　　图7-40 接收机实物

图7-41 系统主要构成实物

（1）摄像头电路：主要模块选用 OV7670 摄像头，FPGA 通过内部的摄像头驱动电路控制摄像头，获取摄像头的视频信息，对激光笔光斑进行定位。

（2）VGA 显示电路：由电阻编码网络构成，用以显示摄像头拍摄的画面，该部分和 FPGA 的 VGA 驱动电路是独立存在的，当不需要输出演示画面时可以不必安装，以节省资源。

主机和接收机通过各自的蓝牙模块无线连接。主机中的 FPGA 芯片内部集成了光斑定位电路以及摄像头驱动电路、VGA 显示驱动电路等。

（1）光斑定位电路：实现了对视频数据流的实时处理，用以识别激光笔光斑的坐标。主机部分的光斑定位电路内部结构图如图 7-42 所示，其包括了视频捕获电路、高斯滤波电路、形态学滤波电路、FLASH 读写电路、VGA 驱动电路、光斑坐标提取电路、串口驱动电路等，校准光标和鼠标的位置匹配时按照右下、右上、左下次序校准，使用者首次使用需要对屏幕位置进行校准。校准后不搬动摄像头和投影仪则无须再校准。主控模块将从摄像头模块中提取的原始画面通过视频输出模块输出，供用户调整摄像头焦距、方向时参考，也可不使用。

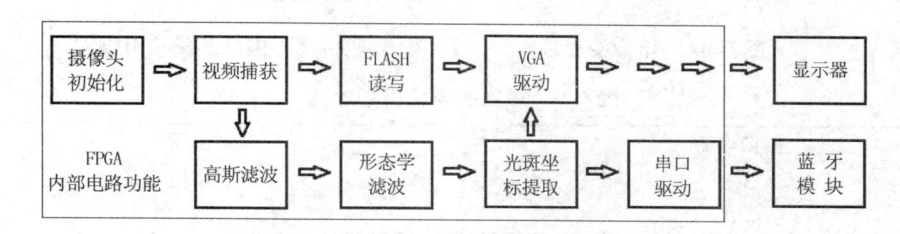

图7-42 光斑定位电路内部结构

（2）摄像头驱动电路：通过 SCCB 接口配置 OV7670 摄像头，并且获取 OV7670 的视频数据流。

（3）VGA 显示驱动电路：用以辅助显示摄像头和激光笔光斑定位情况。

3. 模块组成

一种新型激光笔光斑识别与投影控制交互系统，其功能模块包括光斑采集处理模块、坐标分析处理模块、USB-HID 模块，模块组成框图如图7-43所示。

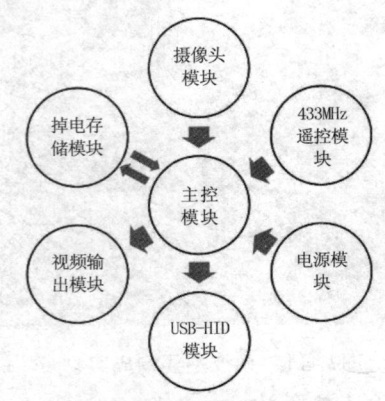

图7-43 模块组成框图

主要模块介绍如下：

（1）摄像头模块：OV7670 传感器模块如图7-44所示，模块引脚图如图7-45所示，模块主要接口功能如表7-9所示。

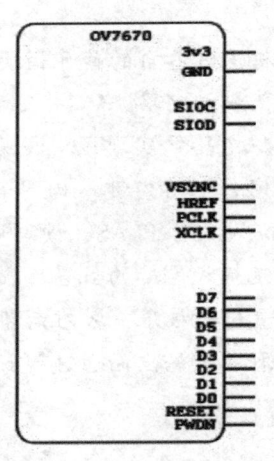

图7-44 摄像头模块　　　　图7-45 摄像头模块引脚图

表7-9 摄像头模块引脚功能

接口名称	作用
3v3	3.3V 供电电源
GND	接地端
SIOC	SCCB 寄存器配置接口的数据线
SIOD	SCCB 寄存器配置接口的时钟线
VSYNC	视频流的场同步信号
HREF	视频流的行同步信号
PCLK	输出的视频流的像素时钟

续表

接口名称	作用
XCLK	输入时钟
D0–D7	视频流数据的0~7bit
RESET	系统复位
PWDN	为0时系统失能，1时系统使能

OV7670 使用流程：

OV7670 的图像每个的数据输出时序，如图 7-46 所示：

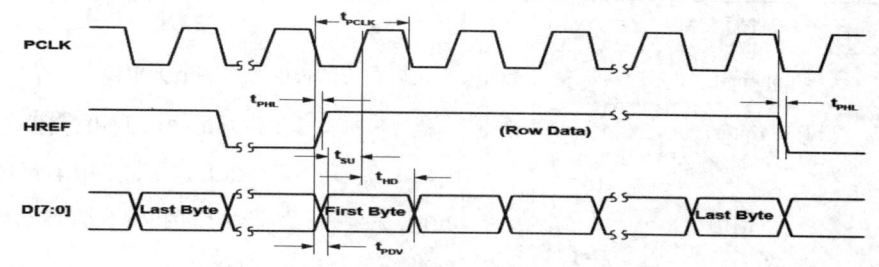

图7-46　摄像头数据输出时序

图像数据在 HREF 为高电平时输出，当 HREF 变高后，每一个 PCLK 时钟，输出一个字节数据。帧时序（VGA 模式），一幅画面的输出时序如图 7-47 所示：

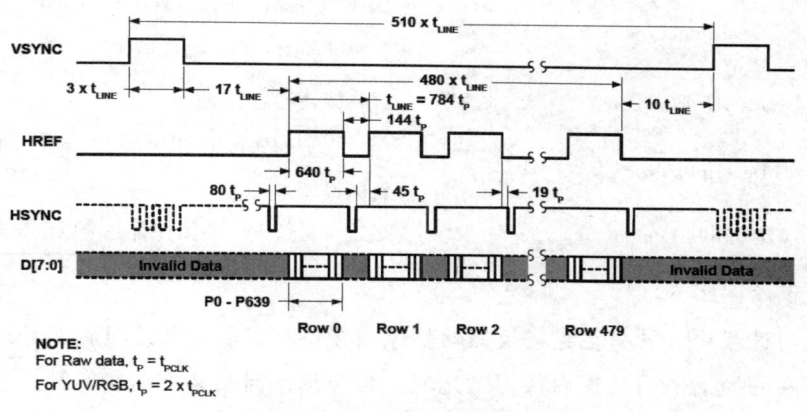

图7-47　帧时序输出时序

摄像头在行同步信号（HREF）为 1 时自左向右输出一行的视频像素，在 0 时为一行结束状态。摄像头在场同步信号（VSYNC）为 1 时结束一帧画面的输出，在 0 时输出画面。

（2）HID 模块：HID（Human Interface Devices）是一种 USB 通信协议，无需安装驱动就能进行交互。USB 有 5 种标准描述符为：设备描述符、配置描述符、字符描述符、接口描述符和端点描述符，当主机向 USB 设备请求各种描述符来识别设备后，HID 设备如鼠标、键盘定义相应的 HID 描述符。HID 设备通过 USB 控制管道和中断管道与主机之间通过报告形式实现，报告需要定义报告描述符，流程如图 7-48 所示。报文格式具体如表 7-10 所示。该模块包括了 ARM 单片机和蓝牙模块，与主机无线通信，通过模拟鼠标键盘来控制电脑等设备。

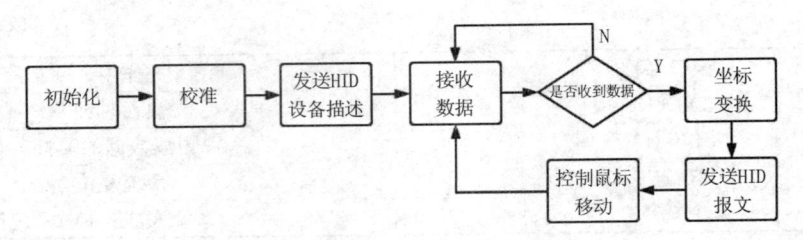

图7-48　HID协议流程

表7-10　报文格式

偏移量	域	大小	值	描述
0	bLength	1	数字	此描述符的长度（以字节为单位）
1	bDescriptorType	1	常量	描述符种类（此处为 0×21 即 HID 类描述符）
2	bcdHID	2	数字	HID 规范版本号（BCD 码），采用 4 个 16 进制的 BCD 格式编码，如版本 1.0 的 BCD 码为 0×0100，版本为 1.1 的 BCD 码为 0×0110
3	bNumDescritors	1	数字	硬件目的国家的识别码（BCD 码）
4	bDescriptorType	1	常量	支持的附属描述符数目
5	bDescriptorType	1	数字	HID 相关描述符的类型 0×21：HID 描述符 0×22：报告描述符 0×23：物理描述符
6	wDescriptorLength	2	常量	报告描述符总长度
7	bDescriptorType	1	数字	用于识别描述符类型的常量，使用在有一个以上描述符的设备
8	wDescriptorLength	2	常量	描述符总长度，使用在有一个以上描述符的设备

4. 系统电路图

系统使用过程中，首先主控模块驱动摄像头模块，接收视频流数据，并进行流水图像处理，从而在一帧图像的延迟内得到激光笔光斑坐标，因而具有高实时性。主控模块将得到的光斑坐标输送至主控模块的软核处理器部分，并从外部掉电存储模块读取校准信息，对坐标进行映射，从投影仪坐标映射到电脑屏幕坐标。同时，主控模块统计历史坐标，提取有关向量，利用分类模型对激光笔光斑轨迹进行分类识别，进而产生不同控制指令。

主控模块获取光斑坐标并进行坐标转化的同时，还接收 433MHz 遥控模块的按键信息，以此实现模拟鼠标按键。同时该遥控模块可以实现对系统进行控制，控制主控模块将校准信息写入外部掉电存储模块，以实现对系统中投影幕布位置的重新校准和校准信息的断电存储。

主控模块提取光斑坐标并映射以后，除了对系统本身进行校准以外，还将形成特殊编码的控制指令对 USB—HID 设备进行控制。主控模块通过蓝牙将信号稳定、及时地输送至 USB—HID 设备。USB—HID 设备部分的主控为 ARM 单片机，接受控制指令后产生成相应的符合 USB—HID 标准的信息序列，通过 USB 端口连接至电脑等主控设备，从而实现对电脑的控制。USB—HID 兼容性强，即插即用，使用方便。

5. 创新与完善

针对现有技术的缺陷，本设计提供了一种即插即用、低成本的激光笔光斑定位系统。与现有技术相比，本设计的优点为：

（1）通过 FPGA 做图像处理，主机只需要向 PC 传递坐标数据即可，避免大量数据的传输，鼠标运动跟随效果延迟小；

（2）PC 上无需安装图像处理软件，做到即插即用十分便捷；

（3）对 PC 的配置没有要求，可以使用低成本的 PC。

回顾这一段时间的努力，使我品尝到思路陷入困境的纠结、四处搜寻材料的辛劳、装置测试成功瞬间的喜悦。通过参加这次科技创新大赛活动使我明白完成一件好的科技作品不是一件容易的事，有非常多的开发研究步骤，如图 7-49 所示有焊接、测量、编写代码、系统调试等工作，更深深懂得了要获得哪怕是小小的成功，也要付出辛勤的努力。

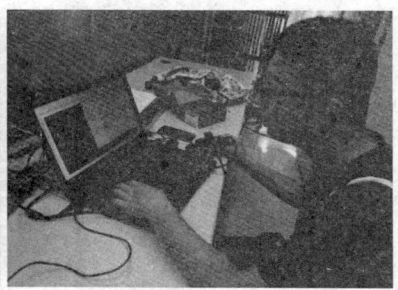

（a）电路焊接　　　（b）信号测量　　　（c）编写代码

（d）系统调试　　　（e）编写代码　　　（f）系统联调

图 7-49　开发研究中

同时，该装置也存在着一些不足，在我学习更多的关于 FPGA 的知识后，有以下三方面可以改进：

①后期完善当不使用激光笔时，HID 可以自动切换到鼠标和键盘；

②能在任何软件界面上钩点划线；

③光斑和鼠标的位置精度提高。

本发明已向国家申请专利，如图 7-50 所示。

-223-

zyg1911188

国 家 知 识 产 权 局

310030

浙江省杭州市西湖区申花路465号申瑞国际银座1幢702室
杭州君度专利代理事务所（特殊普通合伙） 朱亚冠(15088698408)

发文日：

2019年09月09日

申请号或专利号：201910846483.X　　　　发文序号：2019090900939780

专 利 申 请 受 理 通 知 书

根据专利法第28条及其实施细则第38条、第39条的规定，申请人提出的专利申请已由国家知识产权局受理。现将确定的申请号、申请日、申请人和发明创造名称通知如下：

申请号：201910846483.X
申请日：2019年09月09日
申请人：杭州电子科技大学
发明创造名称：基于FPGA的激光笔识别与投影控制交互系统

经核实，国家知识产权局确认收到文件如下：
权利要求书 每份页数:2页 文件份数:1份 权利要求项数： 5项
说明书摘要 每份页数:2页 文件份数:1份
实质审查请求书 每份页数:1页 文件份数:1份
发明专利请求书 每份页数:5页 文件份数:1份
说明书 每份页数:4页 文件份数:1份
专利代理委托书 每份页数:2页 文件份数:1份
说明书附图 每份页数:1页 文件份数:1份

提示：
1. 申请人收到专利申请受理通知书之后，认为其记载的内容与申请人所提交的相应内容不一致时，可以向国家知识产权局请求更正。
2. 申请人收到专利申请受理通知书之后，再向国家知识产权局办理各种手续时，均应当准确、清晰地写明申请号。
3. 国家知识产权局收到向外国申请专利保密审查请求书后，依据专利法实施细则第9条予以审查。

审 查 员：自动受理　　　　审查部门：专利局初审及流程管理部

200101　纸件申请，回函请寄：100088 北京市海淀区蓟门桥西土城路6号 国家知识产权局受理处收
2018.10　电子申请，应当通过电子专利申请系统以电子文件形式提交相关文件。除另有规定外，以纸件等其他形式提交的文件视为未提交。

图7-50　发明专利申请受理通知书

7.2.2　浙江省三等奖——基于物联网的分布式存储系统

浙江省第三十四届青少年科技创新大赛优秀科技创新项目

题　目：基于物联网的分布式仓储系统

学科类别：计算机科学与信息技术

【摘要】

基于物联网的分布式仓储系统用来解决办公室、实验室等情境下，物品多而杂，管理难，资源使用不充分的难题，同时解决使用传统式仓储系统造成的无法分层管理、布线难

的问题。用户可通过手机客户端或网页端进行查询、储物等操作,智能地对物品进行管理。系统由主板、从板、云服务器、客户端等四个部分组成,通过 WiFi、ZigBee 进行主板与服务器、主板与从板间的信息交流。

经单位试用,获得较好评价。目前,该项目已申请国家实用新型专利。

经查新,目前我国在智能储物领域虽有研究,但本项目具有创新性、新颖性。

【关键词】分布式 储物 智能 管理

【设计由来】

作为少科院院士,我参加 2018 年海洋科考时,开展了水质检测、标本制作等工作。涉及药品、各种仪器等诸多设备,我在取用实验器材时发现以下问题,如图 7-51 所示。

(1)每个实验室场地有限,无法容纳所有的物品。

(2)每个实验室的物品都有各自独有的和共有的,使用时存取不方便。

(3)取用实验室的物品,没有设置权限。

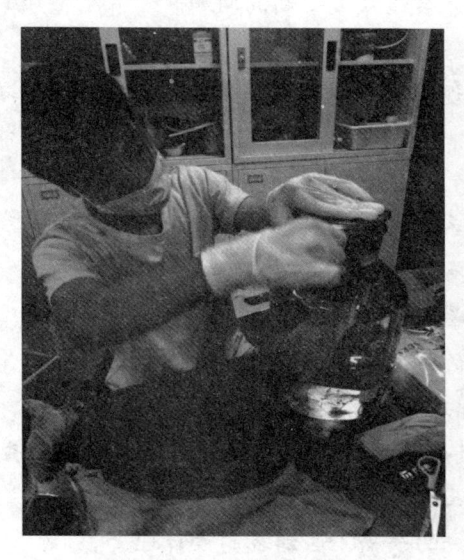

图7-51 取用实验器材

若解决此问题需要在分布式仓储系统的前提下,使用能够设置权限的分层管理模式,且需在原有储物柜的基础上添加智能模块,不用新买集成式柜子。所以我深入思考,开始研究如何将分布式仓储系统分层管理且免布线的问题。经过不断设想,我最终决定通过物联网连接 APP 和从板进行查询、储物等操作。我认为这样既能利于管理人员管理调配,又能方便操作人员使用物品。那将是很有意义的一件事。

【设计思想】

1. 现有的智能仓储管理系统情况

我先进行了查新,经对检索出的相关文献进行分析,发现一些相关项目皆着眼于大型公司、大型仓库中资源的管理应用。现有的系统皆着力于物品的分布式存储、集中式管理,不利于分层管理。并且现有的系统不采用物联网方式,扩展需要布线。

现有的智能仓储管理系统大多有一个显著的特征，采用集成式的管理模式，即将物品在集中的区域进行储物操作。许多大型公司在数年前已经开始发展智能化管理模式，多采用的是高度集成化的仓库管理，也有类似于"蜂巢"这样的智能集成式柜。

例如：大型集成化仓储虽只需少量管理人员，在集中区域对于物品进行管理，但是这些现有的系统，无法解决人数众多、身份复杂的实验室和办公室等环境中有序化仓储管理的问题。无法限制不同人员的不同权限，更无法适用于分布式仓储的模式。

又如："蜂巢"等智能柜的确实现了互联网的交互管理，但不能在实验室、办公室等分布式仓储的环境中使用，并且无法实现在普通柜子上加装部件便可使用的设计理念，成本也较高。

总而言之，现有的这些智能仓储管理系统的服务对象与本项目的定位不同，都无法实现"分布式仓储系统"所要达到的基于实验室、办公室等场景下进行分层管理的要求。同时，它们的扩展需要布线，会造成成本高的问题。

2. 新仓储系统的设计思路

通过研究，结合我对现有智能储存系统的分析，我再次明确了新仓储系统采用分布式仓储的重要性，如图7-52所示。必须通过分布式仓储系统才能达成我预设的实验室、办公室等环境下的储物要求。

我设想发明、制作的系统需达到以下几个要求：

①对物品的存取需要有层级权限。

②增减货柜时，不需要布线。

③能使用柜—机分离的方式，方便货柜的增减。这样当需要添置新柜子时，可以很方便地添加，且不用买特制的柜子，便捷、成本低。

④通过 APP 对物品进行管理，方便快捷。如在客户端上查询物品，柜子上的从板就能显示物品的位置信息，及调取储物记录等。

这样可以弥补现有系统的缺陷，达到我的设计理念。

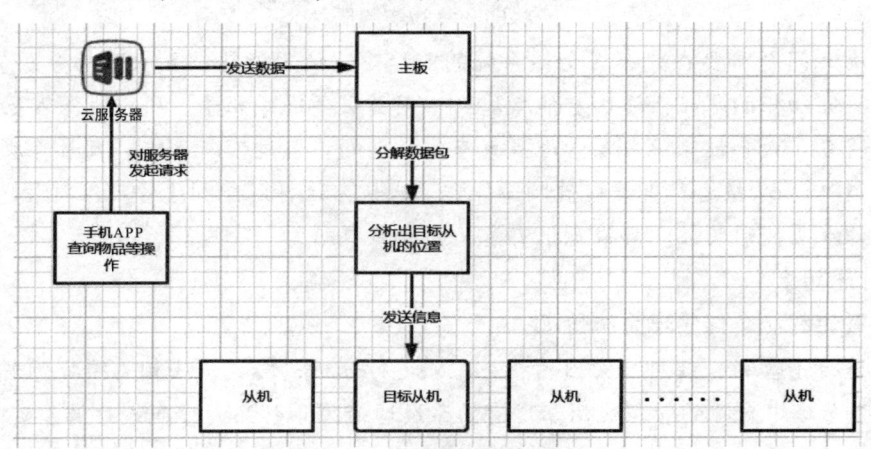

图7-52 新仓储系统的设计思路

【设计过程】

1. 新仓储系统的构成

该系统由单片机—主板、单片机—从板、手机APP、云服务器组成，如图7-53所示。

图7-53　新仓储系统的构成

单片机—主板用来接收来自服务器的信息，并将该信息转交给相应的从板。且当要增加新的柜子时，起到配置新从板，使其加入从板网络的作用；单片机—从板是一个独立的单元，它与柜子是分开的（这就意味着系统对使用的柜子并没有特别的要求，普通的就行），它的功能是通过数码管告知用户物品的具体位置。每增加一个柜子，用户可添置一个从板。手机APP是用户的主要操作对象，用户注册账号后，便可在APP上进行物品的查询、存放等操作。云服务器则主要用来存储用户数据。

2. 新仓储系统的硬件设计

新仓储系统的硬件设计包括主板硬件设计和从板硬件设计，主板硬件框图如图7-54所示，从板硬件框图如图7-55所示。

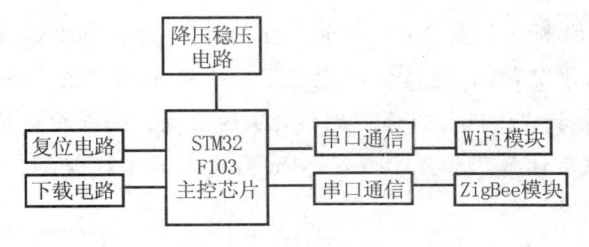

图7-54　主板硬件框图

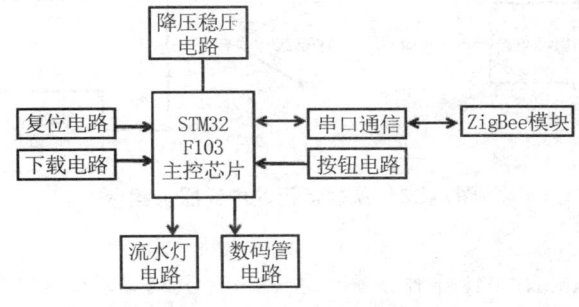

图7-55　从板硬件框图

3. 单片机的软件设计

主板与从板都使用 STM32F1 系列芯片。主板搭载了 WiFi 模块与 ZigBee 模块，从板搭载了 ZigBee 模块。主板和从板上还有 led 灯以及按键。

（1）主板程序

主板通过 MQTT 协议与服务器通信；通过 ZigBee 与从板通信。

主板的 while 循环程序，主要是检测按键的动作。

当有新柜加入时，按下按键，主板便会配置新从板的信道与网络 ID 以保证正常通信，并通知服务器已添加新柜，如图 7-56 所示。

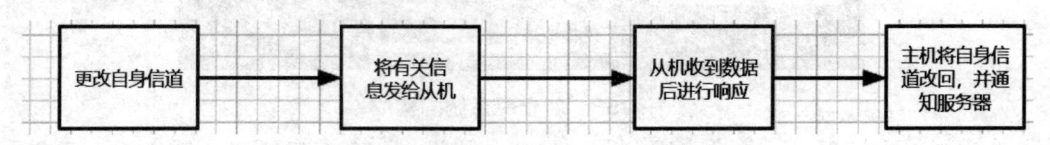

图 7-56 新柜加入

长按按键，使主板进入配置模式，然后通过网络调试助手向主板发送 WiFi SSID 与密码即可成功配置，如图 7-57 所示。

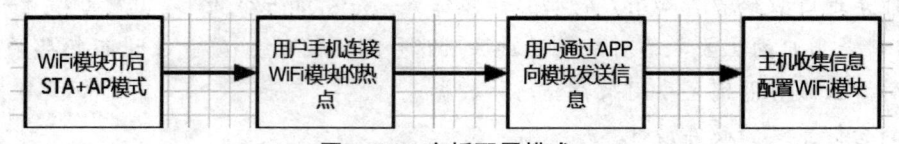

图 7-57 主板配置模式

主板也开启着中断，如果接收到服务器的信息，就会向从板发送信息。

（2）从板程序

从板只运行中断服务，如图 7-58 所示，当它的 ZigBee 接收到信息时，就会开始对数据包进行分析。我基于 ZigBee 通信协议设定了一个简单的协议，如果数据包的靶地址为 0×90，那么就是在命令从板进行信道、网络 ID 的配置，如果把地址为 0×80，那么提取数据包的 payload，然后使数码管显示数字，led 灯进入流水灯模式。

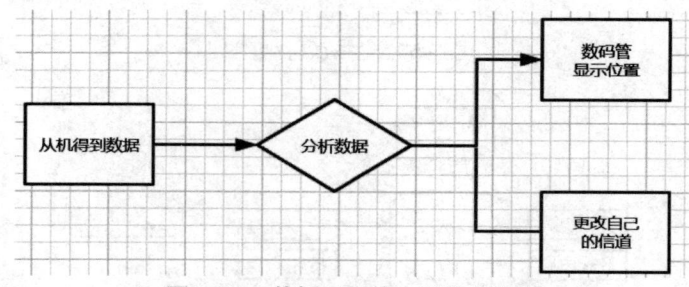

图 7-58 从板运行的中断服务程序

（3）项目部署

服务器环境：Ubuntu16.04(操作系统)+MySQL(数据库类型)+Node.js(后端语言)

通信协议：http、MQTT(物联网部分)

APP：Dart(开发语言)→flutter(移动 UI 框架)+Dio(Dart 网络请求库)

后端服务：Node.js（开发语言）→ express（框架）

（4）运行流程

注册账号→登录→绑定器材柜系统→查看物品存放信息→存取操作

（5）运行原理

用户在APP上提交数据，进行一系列操作，向服务器发送请求，服务器根据请求进行操作，增删改查数据库信息，并向用户发送反馈信息。其中，APP页面通过futter框架构建，简单灵活，APP上实现的事件通过dio的Api接口向运行在Ubuntu系统上的由express框架写成的Web应用程序发送请求，请求一般会利用SQL语言对数据库信息项进行增删改查，并进行一系列数据反馈等活动。

（6）HTTP运行流程图解与说明（如图7-59所示）

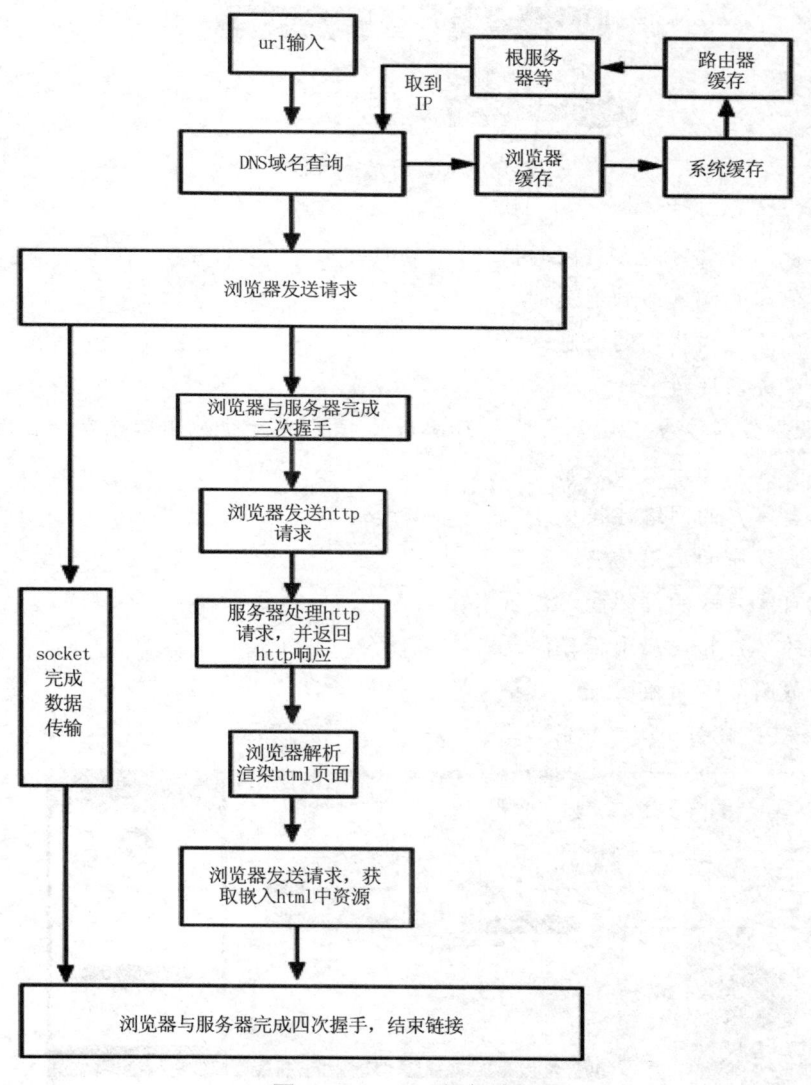

图7-59 HTTP运行流程图

（7）MQTT 运行流程

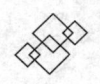

Mosca 是 MQTT 在 Node.js 中的一个 Broker 的开源实现，通俗讲也就是 MQTT 中的 Server 实现。实现 MQTT 协议需要客户端和服务器端通信完成，在通信过程中，MQTT 协议中有三种身份：发布者（Publish）、代理（Broker）（服务器）、订阅者（Subscribe）。MQTT 会构建底层网络传输：它将建立客户端到服务器的连接，提供两者之间的一个有序的、无损的、基于字节流的双向传输。

当应用数据通过 MQTT 网络发送时，MQTT 会把与之相关的服务质量（QoS）和主题名（Topic）相关连，其流程如图 7-60 所示。

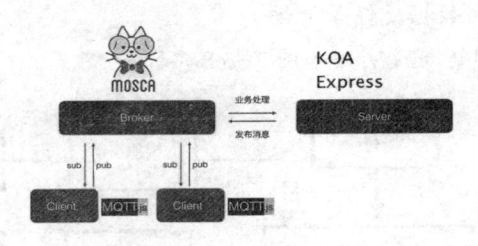

图 7-60　MQTT 运行流程

客户端可以：
①发布其他客户端可能会订阅的信息；
②订阅其他客户端发布的消息；
③退订或删除应用程序的消息；
④断开与服务器连接。

MQTT 服务器以称为"消息代理"（Broker），可以是一个应用程序或一台设备。它是位于消息发布者和订阅者之间，它可以：
①接受来自客户的网络连接；
②接受客户发布的应用信息；
③处理来自客户端的订阅和退订请求；
④向订阅的客户转发应用程序消息。

（8）文件截图与页面截图

手机操作 APP 截图如图 7-61，7-62，7-63，7-64 所示。

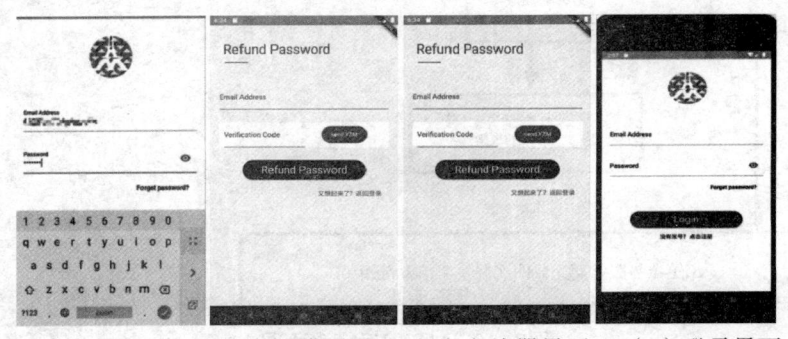

（a）主界面　（b）找回密码界面　（c）注册界面　（d）登录界面

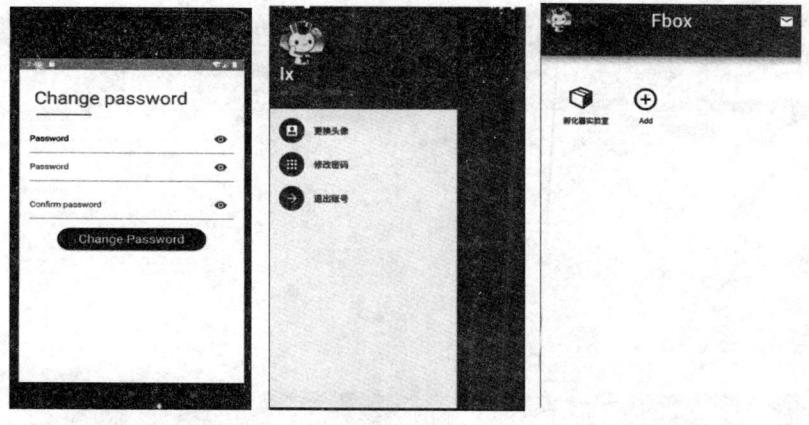

（e）修改密码界面　　　（f）登录后界面　　　（g）主柜界面

图7-61　手机APP截图（一）

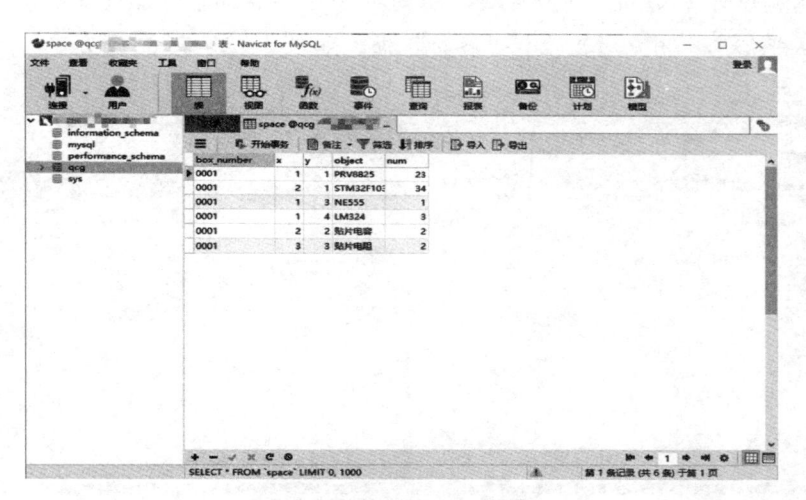

图7-62　数据库中数据截图

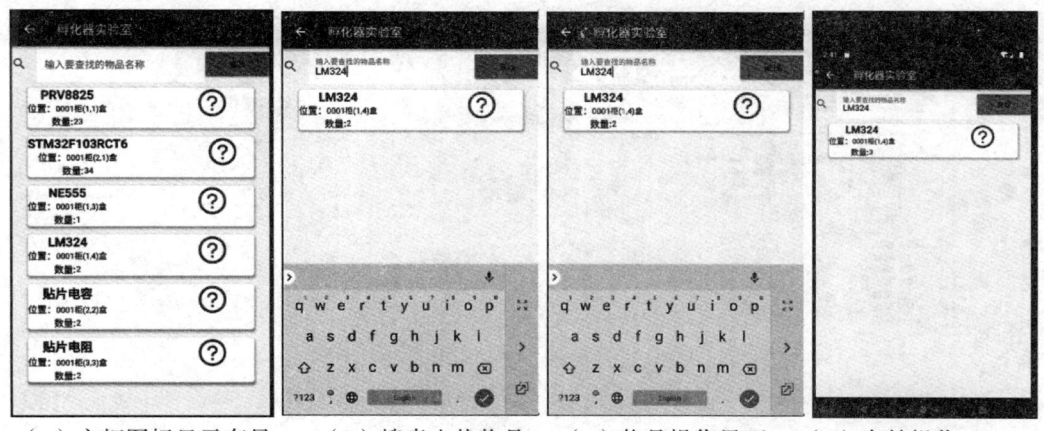

（a）主柜图标显示存量　　（b）搜索查找物品　　（c）物品操作界面　　（d）存储操作

图7-63　手机APP截图（二）

-231-

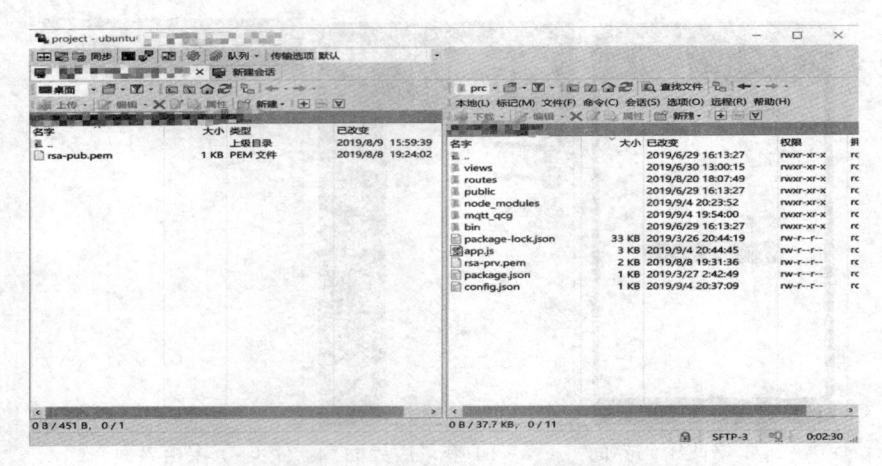

图7-64 数据库和APP中的数据会同步发生相应变化

数据库结构设计（Navicat可视化工具截图）：一套系统的数据库设计，包括用户信息、主柜信息、从柜信息、用户对应主柜等各种数据，如图7-65、7-66所示。

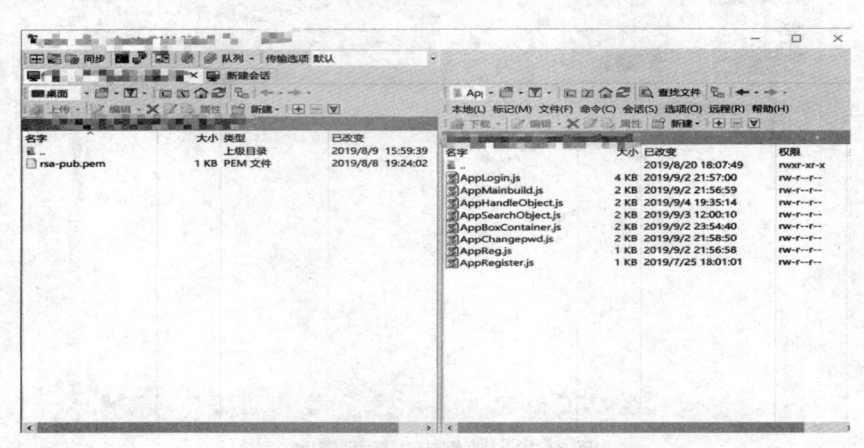

图7-65 express框架结构截图

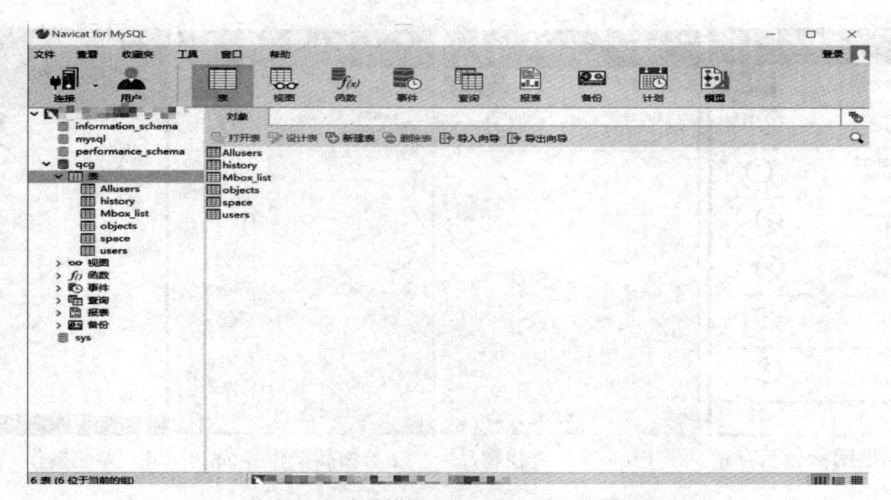

图7-66 express中APP相关基础服务文件截图

-232-

4. 我的制作过程（如图7-67所示）

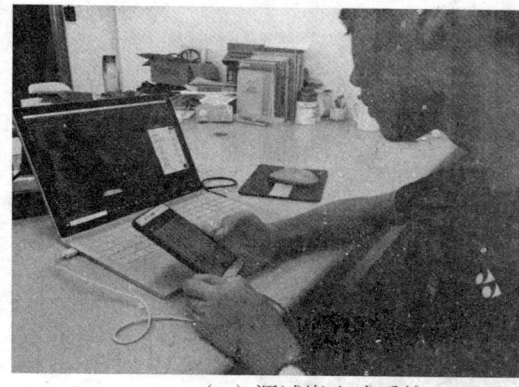

（a）调试嵌入式系统 　　　　　　（b）调试APP

（c）测量信号 　　　　　　（d）焊接电路板

（f）安装在柜子上

图7-67　制作过程

【功能与创新点】

该系统无须配置，插电即用，USB 供电亦可，如图 7-68 所示。

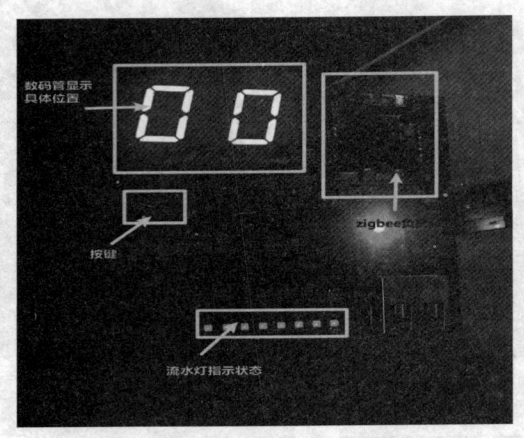

图 7-68 实物演示

① 安装步骤：主板安装；安装 APP 用户客户端；从板安装。
② 使用功能：取货；存货。
③ 账户管理：登录，注册，注销。

解决了办公室、实验室管理物品困难，资源得不到有效利用的痛点。该智能仓储系统的主要创新点有：a. 设置权限，解决分布式仓储的分层管理；b. 利用物联网，免去布线的麻烦；c. 安装方便快捷，只需主板连接 WiFi，购置新从板进行配置，省去很多操作；d. 兼容性强的同时节约成本，无须买特制储物柜，只需购置从板安置在原有柜子上；e. 可智能记录器材使用情况，通过手机端呈现记录清单、器材损耗情况，通过记录查找到责任人；f. 可任意扩展，不受地域的限制，提高空间利用率。

【试用情况】

经单位试用，本系统受到好评，能方便且即时地对物品进行存取等操作，是一套减小管理成本，提高空间利用率的优秀解决方案，有推广价值，如图 7-69 所示。

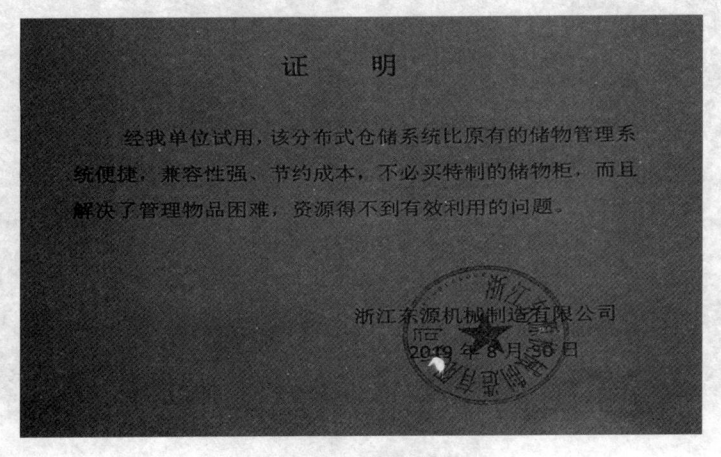

图 7-69 使用证明

【结论与展望】

回顾这一段时间的努力，这套装置看似很简单，却使我体会良多，思路陷入困境时非常纠结，装置测试成功时无比喜悦。

该装置创新点多、实用性强，但也存在一些不足，下一步打算结合应用实际，进一步优化系统设计：增设从板损坏的反馈；添加物品存取日志，方便更加合理地购置物品；使用指纹验证开锁，让物品存放更安全。

本发明已向国家申请专利，如图7-70所示。

wlq06832

国家知识产权局

310009

杭州市解放路18号铭扬大厦1801室
杭州斯可睿专利事务所有限公司 王利强(0571-81957362)

发文日：

2019年09月26日

申请号或专利号：201921613278.0　　发文序号：2019092601094280

专利申请受理通知书

根据专利法第28条及其实施细则第38条、第39条的规定，申请人提出的专利申请已由国家知识产权局受理。现将确定的申请号、申请日、申请人和发明创造名称通知如下：

申请号：201921613278.0
申请日：2019年09月26日
申请人：张蒋晗
发明创造名称：一种基于物联网的分布式仓储系统

经核实，国家知识产权局确认收到文件如下：
说明书 每份页数:3页 文件份数:1份
专利代理委托书 每份页数:2页 文件份数:1份
摘要附图 每份页数:1页 文件份数:1份
说明书摘要 每份页数:1页 文件份数:1份
实用新型专利请求书 每份页数:3页 文件份数:1份
权利要求书 每份页数:1页 文件份数:1份 权利要求项数： 6项
说明书附图 每份页数:1页 文件份数:1份

提示：
1. 申请人收到专利申请受理通知书之后，认为其记载的内容与申请人所提交的相应内容不一致时，可以向国家知识产权局请求更正。
2. 申请人收到专利申请受理通知书之后，再向国家知识产权局办理各种手续时，均应当准确、清晰地写明申请号。
3. 国家知识产权局收到向外国申请专利保密审查请求书后，依据专利法实施细则第9条予以审查。

审 查 员：自动受理　　审查部门：专利局初审及流程管理部

200101　纸件申请，回函请寄：100088 北京市海淀区蓟门桥西土城路6号 国家知识产权局受理处收
2018.10　电子申请，应当通过电子专利申请系统以电子文件形式提交相关文件。除另有规定外，以纸件等其他形式提交的文件视为未提交。

图7-70　申请国家实用新型专利通知书

7.5.3 杭州市三等奖——智能输液换袋装置

【摘要】

为了减轻护士劳动强度、提高工作效率，本作品从实际需要出发，设计了一个正六边形的箱体，最多同时容纳六袋液体，内部配制液体感应、重量传感、工位检测、控制器、升降、旋转、呼叫报警等装置，可以实现液体滴尽、有效工位、液体总重量的判定，实现自动针液分离、自动旋转工位、自动针液连接等功能。从而创新地实现了液体的自动更换，用智能化的装置解脱了护士烦琐机械的体力劳动，同时能更及时、有效地护理病人。

【关键词】输液；换袋装置；传感器；控制器；创新性

【设计由来】

1. 设计背景

妈妈是护士，我常看到妈妈穿梭在需要更换输液袋的病人之间，有次我生病了，在急诊输液，需要换袋时，由于深夜值班护士很少，当时有一个病情比较严重的病人，医生护士都在为他急救，而我的输液无法及时更换。由于这个原因，我想是否能自动换袋呢？是否能通过技术方法，采用一些机械执行装置和自动控制电路进行整合，从而解决这让人难受又无可奈何的问题，我认为这是一个很有现实意思的课题，于是和我的伙伴们开展相关的研究、设计和制作。

2. 装置的设计

为使装置能快速实现自动更换输液袋，又具有方便可行性，我考虑整个装置应具备以下几个功能：一是无菌性，保证操作过程不违反无菌原则；二是准确性，能准确感知输液袋中的液体是否流尽；三是操作方便、快捷，比现在临床上"呼叫护士—等待—换袋"这一个流程所需时间短；四是完整性，装置应在不需要人工干预的情况下，自动进行输液袋的更换，完成整个输液过程。

（1）总体设计

①结构框图。本装置的总体结构框图如图 7-71 所示，共有四个主要模块：传感器信号输入模块、控制器模块、机械模块、信号输出模块。

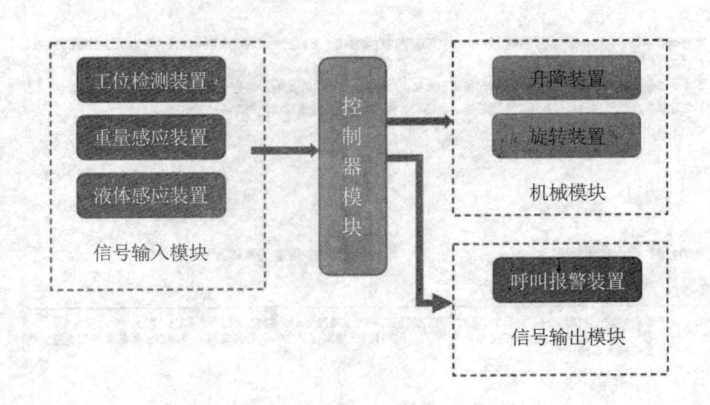

图7-71 总体结构框图

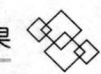

②实物装置。本设计为一个正六边形的箱体,实物装置图如图7-72所示,内部安装液体感应装置、重量传感装置、工位检测装置(接触开关)、控制器模块、升降装置、旋转装置、呼叫报警装置。可以实现液体滴尽判定、有效工位判定、液体总重量判定、自动针液分离、自动旋转工位、自动针液连接等功能。

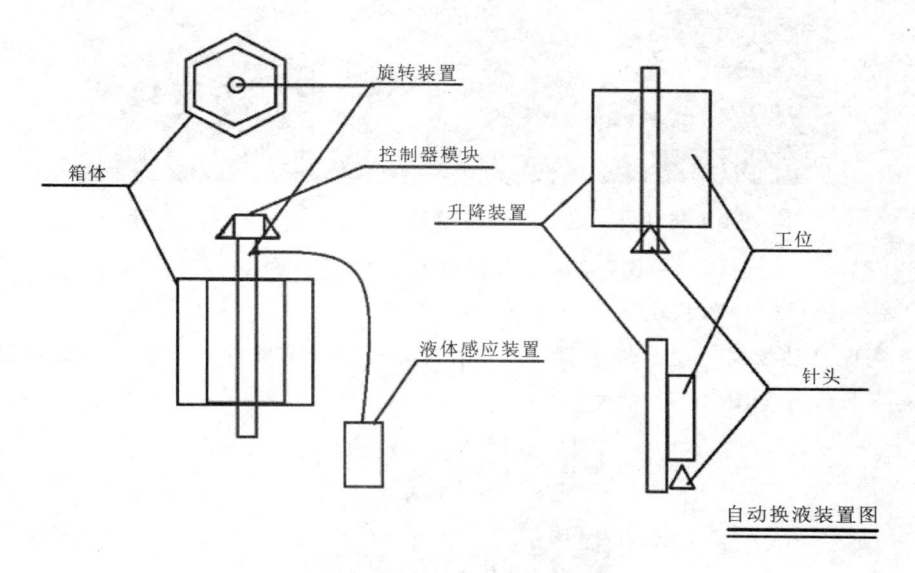

图7-72 实物装置图

工位板固定液袋方式如图7-73所示。每块工位板上用不同间距的挂钩(图7-73中A点所示)和卡扣(图7-73中B点所示)分别对输液袋尾部和袋口进行固定,分为应对100mL、250mL及500mL三种目前最常见的输液袋。卡扣同时也是工位检测装置,可判断1~6号的工位板上输液袋的有无,并传输至控制器中。

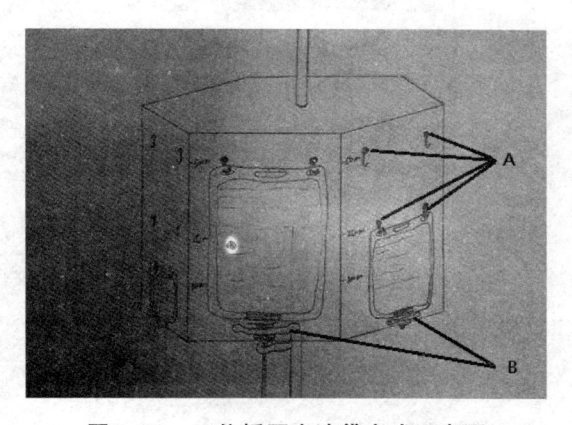

图7-73 工位板固定液袋方式示意图

箱体中有升降装置,以完成在针头固定的情况下自动提升和下降各工位板上液袋的位置,达到自动拔针和自动入针的功能。箱体的中心还配有一个可转动箱体的旋转装置,用来更换1~6号的工位。"拔针—旋转—入针"的液体自动换袋动作示意如图7-74所示。

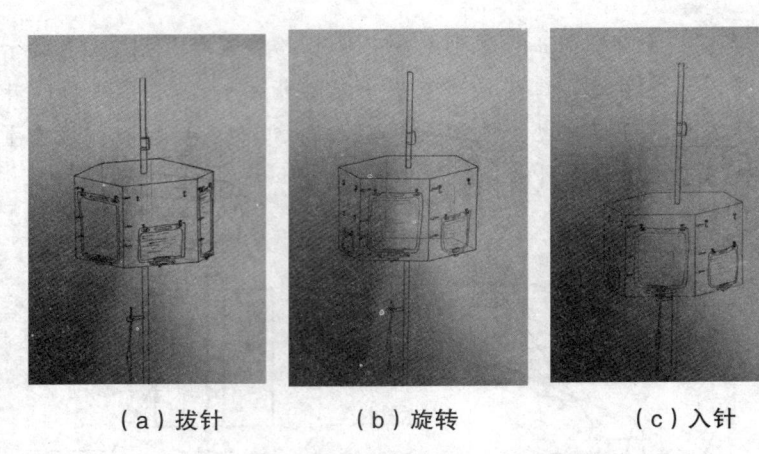

　　　　（a）拔针　　　　　　　（b）旋转　　　　　　　（c）入针
　　　　　　　　　图7-74　液体自动换袋动作示意图

（2）传感器信号输入模块

为了实现自动控制功能，传感器的选用和电路设计非常重要。本装置中选用了三种传感器，其安装位置如图7-75所示。

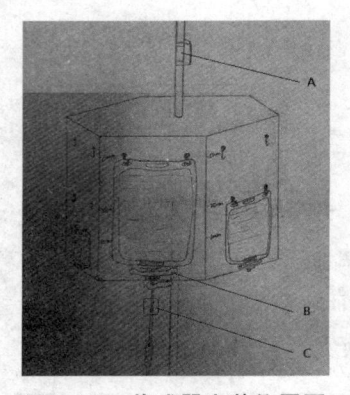

图7-75　传感器安装位置图

①液体检测装置。我们在莫菲斯滴管（murphy's dropper）上部安装了液体检测装置（图7-75中C点所示），具体选用的传感器如图7-76所示，当液体检测装置感应到莫菲斯滴管（murphy's dropper）上部管腔内没有液体时，将此信号传送给控制器用于转动工位。

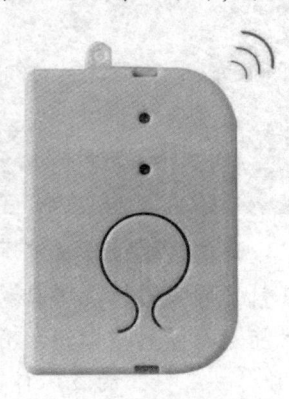

图7-76　液体检测装置

②工位检测装置。我们在工位板上安装工位检测装置（图 7-75 中 B 点所示），用于感知当前工位上是否挂有液袋，并将此信号传送给控制器，用于直接转过空工位。

③重力感应装置。我们在称重勾上设计了重力感应装置（图 7-75 中 A 点所示），具体选用的传感器如图 7-77 所示，当工位板装置上所有液袋总重量降低至阈值时，重力传感器发出重量下限信号，并将此信号传送给控制器，用于发出液体用尽报警。此信号可以本地发出声音报警提醒病人液体输完，同时也可以与远程输液报警装置（如图 7-78 所示）实现信息交互。

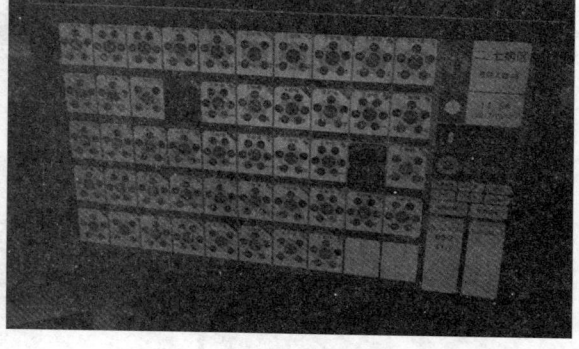

图7-77　重力感应装置　　　　图7-78　远程输液报警装置

（3）机械驱动模块（自动更换输液环节）

本模块是整个系统的核心即自动更换输液环节。当控制器接收到液体检测装置发出的没有液体的信号时，就把药液流尽的输液袋与针头分开，然后在可控时间内将针头与新的输液袋连接，保持输液的持续性，这样才能达到这个装置的基础功能。

起初我们是想将输液袋固定，然后移动针头，因为针头较小，移动起来轻便，但在后面的设计过程中，我们发现了一个极大的问题：针头向下连接的是输液管，输液管连接着病人。如果移动针头，由针头带起的输液管晃动可能让病人感到不适，甚至输液管有可能出现的大幅度晃动会让输液管末端的金属输液针头在病人血管内移动扎破血管。

于是我们转换了思路，将针头固定，转动输液袋，因为全国输液袋的大小规格没有统一，因此我们讨论的是统一型号的输液袋。对此我们设计了一个"多板挂钩架子"，能够固定住输液袋的头和尾，因为重力我们需要固定尾部，而固定头部则是为了能够使输液袋和针头精准的连接。我们将这个装置放在一个盒中，针头卡在盒子的下端，当本工位的液体输完时，多板向上提升，针头脱离输液袋，旋转装置自动切换至下一工位，多板下降，针头沿导向装置插入本工位输液袋。

（4）控制器模块

控制器模块由 AT89C2051 单片机硬件（如图 7-79 所示）和单片机软件（工作流程如图 7-80 所示）两部分构成，其作用是收集传感器信号输入模块的数据，并对数据进行分析，控制机械驱动模块进行自动更换输液袋的工作，以及控制信号输出模块进行呼叫报警工作。

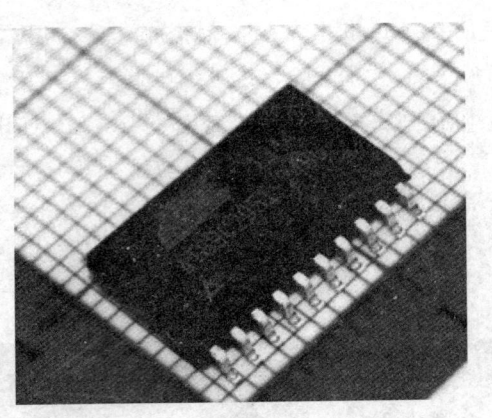

图7-79 AT89C2051单片机

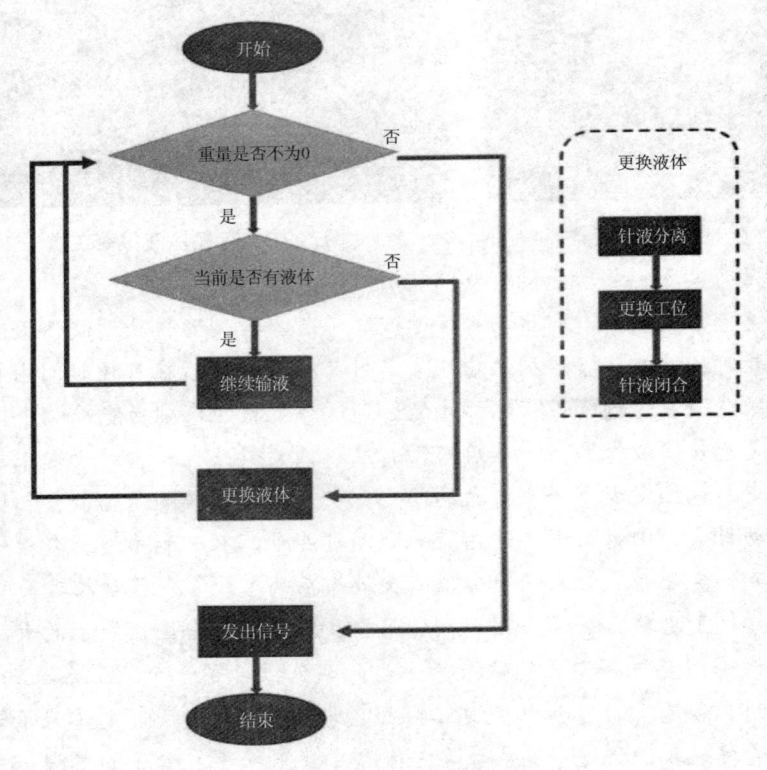

图7-80 软件工作流程图

（5）信号输出模块

接受控制器模块的控制信号，发出声音报警信号，通知病人关闭输液滴速调节器，同时可接入临床上现有的远程输液报警装置，告知护士站该病人输液已完毕。

3. 装置创新性

（1）提高效率

通过一次操作基本上能够完成对一个病人的输液需求，可以减少医护人员每次都需要手工更换输液袋的操作工序。

（2）简捷及时

能让病人减少等待更换输液袋的时间，达到快速用药的效果，操作步骤简单，能满足临床操作。

（3）安全保障

通过同次批量核对后进行机械自动更换输液，相对于临床上单次"三查七对"人工更换输液袋，很大程度上降低了操作失误率，提高安全保障，降低医疗事故的发生。

7.3 申请专利、软著、发表文章

7.3.1 大学生和高中生联合申报发明专利实例

【权利要求书】

一种新型激光笔光斑识别与投影控制交互系统，其功能模块包括光斑采集处理模块、坐标分析处理模块、USB-HID 模块。

上述模块特征如下：光斑采集处理模块包括了摄像头模块和 FPGA 芯片内的驱动模块以及图像处理模块，用以识别定位投影幕布上的激光笔光斑；坐标分析处理模块，包括 FPGA 上的软核处理器内的算法及软核的外设构成，可以实现光斑坐标的透视变化，并利用分类模型识别光斑轨迹；USB-HID 模块包括了 ARM 单片机和蓝牙模块，与主机无线通信，通过模拟鼠标键盘来控制电脑等设备。

【说明书摘要】

本实用新型专利公开一种基于 FPGA 的激光笔识别与投影控制交互系统，硬件组成包括摄像头模块、主控模块、433MHz 遥控模块、USB-HID 模块、电源模块、校准模块、视频输出模块。上述激光笔模块与摄像头模块组成激光信号收发模块；FPGA 模块作为计算与控制模块，完成对激光信号的识别以及向电脑发送相关的指令，实现控制投影仪的功能；USB 通信模块及蓝牙模块构成 FPGA 与电脑，激光笔与 FPGA 的交互模块．

【说明书】

新型激光笔光斑识别与投影控制交互系统。

1. 技术领域

本实用新型主要涉及数字图像处理领域，具体为 FPGA 图像处理领域。此外，其中的激光笔轨迹识别功能涉及机器学习领域；USB-HID 模块部分涉及计算机接口领域。

2. 背景技术

近年来，以通过数字投影仪进行演讲、教学、展示等活动正变得越来越广泛。然而当前投影系统普遍存在缺乏互动性的特点，一般需要使用者对投影控制电脑直接操作，影响了互动效果。本产品旨在构建一套能够定位投影幕布上的激光笔位置同时读取按键信息，进而转化成对鼠标、键盘的控制指令的系统，该系统兼具了实时性、准确性、经济性。

本实用新型主控模块为FPGA芯片，即现场可编程逻辑阵列。既可以编辑特定的逻辑电路，又可以集成通用性的Microblaze、ARM-cortex-m0等处理器内核。近年来，FPGA芯片技术快速发展，功能日益强大，开发应用正变得广泛。其具有可对数字电路硬件进行编程的功能特点，因而可以实现并行处理，在数字图像处理中有广泛应用。

本实用新型对激光斑轨迹进行识别，采用了机器学习领域的有关算法。机器学习近年来正变得热门，可以做到标准化学习过程，经过大量数据的训练提取出模型，对输入新的参数进行分类，从而实现识别参数类型的功能。

本实用新型的USB-HID模块，其中HID为人机交互设备，是通过USB通用串行总线进行通信设备的一个标准子类。Windows、Linux、安卓等主流操作系统都有相关底层驱动，可以做到即插即用，不用额外安装驱动，具有很强的兼容性。

3. 发明内容

本实用新型采用了FPGA进行图像处理，采取了实时图像处理的方式，避免了帧缓存后再进行处理，从而保证了画面实时性，确保了激光笔定位过程中具有良好的跟随性。此外，该系统FPGA内部图像处理模块中包含环境自适应算法，可以根据不同环境进行自动调节，稳定捕捉激光斑。

FPGA另有视频输出控制模块，将摄像头采集的实际画面输出，供使用者设置摄像头焦距、方向时参考使用。

FPGA的软核部分，实现了线性坐标映射算法，将摄像头画面中激光斑的坐标映射到控制投影的电脑屏幕上，使得使用者可以将投影幕布上的激光斑近似地看作鼠标，对电脑进行操作。此外，此部分还集成了经训练得到的SVM分类模型，对激光斑轨迹进行识别，从而识别不同的激光光斑运动姿态，对应对电脑的不同控制，可以方便、拓展使用者的使用体验。

USB-HID模块主控为ARM单片机，实现了模拟鼠标、键盘对电脑进行综合控制。这使得遥控器只有激光笔和几个按键，在保证了功能性的同时压缩了遥控器的体积，有较高的集成度，更加方便实际使用。

4. 附图说明

图7-81为本实用新型所述的新型激光笔光斑识别与投影控制交互系统的整体结构示意附图。

5. 具体实施方式

以下结合附图对本实用新型作进一步描述：

首先主控模块驱动摄像头模块，接收视频流数据，并进行流水图像处理，从而在一帧图像的延迟内得到激光笔光斑坐标，因而具有高实时性。主控模块将得到的光斑坐标输送至主控模块的软核处理器部分，并从外部掉电存储模块读取校准信息，对坐标进行映射，从投影仪坐标映射到电脑屏幕坐标。同时，主控模块统计历史坐标，提取有关向量，利用分类模型对激光笔光斑轨迹进行分类识别，进而产生不同控制指令。

主控模块获取光斑坐标并进行坐标转化的同时，还接收433MHz遥控模块的按键信息，以此实现模拟鼠标按键。同时该遥控模块可以实现对系统进行控制，控制主控模块将校准信息写入外部掉电存储模块，以实现对系统中投影幕布位置的重新校准和校准信息的断电存储。

主控模块提取光斑坐标并映射以后，除了对系统本身进行校准以外，还将形成特殊编码的控制指令对USB-HID设备进行控制。主控模块通过蓝牙将信号稳定、及时地输送至USB-HID设备。USB-HID设备部分的主控为ARM单片机，接受控制指令后产生相应的符合USB-HID标准的信息序列，通过USB端口连接至电脑等主控设备，从而实现对电脑的控制。USB-HID兼容广泛，即插即用，使用方便。

此外，使用者首次使用需要对屏幕位置进行校准。主控模块将从摄像头模块中提取的原始画面通过视频输出模块输出，供用户调整摄像头焦距、方向时参考。

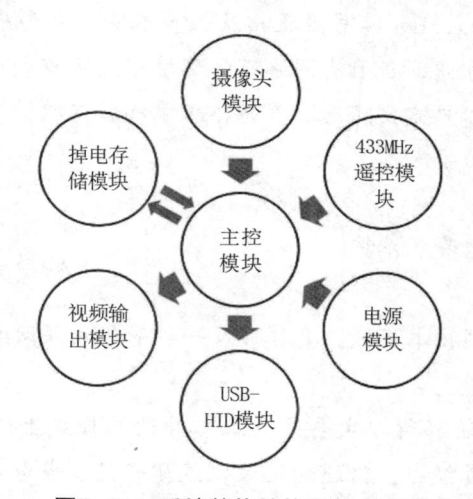

图7-81 系统整体结构说明书附图

7.3.2 中学生申请专利实例
一种基于物联网的仓储管理系统

【权利要求书】

一种基于物联网的仓储管理系统，其特征在于，包括依次连接的储物单元(9)、控制单元(10)、后台服务器(4)及信息录入单元(11)，所述储物单元(9)包括柜体(1)，所述柜体(1)的柜门上还设置有电子锁(2)；所述控制单元(10)包括嵌入式控制板(3)，所述嵌入式控制板(3)设置在柜体(1)内部，所述嵌入式控制板(3)与电子锁(2)连接；所述嵌入式控制板(3)通过内部局域网与后台服务器(4)相连；所述信息录入单元(11)包括分别与后台服务器(4)连接的客户端PC(5)、触摸屏(6)、RFID读写器(7)及指纹仪(8)。

根据权利要求所述的一种基于物联网的仓储管理系统，其特征在于，所述客户端PC

(5)、触摸屏(6)、RFID读写器(7)及指纹仪(8)分别通过内部局域网与后台服务器(4)相连。

根据权利要求所述的一种基于物联网的仓储管理系统，其特征在于，所述嵌入式控制板(3)的型号为AT91SAM9260。

根据权利要求所述的一种基于物联网的仓储管理系统，其特征在于，所述后台服务器(4)的型号为IPC-610MB-L。

根据权利要求2所述的一种基于物联网的仓储管理系统，其特征在于，所述RFID读写器(7)的型号为KL9007R。

【说明书摘要】

本实用新型公开的一种基于物联网的仓储管理系统，包括依次连接的储物单元、控制单元、后台服务器及信息录入单元，储物单元包括柜体，柜体的柜门上还设置有电子锁；控制单元包括嵌入式控制板，嵌入式控制板设置在柜体内部，嵌入式控制板与电子锁连接；嵌入式控制板通过内部局域网与后台服务器相连；信息录入单元包括分别与后台服务器连接的客户端PC、触摸屏、RFID读写器及指纹仪。本实用新型采用分布式网络结构，金属载物柜体和客户端接入方便，在已有网络布线环境中无须重新进行布线；系统可在使用一台服务器的基础上根据客户需要随意配置柜体数量和客户端的数量，无需在每个柜体旁设置控制服务器，大大节约了成本。

1. 说明书

一种基于物联网的仓储管理系统。

2. 技术领域

本实用新型属于物联网技术领域，具体涉及一种基于物联网的仓储管理系统。

3. 背景技术

现有的涉密物品管理还停留在主要依靠人工管理的模式上。对涉密物品及文件的借取、归还事务需通过保密员经办；借还的记录以纸质登记表或电子文档形式保存，具有操作不便，保存零散，检索困难等一系列的缺陷。尤其是纸质涉密文件，很难对其在发放、使用、传输、保存和销毁过程中进行全程有效的监控管理。涉密载体的管理流程烦琐，人力资源投入份额比重较大，给管理人员及使用人员造成工作的不便并且运作的周期较长。因此，探讨和开发一种先进的、智能的、便于操作和管理的针对涉密载体存储使用的系统显得尤为重要。

4. 实用新型内容

本实用新型的目的在于提供一种基于物联网的仓储管理系统，解决了文件丢失、被夹带、恶意盗取或者恶意损坏的问题。

本实用新型所采用的技术方案是：一种基于物联网的仓储管理系统，包括依次连接的储物单元、控制单元、后台服务器及信息录入单元，储物单元包括柜体，柜体的柜门上还设置有电子锁；控制单元包括嵌入式控制板，嵌入式控制板设置在柜体内部，嵌入式控制板与电子锁连接；嵌入式控制板通过内部局域网与后台服务器相连；信息录入单元包括分别与后台服务器连接的客户端PC、触摸屏、RFID读写器及指纹仪。

本实用新型的特点还在于，客户端PC、触摸屏、RFID读写器及指纹仪分别通过内部局域网与后台服务器相连。嵌入式控制板的型号为AT91SAM9260。后台服务器的型号为IPC-610MB-L。RFID读写器的型号为KL9007R。

本实用新型的有益效果是：a.系统采用分布式网络结构，金属载物柜体和客户端接入方便，在已有网络布线环境中无需重新进行布线；b.系统可在使用一台服务器的基础上根据客户需要随意配置柜体数量和客户端的数量，无需在每个柜体旁设置控制服务器，大大节约了成本；c.储存柜有多种柜型，可以根据客户的需求随意搭配；d.对指纹或RFID进行身份识别并且核实成功后，具有身份权限的人员才可以对智能保密柜进行操作；e.每个仓体可以在后台管理系统中，由管理人员根据存储的物品密级设定相应保密等级；f.取物品无需海量翻阅，只需输入文件名称或者直接点击相应仓门界面，存储物品的柜门自动打开，快速便捷完成取物工作；g.存物只需扫描文件RFID标签，存储物品的柜门自动打开，快速便捷完成存物工作；h.如有勿拿错拿文件，立刻提醒，及时报警，预防泄密事件发生；i.使用智能保密柜时，全程视频监控，而且整个操作过程同样生成借阅记录、操作日志，以便后期追溯分析。

5. 图示说明

图7-82是本实用新型的系统框图；

图7-83是本实用新型的物品借还子系统体系结构图；

图7-84是本实用新型的指纹认证时序图；

图7-85是本实用新型的RFID认证时序图；

图7-86是本实用新型的电子锁控制时序图。

图7-82中，①柜体，②电子锁，③嵌入式控制面板，④后台服务器，⑤客户端PC，⑥触摸屏，⑦RFID读写器，⑧指纹仪，⑨储物单元，⑩控制单元，⑪信息录入单元图。

6. 具体实施方式

下面结合附图和具体实施方式对本实用新型进行详细说明。

本实用新型是一种基于物联网的仓储管理系统，如图7-82所示，包括依次连接的储物单元⑨、控制单元⑩、后台服务器④及信息录入单元⑪，储物单元⑨包括柜体①，柜体①的柜门上还设置有电子锁②；控制单元⑩包括嵌入式控制板③，嵌入式控制板③设置在柜体①内部，嵌入式控制板③与电子锁②连接；嵌入式控制板③通过内部局域网与后台服务器④相连；信息录入单元⑪包括分别与后台服务器④连接的客户端PC⑤、触摸屏⑥、RFID读写器⑦及指纹仪⑧。

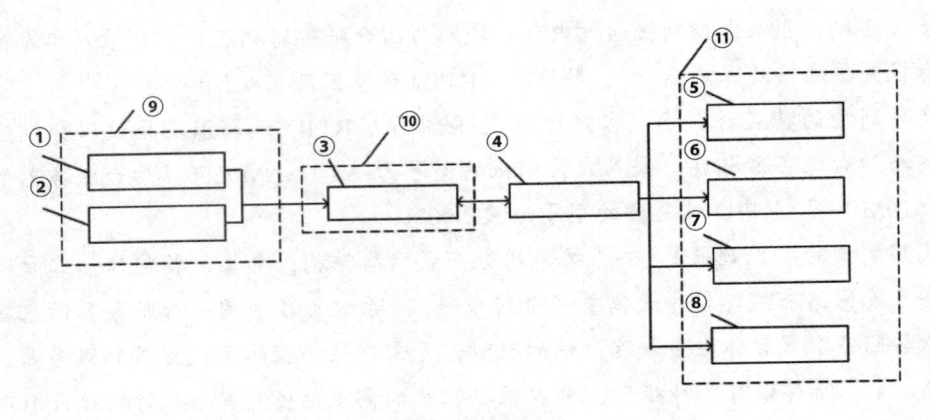

图7-82 说明书附图（1）

客户端 PC⑤、触摸屏⑥、RFID 读写器⑦及指纹仪⑧分别通过内部局域网与后台服务器④相连。

嵌入式控制板③的型号为 AT91SAM9260。

后台服务器④的型号为研华 IPC-610MB-L。

RFID 读写器⑦的型号为恺乐 KL9007R 型读写器。

电子锁②的型号为宏泰 DJ05 嵌入式电子锁。

触摸屏⑥的型号为研华 FPM-2150G-R3bE。

指纹仪⑧的型号为 ZK9000 微型指纹扫描器。

使用时，触摸屏⑥上呈现的功能选取界面，包括借物与还物，用户根据所要完成的具体业务，选择不同的按钮，进入各自的执行流程中；通过指纹仪⑧和 RFID 读写器⑦，实现对用户身份和存储物体的识别，用户在客户端 PC⑤进行相应操作后，相应指令通过内部局域网传至后台服务器④，后台服务器④对指令进行解析后传送给相应嵌入式控制面板③，通过控制电子锁②来控制金属载物柜体①柜门的开关，完成借物还物的管理。后台服务器④与控制单元⑩及信息录入单元⑪即终端之间都采用的是内部局域网的连接方式，这样的话可以使得控制单元⑪与终端根据需要随意扩充；同时，本系统服务器软件包括纹仪驱动程序和 RFID 读写器驱动程序。客户端 PC⑤中安装有客户端软件、指纹仪驱动程序和 RFID 读写器驱动程序，系统可根据客户需要随意配置柜体数量和客户端的数量。物品借还子系统体系采用 C/S 架构，其体系结构图如图 7-83 所示。

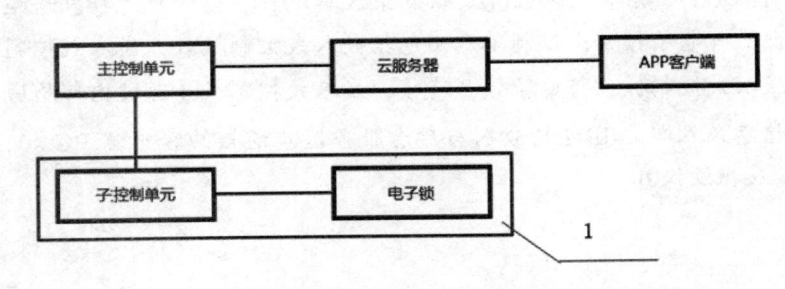

图7-83 体系结构附图（2）

本实用新型选择采用指纹认证进行身份认证。图 7-84 为指纹认证时序图，给出了指纹认证过程的动态模型。身份认证 UI 界面上选择指纹认证，消息机制触发；调用指纹信息处理单元，启动指纹仪设备；待指纹仪设别采集到用户的指纹信息，由指纹仪信息处理单元将原始数据进行解析，将采集的图形数据转化为字符数据并关闭指纹仪设备；之后调用数据库交互单元获得数据库中存储的用户指纹数据模板；指纹信息处理单元将当前指纹数据与指纹模板中数据进行比对，将比对的结果返回给 UI 交互界面；若用户存在，则身份识别成功，跳转至下一个界面，进行接下来的业务流程；若用户不存在，则提示用户未通过身份认证，等待用户输入正确的指纹信息。

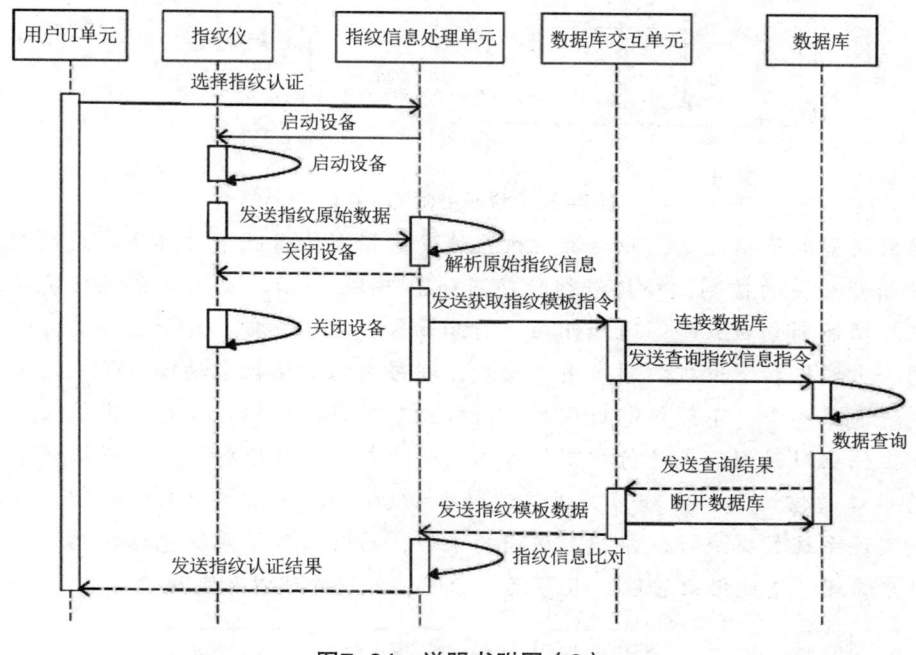

图7-84　说明书附图（3）

本实用新型采用了射频识别即 RFID(Radio Frequency Identification) 技术以识别物品。图 7-85 为 RFID 物品识别时序图，给出了对物品信息识别的动态模型。在借取和归还的 UI 界面上，消息机制触发，接收到扫描物品指令后，调用 RFID 信息处理单元，启动外部一对一 RFID 读写器；当扫描到 RFID 标签信息后，读写器将读取的原始数据发送给 RFID 信息处理单元；RFID 信息处理单元关闭 RFID 读写器并对原始数据进行解析，转换为相应的字符信息后发送给数据库交互单元；数据库交互单元向数据库发出连接请求，并发送以 RFID 字段为查询条件的查询物品信息的指令；数据库根据指令对物品信息表进行查询，将结果反馈给数据交互单元；查询结果不为空则表示该物品存在，将物品信息发送给数据库交互单元；数据库交互单元将物品信息发送给用户 UI 单元，UI 单元对物品的信息进行呈现，供用户进行信息的核实并等待用户的下一步操作；若查询结果为空，则表明该 RFID 标识的物品不存在，这种情况为异常情况，因此对该异常事件进行自动记录，写入报警记录信息表中。

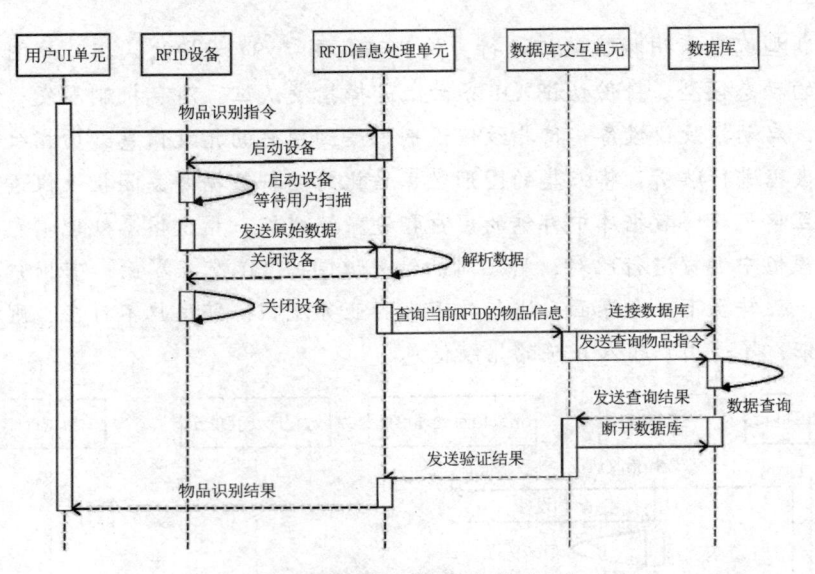

图7-85 说明书附图（4）

本实用新型电子锁控制，即由上位机系统发送指令，通过下位机嵌入式控制系统实现对电子锁开和关的控制，柜锁控制时序图如图7-86所示。上位机系统与嵌入式系统的交互根据功能划分为五种：通知开柜、通知开盒、通知关盒、盒子全部复位以及柜门是否关闭。上位机和下位机之间采用主动式，即每次由上位机主动给下位机的嵌入式控制系统发送通信指令，下位机解析指令、执行指令并将执行结果反馈给上位机，这种方式有利于上位机对时间节点进行控制，可以实时地与下位机进行交互，保证效率。系统中使用的串口通信协议制定如下：通信波特率9600b/s，通信接口RS—232，后台管理子系统是实现系统数据统计、维护、访问的平台，后台管理子系统包括物品管理、柜体管理、用户管理、借还记录管理、报警记录管理、日志管理以及系统设置。

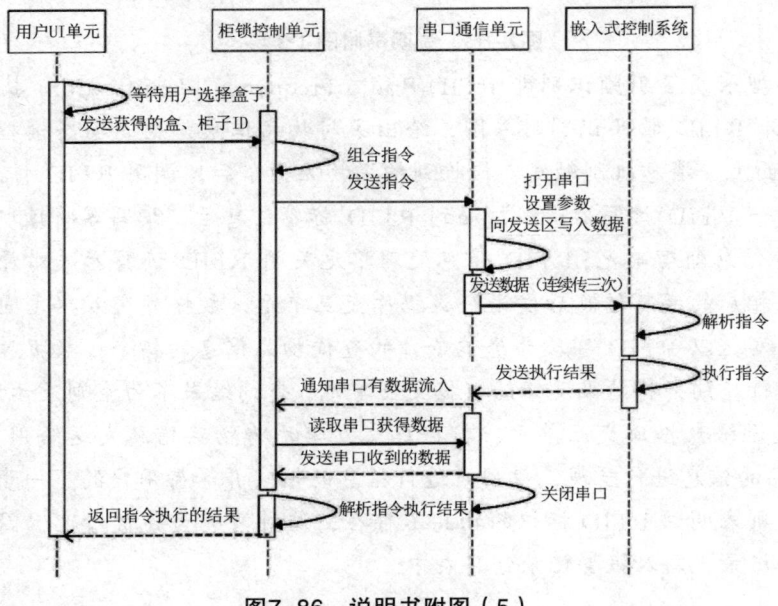

图7-86 说明书附图（5）

本实用新型的一种基于物联网的仓储管理系统有如下优点：①系统采用分布式网络结构，金属载物柜体和客户端接入方便，在已有网络布线环境中无须重新进行布线；②系统可在使用一台服务器的基础上根据客户需要随意配置柜体数量和客户端的数量，无须在每个柜体旁设置控制服务器，大大节约了成本；③储存柜有多种柜型，可以根据客户的需求随意搭配；④对指纹或 RFID 进行身份识别并且核实成功后，具有身份权限的人员才可以对智能保密柜进行操作；⑤每个仓体可以在后台管理系统中，由管理人员根据存储的物品密级设定相应保密等级；⑥取物品无须海量翻阅，只需输入文件名称或者直接点击相应仓门界面，存储物品的柜门自动打开，快速便捷完成取物工作；⑦存物只需扫描文件 RFID 标签，存储物品的柜门自动打开，快速便捷完成存物工作；⑧如有勿拿错拿文件，立刻提醒，及时报警，预防泄密事件发生；⑨使用智能保密柜时，全程视频监控，而且整个操作过程同样生成借阅记录、操作日志，以便后期追溯分析。

7.3.3 大学生申报发明专利实例

【权利要求书】

一种基于 FPGA 帧并行连通域筛选特征目标的处理方法，其特征在于，由 FPGA 芯片连接图像传感器，然后 FPGA 芯片将采集的图像存储到 SDRAM 中，读取 SDRAM 中的数据传递到图像处理模块进行目标信息的处理，筛选出特征目标，最后在显示器上显示。

如权利要求所述的图像处理模块其功能是将较复杂环境下的特征目标从背景中完整地分离出来，便于后面的识别过程。包括滤波去噪、颜色分割、边缘检测、形态学处理、连通域处理、统计与筛选。

如权利要求所述的一种基于 FPGA 帧并行连通域筛选特征目标的处理方法，其特征在于，图像处理模块是将来自 SDRAM 的图像进行滤波去噪，然后将滤波后的图像数据分 2 路并行同步处理，第 1 路进行颜色分割处理，通过目标物体颜色的聚类特性，将特征目标与非特征目标进行初步的分离。接着将颜色分割后的图像数据进行形态学处理，包括开运算和闭运算。然后将形态学处理过后的图像数据进行连通域处理，相比于环境中的非特征目标的干扰物体，特征目标具有特定的周长、面积、几何比这 3 个特性，通过这 3 种信息可以较准确地找到目标，然后将其从背景中筛选出来。第二路进行边缘检测，检测出环境中的梯度相差较大边缘，然后进行提取，突出目标结构信息，简化图像信息。将分割出的边缘进行形态学处理，包括开运算和闭运算。最后将两路的信息进行同步合并，以此来筛选出一个计算小但计算信息全面的完整的目标信息，较大地提高了后期识别的准确度。

【说明书摘要】

本发明公开一种基于 FPGA 帧并行连通域筛选特征目标的处理方法，通过对图像传感器采集的图像一路进行边缘检测以及形态学处理得到手势轮廓以及背景环境的边缘图像，再进行形态学处理平滑轮廓；另一路对输入的图像进行颜色分割，形态学处理得到目标以及与目标相同颜色的干扰物体。然后继续进行连通域处理，借助统计的目标的周长、面积、几何比特征将目标与背景中其他干扰物体中筛选出来。然后将完整目标与目标轮廓进行信息同步与时间同步，得到了无背景干扰下的正确目标信息，并显示于显示器上。该处理流程不仅适应于在稍复杂、干扰物较多的背景下筛选出目标，而且增加了后续识别的正确性，同时降低了后续处理的计算量。

【说明书】

一种基于FPGA帧并行连通域筛选特征目标的处理方法。

1. 技术领域

本发明涉及图像处理领域，具体涉及一种基于FPGA帧并行连通域筛选特征目标的处理方法。

2. 背景技术

近年来，通过软件来实现目标物体识别的技术已经相当成熟，但是，由于图像处理中有些算法处理的数据量大，用一般的软件来实现会比较慢。现今集成电子技术已不再陌生，它被广泛应用于各个领域。FPGA作为现今流行的可编辑逻辑器件，也是数字图像处理的理想器件。FPGA不仅可以提高图像处理的速度，并且开发较为灵活，具有实时性，使系统设计的通用性、灵活性得到较大提高。目标识别是图像处理领域一个比较热门的技术，其识别的准确性取决于目标在复杂的、干扰比较大的背景下能否将正确的目标信息提取出来，因此需要对复杂环境下的目标进行处理，将背景与目标分离开，但是做好这一过程并不容易，目前基于FPGA的目标识别对于稍复杂的背景下，其适用性会降低。

3. 发明内容

针对上述技术中存在的不足之处，本发明采用一种帧并行连通域筛选特征目标的处理方法。首先，对数据进行并行的处理速度相比串行会较大提高。更重要的是，本发明首次引入了连通域处理方法（连通域处理是将具有特征信息的连通物体于背景下将该特征目标提取出来的处理方法）。在对于稍复杂、干扰物较多的背景下，连通域处理可以将特征目标与背景的干扰物分开，从而筛选出正确的目标信息，为后续的识别提供较大的正确率。

本发明所采用的技术方案为：

一种基于FPGA帧并行连通域筛选特征目标的处理方法，由FPGA芯片连接图像传感器，然后FPGA芯片将采集的图像存储到SDRAM中，读取SDRAM中的数据到图像处理模块进行目标信息的处理，最后在显示器上显示，其中：

图像传感器模块，其功能是在FPGA芯片的控制下，采集一定分辨率下，n帧组成的视频信息，将二维图像数据传给FPGA芯片；

SDRAM模块，其功能是在FPGA芯片的控制下，存储一帧一帧的图像信息；

图像处理模块，其功能是将复杂环境下的特征目标信息从背景中完整地分离出来，便于后面的识别过程。包括滤波去噪、颜色分割、边缘检测、形态学处理、连通域处理、统计与筛选。

VGA模块，其功能是将图像处理过后的目标图像显示出来，便于观察。

所述方法关于帧并行连通域筛选特征目标的处理方法操作步骤如下：

FPGA芯片配置好图像传感器的参数之后，将手放于图像传感器前，其开始采集原始图像，以一帧为单位存于 SDRAM 中，图像处理模块读取 SDRAM 中每帧的图像数据。

图像处理模块首先通过对每个像素点处理的方式来对每一帧图像进行滤波去噪，特别是除去图像传感器本身带来的噪声。

将滤波后的图像数据分 2 路并行同步处理：

左边一路进行颜色分割处理，通过目标颜色的聚类特性，将目标与非目标进行初步的分离。

将颜色分割后的图像数据进行形态学处理，包括开运算和闭运算。断开较窄的狭颈并消除细的突出物。弥合手势中较窄的间断和细长的沟壑，消除小的孔洞。

将形态学处理过后的图像数据进行连通域处理，相比于环境中的非目标干扰物体，特征目标具有特定的周长、面积、几何比，通过这 3 种信息可以较准确地找到目标，然后将其从背景中筛选出来。

右边一路进行边缘检测，检测出环境中的梯度相差较大边缘，然后进行提取，突出目标的结构信息，简化图像信息。

将分割出的边缘进行形态学处理，包括开运算和闭运算。平滑手势的轮廓、断开较窄的狭颈并消除细的突出物。弥合手势中较窄的间断和细长的沟壑，消除小的孔洞，填补轮廓线的中的断裂。

最后将两路的信息进行同步合并，以此来筛选出一个计算小但计算信息全面的完整的特征目标信息，此时目标与背景已完全分离，且干扰物非常少，可忽略不计。

4. 附图说明

图 7-87 为本发明整个发明内容的整体框图。

图 7-88 为本发明图像处理模块的内部整体框图。

图 7-89 为本发明连通域处理的标记情况。

5. 具体实施方式

下面参照附图所示，通过具体实施方式对本发明进一步说明：

如图 7-87 所示，一种基于 FPGA 帧并行连通域筛选特征目标的处理系统由控制图像传感器、FPGA 芯片、SDRAM 模块、图像处理模块、VGA 模块五部分组成。FPGA 芯片连接图像传感器，通过 IIC 通信对其进行分辨率等配置，接着图像传感器将采集的图像传给 FPGA 芯片，然后 FPGA 芯片将图像存储到 SDRAM 中，FPGA 芯片读取 SDRAM 中的数据到图像处理模块进行手势信息的处理，筛选出特征目标，最后 VGA 显示器上显示。

图 7-87 说明书附图（1）

首先，FPGA 芯片通过 IIC 通信的方式，发送图像传感器初始化所需寄存器数据，包括配置采集分辨率、数据格式、时钟、白平衡等，图像传感器配置成功后，将手放在传感器前，传感器开始以设定好的分辨率下采集图像，FPGA 芯片接收图像数据。

然后FPGA芯片将采集视频信息存入外部SDRAM中。每一帧图像准备进入图像处理模块。

如图7-88所示，为本发明的图像处理模块内部流程图。

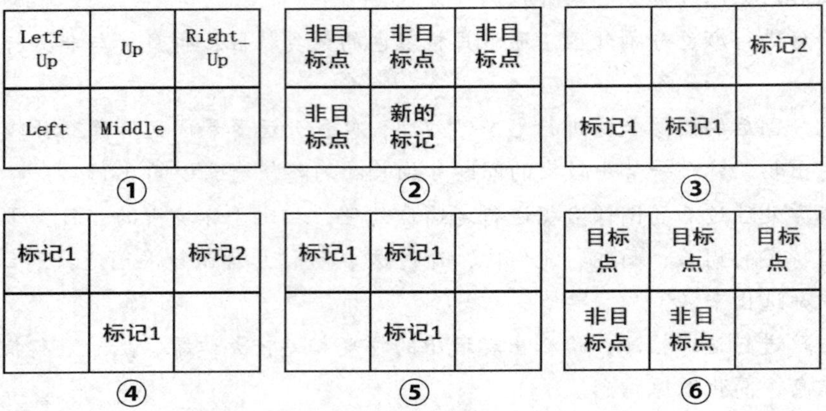

Letf_Up	Up	Right_Up
Left	Middle	

①

非目标点	非目标点	非目标点
非目标点	新的标记	

②

		标记2
标记1	标记1	

③

标记1		标记2
	标记1	

④

标记1	标记1	
	标记1	

⑤

目标点	目标点	目标点
	非目标点	非目标点

⑥

图7-88　说明书附图（2）

将来自SDRAM的图像进行滤波去噪，除去图像传感器本身带来的噪声。然后将滤波后的图像数据分2路并行同步处理操作。

对于左边一路，将图像进行边缘检测处理，物体的边缘具有灰度突变的特性。利用这一特性，FPGA芯片将每一个3×3的结构算子进行微分运算得到边缘的梯度值。提取一定阈值内的梯度值，就是边缘。然后进行提取，突出目标结构信息，简化图像信息。

然后，对边缘进行开闭运算，先进行边缘的膨胀操作，即对每一个3×3算子内进行像素的逻辑或与运算，平滑手势的轮廓、断开较窄的狭颈，弥补细小的漏洞。接下去进行腐蚀操作，即对每一个3×3算子内进行像素的或与操作，消除小的孔洞，缩减区域。

对于右边一路，将图像进行颜色分割处理，目标的颜色在一定阈值内具有聚类特性，在这个阈值范围可以将目标的颜色以及背景中与目标颜色相近的物体提取出来。取目标颜色点为白色，非目标颜色点为黑色。从而实现二值化。

然后，仍然需要对肤色分割后的图像进行开闭运算，以平滑手势的轮廓、断开较窄的狭颈并消除细的突出物。弥合手势中较窄的间断和细长的沟壑，消除小的孔洞，填补轮廓线中的断裂。

此时，图像中存在目标与目标颜色相近的非目标物体。相比于环境中的非目标干扰物体，目标具有特定的周长、面积、几何比，通过这3种信息可以较准确地找到目标，然后将其从背景中筛选出来。具体操作如下：

本发明用一个2×3的结构算子进行像素点的标记与判定。当对图像从左往右逐行扫描时，正在被扫描的这个点应该被标上什么标记，只和它邻域中的四个点有关，也就是左边，左上，正上，右上这四个点。用这样一个2×3的算子扫描图像，就能得到标记结果。对邻域这4个点的情况进行判断来确定当前这个点该怎么标记，一共有三大种情况。

如图7-88的①所示，三种情况的讨论利用建立一个2×3算子，即2行3列的算子，设讨论点为 Middle 点，为中间点，Left 为左边这个点，Up 为上面点，Letf_Up 为左上点，Right_Up 为右上点。

第一种情况：如图 7-88 的②所示，前邻域这 4 个点都是非目标点，说明这是一个新连通域的起始点，给它标上一个新的标号。

第二种情况：如图 7-88 的③和④所示，4 个点中有两个点的标号不同，这个情况只有两种，一种是 Right_Up 点和 Left 点的标号不同，如图 7-88 的③所示，Right_Up 点和 Left 点的标号不同，则把当前 Middle 点标记为和 Left 点一样的标记，并把 Right_Up 点的标记合并归为和 Left 点一样的标记。另一种是 Right_Up 点和 Letf_Up 点标号不同。如图 7-88 的④所示，Right_Up 点和 Letf_Up 点标号不同，则把当前 Middle 点标记为和 Letf_Up 点一样的标记，并把 Right_Up 点的标记合并归为和 Letf_Up 点一样的标记。

第三种情况：如图 7-88 的⑤所示，4 个点中有 1、2、3 或 4 个已标点，它们具有相同的标记，就把当前这个 Middle 点标上这个标号。

如图 7-88 的⑥所示，当扫描到 Middle 点这一行，发现未出现目标点，则表示着该连通域的标记结束。然后统计在本次标记过程中该连通物体的目标内部点数（面积）、周围目标点数（周长），以及目标内部点数与周围目标点数的比（几何比）这三个信息。

对于同一种标记下的物体，即为连通物体。类似的，对每一帧图像中其余连通物体做相同的检测标记操作，即完成了整幅图像的标记。

对于特征目标，其内部点数（面积）、边界目标点数（周长）、目标内部点数与周围白色点数的比（几何比）这三个特征值具有一定范围的数值区间，利用这一特点，即可将连通目标从背景中所有干扰物体中筛选出来。

最后，将右边一路连通域处理筛选出的目标区域与左边一路边缘检测后的轮廓图像进行时间同步和信息同步操作，如图 7-89 所示。

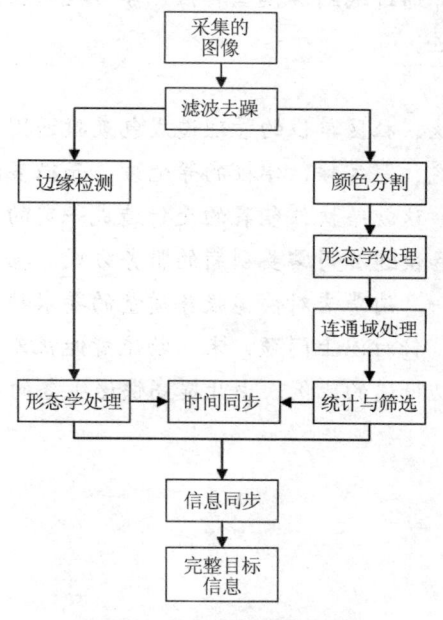

图7-89 说明书附图（3）

时间同步操作办法是：通过逻辑分析仪可知两路操作在处理完最后一个像素相差的时钟个数 n。然后通过计算 $n \times T$，（T 为时钟周期），将处理速度稍快的一路整体延迟 $n \times T$ 的时间，由于每一路得到的图像均为二值图像，信息同步操作办法是：通过两路图像相与操作即可完成信息同步，得到最终用于识别的完整目标。

最后，将从复杂背景下筛选出的特征目标显示于显示器上，便于用户查看当前处理的图像。

本发明的优势在于：

（1）采用 FPGA 芯片进行图像处理，在保证处理速度快的同时，降低成本且精度高。

（2）整个图像处理模块全部由底层硬件语言搭建设计，可以方便地更改任意参数，方便用户使用。

（3）在图像处理模块中采用将数据并行处理，分两路同时进行，最后实现同步，从而增加了处理速度。

（4）首次引入了连通域处理方法来分割出复杂环境下的目标，增加了后续的识别准确度。

7.3.4 大学生申报软著实例

基于深度学习的智能物流机器人控制系统设计说明书

1. 引言

（1）编写目的

本系统开发了一套嵌入式机器人控制系统，一种新型的基于深度学习的末端物流配送机器人控制系统，利用基于视觉的深度学习与路径规划等关键技术实现智能化的末端配送，能够感知周围的复杂环境，并在系统中重建自己所抓取的图像信息和根据预先设定的目的地实时规划出配送路径，并通过端到端模型和强化学习技术在周围环境中实现较为完备的自主路径规划及其物流配送。

（2）背景

从目前的末端物流现状，社区单位的管理造成包裹投递困难。很多快件投递的最终地址包括居民小区、单位大院、写字楼、学校的等地方。而很多的社区、单位出于安全和管理的要求禁止快递员进入，这就给快件包裹的交付造成一定的困难。末端投递业务的激增和成本的上升，使得电商和快递公司需要创新的服务方式。据国家邮政局的数据显示，目前我国的快递规模世界第一。消费者对快递服务质量的要求越来越高，也产生了更多的个性化和多样化的物流需求。针对以上问题，末端物流智能机器人的出现可有效地解决社区单位的包裹投递和提升成功投递的比例，由此提高快递服务的质量。

2. 总体设计

（1）需求规定

①软件功能要求。

②软件性能要求。

③输入输出要求。

④故障处理要求。

（2）运行环境

①硬件环境。

CPU：Intel 2.30GHz 以上。内存：4G 以上。硬盘：50G 以上。

②软件环境。

操作系统：Ubuntu 12.04.5 及以上。开发工具：pycharm。

（3）基本设计概念

本系统主要分为路径规划、运动控制以及数据三方面，由一块主机 jetson Nano 和多个从模块构成。从模块包括 WiFi 模块、Robot-Eyes 摄像头以及电机驱动等。软件部分的三个方面如下：

①软件中的路径规划方面，算法会根据起始点和终点的位置把路径分解为一系列指令，如（直走，左拐，直走，右拐，直走，直走），然后会把指令依次传递给控制机器人运动的深度神经网络模型。

②软件中的机器人运动控制方面，主要采用计算机视觉与深度学习算法，具体而言，算法模型由卷积神经网络、循环神经网络和深度神经网络组成，在接收到图像信号，输出对车的控制信号；训练上使用端到端的训练方法，即直接学习图像视觉信息到控制信号的映射。

③数据方面，深度学习算法需要大量且优质的数据做支撑，数据的数量和质量从根本上决定算法的上界，通过先对机器人遥控的方式在不同地方、不同光泽条件下进行一定范围的活动，记录下所有数据，完成数据采集，通过算法将不合格或质量差的数据筛选掉。

以上构成了整个深度学习的末端物流配送机器人控制系统。

（4）软件整体结构

①拓扑结构图如图 7-90 所示。

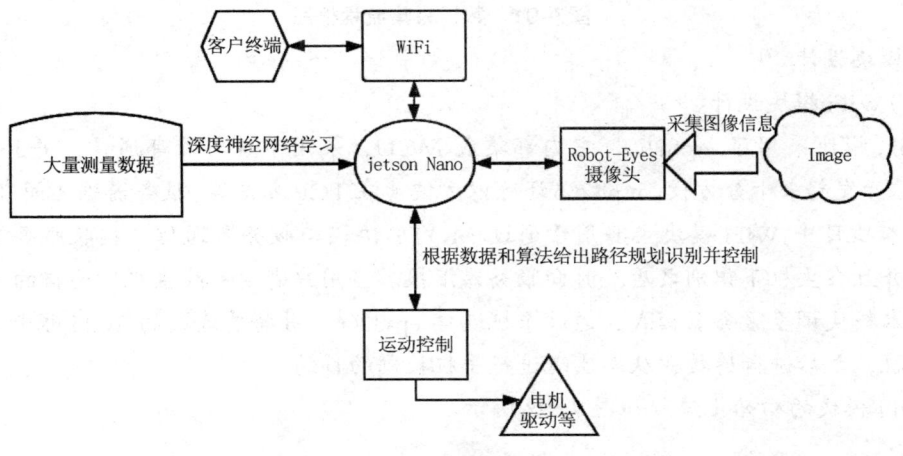

图7-90　拓扑结构图

②数据采集流程框图如图7-91所示。

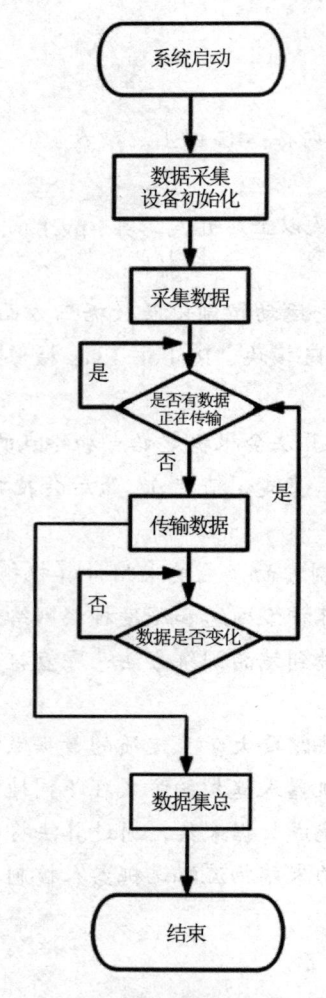

图7-91 数据采集流程框图

3. 模块设计

（1）WiFi模块设计

WiFi模块采用了esp8266，它内部集成MCU，采用串口与外部通信，并且使用AT指令集，开发起来十分方便。esp8266还可以方便地在TCP客户端、服务器端之间来回切换。

在本项目中WiFi模块主要用于通过MQTT协议与服务器通信，接收服务器传来的指令。并且在主机下识别之后及时向服务器汇报。当用户需要更改主机所连接的WiFi时，可以将本模块调至服务器模式，通过手机连接eps8266，并将要连接的WiFi账号密码信息发给主机，之后进行连接，从而实现进行手机控制的目的。

WiFi模块的初始化流程如图7-92所示。

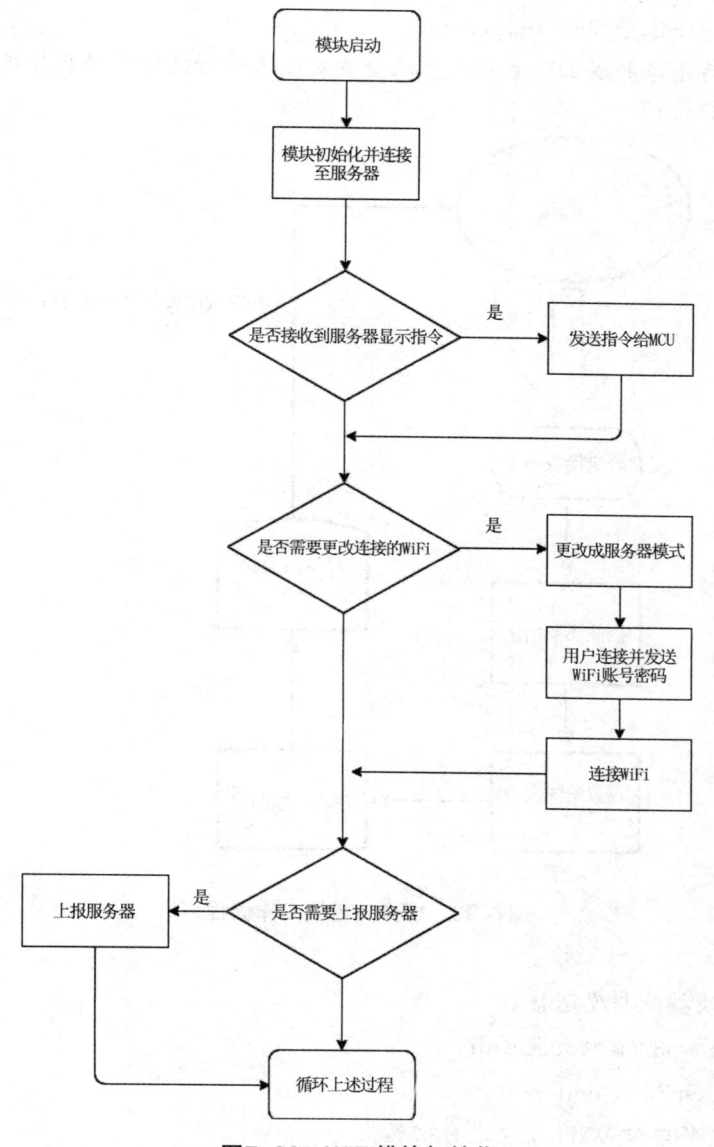

第 7 章 科创联合基地融合育人体系成果

图7-92 WiFi模块初始化

（2）Robot-Eyes 摄像头模块软件设计

图像数据采集部分采用 Robot-Eyes 摄像头工作流程如图 7-93 所示，当主机发送图像采集命令之后，Robot-Eyes 摄像头首先确认主机的命令是否正确以及命令中的采集模式，确认好之后，进行一下步骤：

第一步：初始化摄像头，函数 cvCreateCameraCapture()，返回一个结构体 CvCapture 指针；

第二步：设置图形属性，使用函数 cvSetCaptureProperty()，CV_CAP_PROP_FRAME_WIDTH 和 CV_CAP_PROP_FRAME_HEIGHT 代表图像的宽和高；

第三步：获取一帧图像使用 cvQueryFrame()，参数是 CvCapture 指针；

-257-

第四步：显示图像 cvShowImage()；

第五步：保存图像并返回给主机，主机负责对图像进行处理学习和分析等。

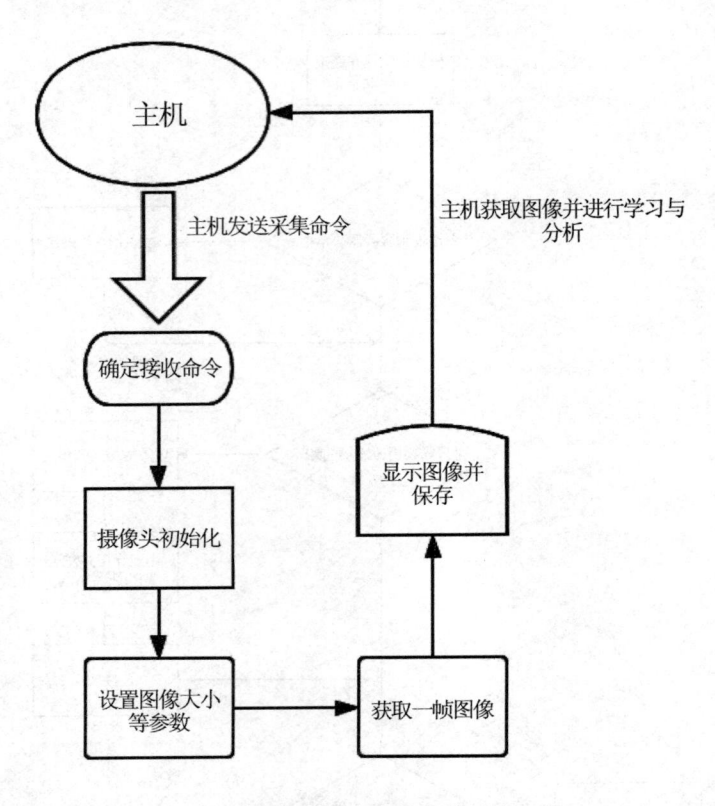

图7-93 摄像头模块工作流程

4. 接口设计

（1）WiFi 模块接收与发送接口

①WiFi 模块 esp8266 初始化函数。

【函数】void esp8266_init(void)

【功能】通过串口对 WiFi 模块进行初始化

【返回值】无

【参数】无

②WiFi 模块 esp8266 发送数据函数。

【函数】u8 atk_8266_send_data(u8 *data,u8 *ack,u16 waittime,u8 len)

【功能】通过 WiFi 模块向服务器端发送数据

【返回值】是否发送成功

【参数】数据，期待返回的结果，可以等待的时间，数据长度

③WiFi 模块 esp8266 接收数据函数

【函数】void USART1_IRQHandler(void)

【功能】通过串口中断接收服务器端发来的数据

【返回值】无

【参数】无

（2）Robot-Eyes摄像头模块接收与发送函数

①Robot-Eyes摄像头模块初始化函数。

【函数】cvCreateCameraCapture()

【功能】对Robot-Eyes摄像头进行初始化

【返回值】CvCapture指针

【参数】无

②Robot-Eyes摄像头模块设置图像参数函数。

【函数】cvSetCaptureProperty()

【功能】设置获取图像的高、宽等参数

【返回值】无

【参数】CV_CAP_PROP_FRAME_WIDTH、CV_CAP_PROP_FRAME_HEIGHT

③Robot-Eyes摄像头获取一帧图像函数。

【函数】cvQueryFrame()

【功能】Robot-Eyes摄像头获取一帧图像

【返回值】无

【参数】CvCapture指针